定制旅行策划

主　编　张　颖

副主编　施紫姣

参　编　王振坤　夏　婷

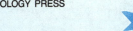

北京理工大学出版社

BEIJING INSTITUTE OF TECHNOLOGY PRESS

内 容 提 要

本书编写时遵循教学逻辑编排，结合定制师真实任务，精心设计学习任务，辅助数字化教学资源，突出各任务模块重组性。全书主要内容包括：定制旅行认知、定制旅行需求分析、定制旅行方案设计、定制旅行方案签单、定制旅行客户关怀等。

本书可作为高等院校旅游类相关专业学生定制旅行课程学习的专业用书，也可作为定制行业从业人员的培训教材。

图书在版编目（CIP）数据

定制旅行策划 / 张颖主编 . -- 北京：北京理工大学出版社，2024.4

ISBN 978-7-5763-2947-6

Ⅰ . ①定… Ⅱ . ①张… Ⅲ . ①旅游服务－高等学校－教材 Ⅳ . ① F590.63

中国国家版本馆 CIP 数据核字（2023）第 193179 号

责任编辑：李慧智	文案编辑：邓　洁
责任校对：刘亚男	责任印制：王美丽

出版发行 / 北京理工大学出版社有限责任公司

社　　址 / 北京市丰台区四合庄路 6 号

邮　　编 / 100070

电　　话 / (010) 68914026（教材售后服务热线）

　　　　　　(010) 68944437（课件资源服务热线）

网　　址 / http://www.bitpress.com.cn

版 印 次 / 2024 年 4 月第 1 版第 1 次印刷

印　　刷 / 河北鑫彩博图印刷有限公司

开　　本 / 787 mm×1092 mm　1/16

印　　张 / 16

字　　数 / 407 千字

定　　价 / 89.00 元

图书出现印装质量问题，请拨打售后服务热线，负责调换

前　言

《"十四五"旅游业发展规划》指出，人民群众旅游消费需求将从低层次向高品质和多样化转变，大众旅游出行和消费偏好发生深刻变化。党的二十大报告提出，坚持以文塑旅、以旅彰文，推进文化和旅游深度融合发展。在此背景下，旅游消费不再是"初级"的消费，而是对旅游深度和品质的要求越来越高。一部分旅游者开始追求深层次的文化体验，喜欢更有特色的小众目的地或网红打卡点，选择按照自己的节奏放松身心的旅程，更加追求旅行新的意义。于是市场上一人起订、家庭成团的全新组团方式，以及更注重品质、更满足私密性需求的小众玩法开始涌现。一方面，在这个充斥海量旅游信息的互联网时代，旅游者面对庞杂的信息源比以往更加需要一个专业的服务机构做出更高效的选择；另一方面，"新""奇""特"的小众特色旅游目的地离不开专业定制旅行商在旅游者与供应商之间牵线搭桥。定制旅游业务获得快速发展的土壤，而与之定制旅行服务紧密相关的全新职业——定制旅行师应运而生。

旅游业高质量发展的新要求离不开专门的人才，同样定制旅行的高质量发展亟须定制旅行专业人才。2022年天津商务职业学院与携程集团共建携程文化产业学院，共同积极探索校企合作下高等院校旅游专业人才培养创新模式，在教学领域中定制旅行课程"岗课赛证"融通的创新模式获得实践检验。在此契机之下，一本支撑定制旅行策划人才培养的专门教材应运而生。

本书以定制旅行师岗位核心要求为基础，依照定制旅行行业认知、定制策划设计与定制服务管理的教学认知逻辑，将本书共分为定制旅行认知、定制旅行需求分析、定制旅行方案设计、定制旅行方案签单、定制旅行客户关怀五个项目，共计19项具体任务。其中每项任务由"任务导入""知识导入""知识准备""知识点自测"四个环节组成。本书遵循教学逻辑编排，精心设计学习任务，有效贴合关键知识点融入，辅助数字化教学资源，扩充鲜活的行业案例资料，延伸阅读材料和视频教学资源，采用新形态活页教材形式，实现各任务模块重组利用，便于教师根据工作场景和课堂任务的灵活安排。

1. 融入旅行定制师工作场景案例，工作任务驱动的教学设计

对应旅行定制师岗位素质要求划分课程项目模块。按照学生认知规律，以"定制旅行工作场景—定制旅行师任务转化—核心知识传输—定制旅行师技能模拟操练—知识点检测巩固"的学习过程开展教学环节，将工作场景、技能训练、知识学习与赛证结合，切实做到教学做一体，培养学生具备定制旅行师的基本职业素养。

2. "1+X"定制旅行服务管家职业等级证书考核大纲标准引领教材建设

本书以"需求获取与沟通策略、行程设计与报价、客户关怀"为主线，紧密围绕"1+X"定制旅行管家服务等级证书考核大纲要求，专门增设考证目标，每节任务后融入部分考核真题作为知识点测试强化学生对知识的掌握程度。

3. "文旅聚焦"重视课程思政引领的育人功能

本书设置"文旅聚焦"模块，充分发挥课程思政在课程建设中的育人功能。深入贯彻党的二十大精神，深入理解旅游业高质量发展深刻内涵，将"坚持以文塑旅、以旅彰文，推进文化和旅游深度融合发展"的具体方针融入定制旅行课程内容建设，培养学生具备严谨、务实、精益求精的工匠精神和与时俱进的创新精神。

4. 线上资源与线下资源密切配合的新形态一体化教材

本书为新形态活页教材，可根据教学实际需要灵活使用，服务课堂教学与实训。为拓展知识内容，增进知识理解，各重难点章节配备视频微课资源和拓展阅读材料，均可通过扫描二维码在线观看，便于学生反复学习，提升学习效果。

本书由天津商务职业学院牵头完成，张颖负责教材整体框架、内容设计与策划，其中项目一、项目二由施紫姣编写，项目三、项目四由张颖编写，项目五由王振坤编写。全书的任务设置由天津海河国际旅行社有限公司夏婷收集与编写。在本书编写过程中，参考和借鉴了许多专家、学者的相关著作和研究成果、大量的优秀教材和来自定制旅行企业及网站的案例素材，以及携程文旅产业学院提供有关定制旅行服务管家的标准及各类资料素材，在此表示诚挚的感谢。最后，感谢北京理工大学出版社的支持和帮助。

由于编者水平有限，疏漏之处在所难免，恳请广大读者批评指正。

编　者

目　录

项目一　定制旅行认知

 **学习目标**

➤ 知识目标

1. 了解定制旅行的概念与类型。
2. 了解定制旅行的特点。
3. 了解定制旅行发展的阶段划分。
4. 掌握定制旅行发展脉络及未来发展趋势。
5. 了解我国定制旅行市场现状及问题。

➤ 技能目标

1. 能够比较分析定制旅行与大众旅行、自由行等旅游方式的区别。
2. 建立对定制旅行的发展背景和起因认知。
3. 能够把握定制旅行的发展趋势。
4. 理解定制旅行未来发展对旅游定制师岗位的新需求。

➤ 素质目标

1. 培养以"客户"为中心的职业理念，严谨、务实、精益求精的工匠精神。
2. 深入理解《"十四五"旅游业发展规划》提出的优化旅游产品结构、创新旅游产品体系的重要意义，以及针对不同群体需求，推出更多定制化旅游产品的必要性。

➤ 考证目标

对应"1+X"定制旅行管家服务职业技能等级标准中对于旅游定制师需具备的有关定制旅行的基本知识素养和基本认知能力要求。

任务一 认识定制旅行

任务导入

任务名称	认识定制旅行
工作案例	张先生暑期打算出国旅行，若选择跟团游行程，张先生觉得安排太死板，缺少自由度；若选择自由行，又没时间做攻略，担心出国后语言不通。他希望能够按照自己的节奏和游玩偏好定制一条专属行程，那么请问张先生适合选择哪种出行方式呢
任务目标	1. 了解定制旅行产生的背景 2. 理解定制旅行的概念 3. 了解定制旅行的特点与类型
任务要求	根据旅行产品特点，能够辨析跟团游、自由行和定制旅行产品的区别

知识导入

任务思考	相关知识点
定制旅行产生的背景是什么	定制旅行产生的背景
定制旅行是什么	定制旅行的概念
定制旅行有什么特点	定制旅行的特点
定制旅行有哪些类型	定制旅行的类型

知识准备

 案例

　　近两年，杨女士出门旅行会选择在线定制旅游平台，只需填写出发地、目的地等基本需求信息，几分钟后便会接到多家旅行社旅游定制师的沟通电话。根据她提出的景区、食宿、交通、预算等旅游需求，旅行社提供了行程安排和报价清单。经过权衡比较，杨女士与其中一家旅行社签订了合同。按照这样的定制流程，杨女士已经去了陕西西安、广东佛山、海南陵水和福建龙岩等地旅游。在她看来，定制旅游比自由行花费高不了多少，但提供了更专业的服务。

　　资料来源：说走就走，量身定制的"诗与远方"｜旅行社＿新浪财经＿新浪网（sina.com.cn）

　　案例分析： 在大众旅游时代，旅游者对旅游产品便利化、品质化、个性化需求不断提升，能为游客提供省心、个性、自由旅游体验的定制旅行产品，以及从事定制旅行业务的企业和在线定制旅行平台业务应运而生。

一、定制旅行产生的背景

"定制"并非一个新的概念，其始终伴随着人类社会的发展。定制（Customization）理念最初源于农业社会量体裁衣的基本生活需要。进入工业社会后，大规模的工业化生产带来了海量的标准化商品，定制经济逐渐式微。1970 年，美国著名的未来学家阿尔文·托夫勒在《未来的冲击》一书中对"非标准性产品和服务"做出预见："未来社会提供给我们的不是有限的标准性产品，而是过去任何社会都无法提供的非标准性产品及多样性服务。"在激烈的市场竞争条件下，为迎合消费者的多元化、个性化诉求，最大限度地满足不同客户的个性化需求，定制模式和理念被广泛应用于产品和服务中，如汽车制造、家居、服装等工业产品制造领域和服务领域。随着互联网时代的到来，越来越多的定制模式开始出现，小批量的私人定制、大批量定制、微定制模式再到 C2B 定制，以大数据为基础实现高效精准的按需生产，成功化解一直困扰传统企业的库存高企问题，推动"低库存经济"时代的快速到来。

定制理念深植于旅游业诞生之初。"近代旅游业之父"托马斯·库克在 1872 年组织了 9 名不同国籍旅游者参加的环球旅行，量身定制了世界上第一例环球旅游团。他和伙伴们坐蒸汽船横跨大西洋，乘坐火车越过北美大陆，航行至日本，到达中国，之后又一路游览新加坡、锡兰（斯里兰卡）和印度。离开孟买后又穿过印度洋和红海，途经开罗，最终返回伦敦。由此可见，满足于个性化（探险）需求的"私人定制"出现于旅游业诞生之初，服务于旅游市场中极少部分群体的需求。在个性化消费需求增加和个性化技术精进的新时代背景下，定制在文化旅游服务领域的优势得以显现。具体而言，定制旅行产生主要有以下五个方面原因。

拓展阅读：世界旅游经济趋势报告（2023）

（一）国际旅游持续发展为定制旅行发展提供良好的契机

在 1995—2019 年数十年间，国际旅游人数和国际旅游收入持续增长，国际旅游收入实际增长（54%）超过世界 GDP 增长速度（44%）。2019 年国际旅游收入 14 810 亿美元，同比增长 3%，国际旅游者达 14.6 亿人次，同比增长 4%。国际旅游持续快速推动了国际旅游定制业务的产生和发展（图 1-1）。由于语言问题、对目的地信息获取、对当地文化、设施资源的了解程度、签证手续办理等原因更需要借助专门的旅游企业进行专业、个性化的安排。另外，国际旅游者拥有更高、更专业、更追求品质的旅游需求，追求新奇、个性化的深度旅游体

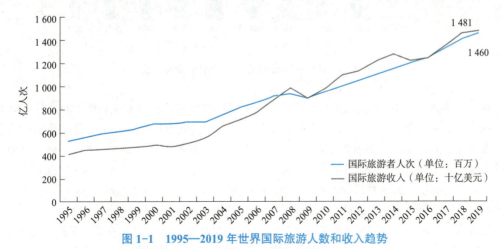

图 1-1　1995—2019 年世界国际旅游人数和收入趋势

信息来源：摘自 UNWTO 世界旅游组织 2020 年旅游发展概要。

验，例如，搭乘私人飞机环游世界，带孩子到非洲乘坐热气球观看动物大迁徙，深入地球两极来场极地探险之旅，在异国他乡深入当地居民家庭近距离体验异国文化等。跨国间旅行个性化、高层次的旅游需求的产生催生了国际定制旅行业务的发展。国际旅游成为开展定制旅行业务的重要市场领域，国内很多定制旅游企业是从事境外旅游业务或入境旅游接待服务开始的。

国际旅游市场更加追求旅游产品的品质，而不是数量的增长。联合国世界旅游组织发布的《世界旅游晴雨表》2023 年一季度报告指出，世界旅游业复苏还面临如高通胀和石油价格上涨导致交通和住宿费用增加等问题，旅游者在寻找更加经济的度假方式。尽管世界旅游业的修复仍面临全球经济发展的不确定性，但强劲、迅速的复苏势头表明未来国际旅游市场将充满更多的机遇与挑战，特别是伴随着技术手段的进步，国际旅游产品及旅游服务模式的创新将重塑国际旅游发展面貌。持续回温的国际旅游市场也将为国际间定制旅行产品与服务的升级带来新的发展契机。作为世界第一大客源国，我国出境旅游市场的逐步恢复将为激活出境旅游定制市场注入活力。

拓展阅读：迎接人均 GDP 万美元时代的休闲度假旅游

（二）国内旅游市场的快速发展催生定制旅游业态的产生

相较于出境旅游市场，国内旅游市场是我国旅游业发展规模最大、最具发展活力的市场，占据重要的发展位置。近十年来，克服经济发展的各种不确定因素，我国国民生产总值保持年均 6% 的增速（图 1-2），居民人均可支配收入增长超 2 倍（图 1-3）。随着居民可支配收入水平的不断提高，消费结构也在逐步发生变化，2022 年教育、文化、娱乐支出占居民消费支出的 10.1%，人们开始越来越注重精神文化生活，休闲娱乐的消费支出进而唤起文旅领域的消费活力。

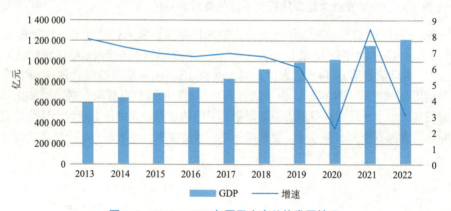

图 1-2　2013—2022 年国民生产总值发展情况

2013—2019 年，国内旅游市场始终保持快速发展的势头，出游人次和旅游收入连年增长（图 1-4）。2019 年全年我国人均 GDP 首次站上 1 万美元的新台阶（图 1-5），休闲度假时代到来，旅游需求多样化，旅游出游方式更为灵活，旅游产品供给不断创新，旅游发展转入高质量发展阶段。随着旅游市场多样化，旅游产品的供应与旅游者真正需要的产品不足之间矛盾的产生，旅游市场的生产力水平已经不再是供求关系中的主要矛盾，而能"获得完全满足旅游者个性化需求的产品"的要求开始凸显出来，定制旅行的出现正是实现这一要求的途径。

随着大众旅游时代的到来，旅游市场开始呈现出多样化的需求，从过去走马观花的大巴旅行团，到自由行、私家团、自驾游、主题游、定制团等多样化旅游产品的涌现，旅游产品开始更加关注需求和品质，于是以满足个性化旅游需求的定制旅行服务形态开始出现。伴随经济发展、人口结构、城市化进程推进和人均可支配收入水平的增加，我国旅游消费需求呈现旅游消费群体演变、形态演变、需求内容越来越个性化的特点，旅游市场供给随之也在不断创新升级，从早期的快快观光旅游大巴团升级为慢慢追求品质的休闲度假旅游，从早期的千篇一律的旅游线路到由旅游者自行设计的自由行、自驾游，从旅游市场大众化的旅游线路到新奇特的定制旅游小团、深度旅游体验产品的出现，旅游市场不断升级以满足旅游市场新需求的出现，定制旅行正是迎合个性化旅游市场而出现的新型旅游业态。随着"85后""90后"乃至"00后"逐渐成为旅游市场的主要人群，新生代消费群体正在向市场表达他们对于个性化、多元化、品质化与参与式的诉求，他们熟练使用互联网，对于新事物接受能力强，且容易被"种草"，适应互联网时代的营销方式，对于旅游消费方式拥有自身的强烈偏好和鲜明的消费特征，能够明确地表达旅游需求意愿，可以非常自然地参与到旅游行程的设计之中，甚至自身便是自由行的专业旅游者，拥有丰富的旅游经验。海量的旅游信息使出行信息获取变得便捷，但同时也需要花费大量的时间和精力做筛选，这种需求的兴起也促进了定制旅行的不断发展。

拓展阅读：旅游70年 从"外事管理"到战略性支柱产业

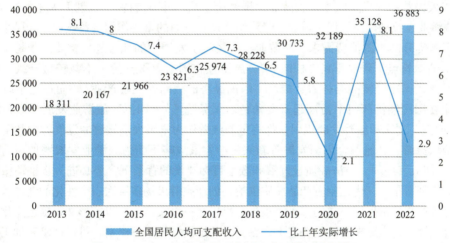

图 1-3 2013—2022 年国民人均可支配收入增长情况

资料来源：《2013—2022 年国民经济和社会发展统计公报》。

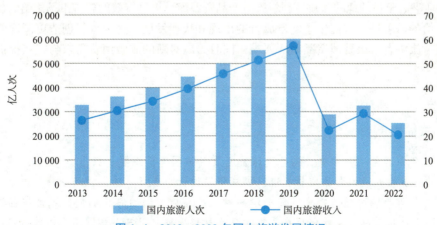

图 1-4 2013—2022 年国内旅游发展情况

资料来源：根据《中华人民共和国文化和旅游部历年文化和旅游发展统计公报》统计整理。

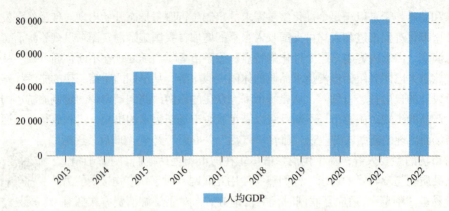

图 1-5　2013—2022 年我国人均 GDP 增长情况

资料来源：《2013—2022 年国民经济和社会发展统计公报》。

（三）旅游支持政策为定制旅行的发展创造良好的政策环境

中华人民共和国成立以来，旅游业发展经历了从"外事接待"，以创汇为主的经济部门，到随着旅游业在拉动内需、促进就业、经济结构调整方面的重要作用日益显现，人民生活水平的提高不断提升的出游消费需求，旅游业在国民经济发展中的地位越发重要。于是，从"国民经济新的增长点"到"新兴支柱产业"，旅游业在国家政策支持下不断转型升级，旅游业逐步全面融入国家经济战略体系，成为"国民经济的战略性支柱产业"。而得益于政策支持的旅游业在国民经济部门中扮演起重要角色。国务院《"十四五"旅游业发展规划》和文旅部《"十四五"文化和旅游发展规划》都将定制旅游作为未来大众旅游的发展方向和重点培育市场。全域旅游、文旅融合创新发展等新兴旅游发展战略不断为旅游业发展增加新的亮点和创意。"十四五"期间，经济高质量发展和数字目标建设的背景下，势必进一步推动旅游业改革，以文旅创新驱动，优化旅游产品品质供给，创新旅游市场多层次、个性化的新需求，不断提升旅游行业高质量发展。党的二十大报告指出，坚持以文塑旅、以旅彰文，推进文化和旅游深度融合发展。在文旅融合的趋势之下，旅游目的地资源越来越丰富，可以被拿来加工的旅游资源越来越丰富，旅游文化产品越来越多，可供选择的文旅消费选项越来越多，如博物馆、美术馆、剧院、图书馆、文化市集等。旅游行业的政策环境为旅游企业创造了有力的发展环境，有助于企业潜心于目的地的深耕，创新旅游产品资源库，提供有效的旅游市场供给。旅游行业高质量供给的需求进一步催生了定制旅行的出现和快速发展，这为旅行创造更深度的文化体验，满足了旅游者对旅游消费品质的要求，同时为应对新的旅游消费需求与特点提供了有效路径。

 文旅聚焦

2023 年第 5 号中共中央、国务院印发《质量强国建设纲要》指出："实施消费品质量提升行动，加快升级消费品质量标准，提高研发设计与生产质量，推动消费品质量从生产端符合型向消费端适配型转变，促进增品种、提品质、创品牌。加快传统消费品迭代创新，推广个性化定制、柔性化生产，推动基于材料选配、工艺美学、用户体验的产品质量变革。加强产品前瞻性功能研发，扩大优质新型消费品供给，推行高端品质认证，以创新供给引领消费需求。"

（四）旅游需求的升级不断激发旅游行业和产品服务的创新

旅游业发展日臻成熟，旅游消费不再是"初级"的消费，旅游者的消费观念、消费能力和消费结构正在发生变化，旅游市场开始从卖方市场向买方市场转变。旅游者需求呈现多样化趋势，对于旅游深度和品质的要求越来越高，旅游产品为迎合旅游者的需求在不断迭代升级。传统跟团游升级为精品小团；满足个性化需求、越来越多的主题旅游线路涌现出来；互联网大数据技术影响下，旅游者获取旅游目的地信息也越来越便利，用最便捷的方式排列组合，自由搭配行程；自驾车的普及，周边玩乐和短途旅游线路获得快速发展。

旅游者个性化的需求及对体验要求越来越高，旅游者不再喜欢走马观花，更愿意有更深的文化体验；不再喜欢人山人海的大众热门景点，而喜欢更有特色的小众旅游目的地；不再追求买买买的狂热，更愿意慢下来放松身心，追求旅行新的意义。旅游者追求"新""奇""特"的小众特色旅游目的地和特色酒店离不开专业定制旅行商在旅游者与供应商之间牵线搭桥。在信息爆炸和UGC（User Generated Content 用户生成内容）海量内容充斥的时代，旅游者面对庞杂的信息源比以往相比更加需要一个专业的服务机构做出更高效的选择，这成为一个可实现且必要的选项。定制旅游发展的土壤已足够成熟并为定制旅行的兴起奠定基础。

旅游业具有季节性和易波动性，但在危机中也展示出其发展韧性孕育创新的机会。传统跟团游不再成为大众追捧的对象，出游的私密性、便利性和安全性问题受到更多的关注，开发新的小众旅游地成为一个新趋势，一人成团或者家庭成团选择小众旅游地，更注重品质、更满足私密性需求的小众玩法开始出现，这在客观上加速了定制旅游市场的发展，定制旅行在逆风中迎来一个发展的机会。

（五）科技助推定制旅行业务发展

科技的发展与进步深刻地影响着旅游业的发展进程。随着云计算、大数据等商业环境的优化完善，互联网对旅游业发展的不断渗透融合，旅游产业价值链中的所有参与者可以通过互联网进行实时充分的商业数据共享，并逐渐形成新的价值协同网，从而大幅提高各方的协同与决策效率。信息技术在旅游业的应用与创新，旅游者的每次浏览和购买数据会被记录偏好，通过平台旅游资源库及旅游者偏好储存数据的分析挖掘，后台短时间内便可精确地对旅游者个性化的旅游需求做出分析和匹配，旅游资源、旅游交通、目的地等旅游要素实现在线搜索与组合，自动实现旅游行程设计。旅游在线企业与旅游者建立起以往从未有过的紧密联系，获得更加直接、便捷的沟通，技术进步为定制旅行发展奠定了基础。

文旅聚焦

"十四五"规划指出要打造智慧文旅，推动景区、博物馆等发展线上数字化体验产品，建设景区监测设施和大数据平台，发展沉浸式体验、虚拟展厅、高清直播等新型文旅服务。"互联网＋"时代下，以大数据、人工智能为代表的信息科技正在加速融入旅游目的地体验、运营、旅游产品开发、营销等各个方面，不断推动旅游业的创新发展。

二、定制旅行的概念

随着旅游业的发展，旅游进入高质量发展的重要转型阶段，旅游市场出现种类繁多的旅游产品。从旅游市场供给来看，适应新时期多样化消费的需求，各种形式的旅游产品都在不断推陈出新，深度、体验、主题、文化、小团、私密、生态等成为旅游市场的关键词，在一定程度上折射出旅游产品的品质升级，多样化的新兴旅游业态产品走进大众视野，例如，近几年热门的亲子游、康养游、露营、房车游、研学游、红色旅游、冰雪体育游等。多样

视频：定制旅行的
概念与特点

化为旅游者提供了诸多选择，就像摆放在货架上琳琅满目的商品一样，旅游者能从多条旅游目的地行程中筛选出最接近他们需求的那条旅游行程，以满足旅游预期。

定制旅行成为旅游行业升级和市场细分背景下而衍生的旅游产品新形态之一，其产生的本质完全不等同于"多样化生产"。"所谓定制（Customization），就是企业必须以客户为中心，通过各种渠道保持与客户的持续互动，收集客户数据，获得详细的有关客户行为和偏好的知识（Talbert 等，2004），为客户提供满足其深层次需要的产品或服务。"定制旅行概念的界定，近些年国内学界呈现百家争鸣的态势，主要有以下观点：

（1）定制旅行是根据游客需求对现有资源进行整合，进而对旅游产品进行个性化改进的一种行为。

（2）定制旅行是一种以旅游者为主导的高端旅游方式，旅游企业根据旅游者的个性化需求，由旅游者参与设计，生产出符合旅游者需求的旅游产品或服务。

（3）定制旅行是由专业旅游咨询人士根据旅游者具体的旅游意愿，从吃、住、行、游、购、娱等方面设计并提供个性化的旅游方案，给出完全符合旅游者个性需求的高端旅游产品或服务。

（4）定制旅行是旅游企业根据旅游者的需求安排旅游行程中的各类要素，使旅游者参与到旅游产品或服务设计过程中，以满足旅游者对旅游体验的个性化追求，最终实现旅游价值的一种旅游方式。

（5）定制旅行是在对目标人群兴趣和需求细分基础上，整合游客个性化需求所需的旅游资源，以客户体验为导向，按需定制旅游产品和服务的一种旅游方式。

（6）艾瑞咨询发布的《2018 年中国在线定制旅游行业研究报告》中对定制旅行的狭义与广义概念进行了区分。狭义的定制旅行是指定制旅游企业或私人旅行顾问针对消费者的个性化需求和体验感受制定旅游方案并提供相关服务的一种旅游形式；广义的定制旅行是指市场中所有非标准的旅游产品即需求导向型产品，用户先提出需求，服务商根据用户需求购买资源形成产品。

尽管有关定制旅行的概念各不相同，但不难发现学者们对定制旅行的观点之间存在诸多共同之处，主要包括以下要点：

（1）强调个性化，即满足旅游者的个性化需求，关注旅游者的意愿、提供个性化方案，进行个性化设计和按需定制；

（2）突出旅游者在旅游行程中的主体地位，即由旅游者主导、参与行程设计；

（3）满足旅游者体验，即旅游产品设计开始以客户体验为导向，观照旅游者的体验与感受；

（4）聚焦目标客户群体，即定制旅行目标客群不是大众群体，而是源自兴趣细分；

（5）强调品质，即非标产品与高端定位，即从产品定位视角，明确定制旅行的非标准化特点，以及定位于高端旅行方式或高端旅行产品服务。

由此可见，定制旅行是在旅游者可接受价格水平下，以其个性化需求为核心，以体验为导向，按需定制或依托专属目的地资源开发的非标准化旅游产品或服务形式。但值得注意的是，定制旅行不是对跟团游的取代，定制旅行不是在传统跟团旅游线路简单的"加法"，也不是在团队规模和人数上做"减法"，也未必仅是"高端""稀缺"的代名词。

三、定制旅行的特点

（一）个性化

相较于大众化旅行产品，定制旅行在产品设计和服务流程方面始终强调以旅游者为中心，关注旅游者的个性化需求，并为其提供区别于大众型产品的非标准化的服务。在定制旅行服务过程中，旅游企业与旅游者保持密切、直接的沟通，以便于更准确地获取旅游者的偏好信息，并协助旅游者挖掘潜在的个性化需求，弱化或去除了中间商，进而为其提供更加个性化的产品或服务。同时，定制旅行还安排专门的定制旅行专业咨询人士提供全程旅行定制服务，专属一对一的深入沟通和交流，负责旅行全程安排及各类突发问题的应对和解决，个性化服务成为定制旅行区别于一般旅行产品最大的特点。

（二）聚焦客群细分精准

传统旅游产品一般采取对市场客群进行细分，设计针对某一类人的专项旅游产品进行差异化营销的市场策略。而定制旅行是将差异化的细分策略更进一步，锁定目标人群中再进行兴趣爱好细分，并最终锁定旅游者个性化的需要。例如，以爱好细分为例，诸如骑行、滑雪、高尔夫、潜水等运动型爱好者旅游客群需要根据其运动特点、偏好等专门定制主题运动体验旅行。再如老年人市场、残障人士等拥有特殊需求的人群需要，根据他们的身体特征与需求专门定制旅行产品。深耕于细分市场，沉淀优质线路，从设计的角度来说，定制旅行是在精准的目标人群细分、兴趣细分、需求细分的基础上，遵循以客户体验价值为导向的产品设计原则，不仅关注产品的成本和销售价格，而且关注游客的时间成本和体验成本。

（三）凸显旅游者主体性

在卖方市场条件下，消费者购买商品与服务几乎取决于市场的供应情况，消费者无法拥有更多的话语权，他们的个性化需求会被隐藏或无法得到充分的关注。而当市场发展足够成熟，生产水平市场供给充足多样时，消费者的个性化需求才能引起关注，也才具备个性化供应的条件。定制旅行是旅游市场发展到一定阶段的产物，突出旅游者在旅游行程中的主体地位，即由旅游者主导，参与行程设计。定制旅行中旅游者要具备一定的旅行经验，也就是说旅游者要懂得自己需要什么，同时要求旅游定制师懂得沟通，明确可以为旅游者提供什么。旅游市场供应能力的提升、旅游者消费经验的增多及其需求层次的变化，以及对于旅行认知和意识的觉醒都催生了定制旅行模式的产生。定制旅行为旅游者提供参与旅游行程设计机会，能够根据其意愿提出行程要求与修改意见，旅游者开始有机会参与行程设计并成为行程设计的主体，促使旅游企业提供真正满足其个性化需求的产品及服务，要求旅游企业快速匹配行程资源，满足其个性化及差异化需求，强调量身定制、私密性及全程保障。

（四）观照旅游者体验

旅游体验是旅游个体通过与外部世界取得联系，从而改变并调整其心理状态结构的过程。随着旅游者旅游经历的日益丰富，旅游消费观念的日益成熟，旅游者对旅游体验的需求日益高涨，他们不再满足于大众化的旅游产品，更渴望追求个性化、体验化、情感化、休闲化的旅游经历。伊曼纽尔·登比（Emanuel Demby）博士将心理因素列入成品设计的构想，认为这将是未来产品的新特征。即以客户体验为导向，观照旅游者的体验与感受。旅行是一种体验，越是高层次的旅行越关注客户的体验，可以说体验感知是衡量定制旅行产品成败的核心标准。关注旅游者内在体验的设计逐渐融入旅行之中，诸多定制旅行企业更是将之视为企业经营之根本，例如中国最早创办的定制旅行企业之一的碧山旅行提出的口号——"创造改变生命的体验"，将每次定制旅行的体验上升至依次改变生命的体验，使旅游者拥有满意的旅行体验，为旅游者创造更佳的旅游体验是传统旅行产品不曾关照的领域。再如定制旅行的深入体验不能只是像大众旅行团一样前往人头攒动的景区打卡或产品档次的高端或价格高，而是除增值服务外，有本地人的生活体验，通过当地民居建筑、劳动、餐饮、传统技艺、节庆习俗、服饰、日常起居生活方式等了解当地原汁原味的当地文化，做到一般旅行团没有的真实感和体验感，带领旅游者去学习、动手参与，创造旅行价值。

（五）非标准化的产品服务模式

非标准化的产品服务模式强调品质及多样化的产品服务。定制是以旅游者为中心的经营理念，旅游产品不再是为满足旅游市场预测的需求，而是围绕旅游者的需求直接供应产品。"定制帮助旅游企业实现了范围经济的最大化"（"范围经济"的理念——"多品种、小批量"）。定制旅行的运营特点包括精准营销、沟通价值和特色品质旅游产品系列。旅游企业生产方式的特殊性在于依赖多个资源方共同提供产品，经加工组合后形成线路产品，涉及要素众多，保障旅游供应链条上合作的稳定性，实现资源的最优配置，供给才能有保障。这一模式强调与旅游者的沟通，通过互联网或直接沟通等渠道获取需求信息，建立与旅游者之间良好的客户关系，充分挖掘旅游者需求，建立旅游者消费个性档案，搭建专属的供应链条，形成有效的协同合作关系，保障旅游产品有效供应。值得注意的是，定制旅行不是无限制的定制，会受到供应商资源、季节因素等因素影响。

四、定制旅行的类型

（一）按定制的生产方式划分

在工业领域，定制类型包括大规模生产定制、小批量定制和私人定制。在旅行定制领域，按照定制生产方式的划分，根据面向定制客群规模和定制数量的不同，也可将其划分为小众（高端）定制旅行和大众定制旅行。

（1）小众（高端）定制旅行代表的是有特定目标客群限制的高端旅行定制，定制数量少。较之传统的跟团游或自由行，定制旅行能够帮助旅游者节约信息筛选时间，提供专业出游建议并将旅游设想更快化为现实，因此，定制旅行的价格高于跟团游，且部分定制行程的价格定位令普通旅游者望而却步。例如，到纳米比亚沙漠帐篷酒店住上一晚，或者安排一场有专业学者或专家作为向导的极具深度的文化古建筑之旅。旅行线路产品本身资源的稀缺型、所包含要素的垄断性和设计的行程内容独一无二。高门槛和高品质的体验服务必然对应"高端"的价格，自然也就将旅游目标客群区分。

（2）大众定制旅行恰好相反，大众化是对小众定制旅行理念的一种冲击。大众化意味着销售对象面对的是普通旅游者，不再局限于高端、小众，或者定位于特定的群体，可以借助旅游数据库和供给链，进行相对批量化地生产。如今的旅行定制市场上，除这些"价格不菲"的高端定制线路外，也有大量适用于大众化的旅游需求选择，即旅游产品本身定位虽是小众旅游目的地，例如，1人起订的私人定制，6～12人私密小团产品，提供个性化服务，强调私密性和更好的旅行体验，但这种类型的定制旅行产品定位则是面向大众消费群体。

定制旅行产品——私家小团

"我定好旅游目的地，提出大概的旅游需求，到期出发即可，省心、安心。"张先生通过携程旅游线下门店预订了一个私家团，带着父母和孩子一同去浙东地区游玩了一趟，8天时间在宁波、绍兴两地休闲度假。"行程安排上充分考虑老人和孩子的体力，既安排了一般性的参观游览，也有文化项目的互动，还有当地市民化的深度体验。"张先生表示，"这是我第一次选择私家定制旅游产品，价格上比普通跟团游要高，但是体验感和舒适度也好不少。"

据统计，2020年国内私家团平均人数为3.14人，相当于一家三口；精致小团的平均人数为10～15人，相当于两三个家庭人数。与传统的旅游团相比，私家团、定制团、精品团等规模小、人数少，同时，价格也相对更高。尤其是对于想要去小众旅游目的地的游客而言，因为车程时间较长、情况不熟悉等因素，定制旅游服务就显得更加贴心。

资料来源：定制旅游成"黑马""小而精"旅游受青睐_旅游中国_中国网_中国旅游外宣第一品牌（china.com.cn）

案例分析：随着大众旅游市场发展日趋成熟，旅游者旅游经验的增加，旅游产品种类和品质也随之不断升级，独立用车，不与他人拼团，专业向导服务，安心的住宿体验，特色美食取代团餐，纯玩零购物等成为一单一团的私家团定制产品的卖点。这些产品更加注重景点质量筛选、住宿条件更有品质、节奏也更加灵活。普通旅游消费者逐渐对于定制旅行产生了初步认识，行程安排能够充分考虑团队成员的构成，行程更灵活，游览更深入，食宿选择品质更高。

（二）按定制的对象划分

个人旅行定制是指为个人或家庭的旅游者所提供的零散旅行定制业务，例如，为一个家庭客户单独亲子出游定制或为一对新婚夫妇定制蜜月旅行业务，单体代表服务人数和需求的相对单一性；团体旅行定制是指为较大旅游人数数量的团体所提供的集中旅行定制业务，例如，为企业、学校、社团等提供团队型的旅行活动定制，如企业团建活动、学校研学（劳动教育）、奖励型旅行等。公司客户成为定制旅行的主要客户来源之一，服务主题包括团队建设、奖励旅游、会议会务、商务考察、企业年会等，这些主题服务成为定制旅行企业重要的企业业务产品。

案例

企事业定制需求大幅增长，旅行社量身提供高质、高效服务

近日，岭南商旅集团旗下广之旅专属定制完成了一个超500人的企业"包村"团建项目。广之旅董事长、总裁赵文志表示，自进入5月中下旬，除游客个人定制、私家小团等业务正常开展外，企事业单位定制活动咨询单量也明显增长，环比4月同期上涨超350%，预计市场在6月将迎来新的一波企事业定制出游高峰。广之旅近期收到的企事业单位定制出游需求主要分为奖励旅游和员工团建活动两类，主要行业集中在金融、IT、快消品及化妆品等，人数为100～500人不等，跨省热门目的地以广西、海南、云南等，而从6月开始，预计青海甘肃、新疆等国内长线目的地的询价需求会有所增加。

本次企业"包村"项目是某金融行业公司2023年中国区员工活动，相关人员从全国各地出发前往桂林Club Med度假村开启历时三天的团建活动。为了保证高质量的活动安排，广之旅专属定制团队为客户提供了一套量身定做的执行方案，曾多次前往机场、火车站以及酒店等区域进行踩点，并结合实地情况沟通落实当地天气、舞台设计搭建及安全等问题；利用Club Med度假村优势，定制属于该客户专属的活动，如550人Logo造型草坪大合照、组织彩虹跑、安排形象照拍摄，通过精心设计度假村内7个打卡项目，让员工在赢取小礼品的同时能更多地体验度假村内的娱乐设施，感受公司团建活动的意义。广之旅专属定制在活动组织统筹、主题定位、物料设计制作、气氛效果营造等方面做到全链路深度参与，尤其重视提升客户的体验感，提供真正的定制化、个性化服务。

省内周边定制方面，近期除广州周边咨询量维持高位外，随着天气日渐炎热，惠州惠东、深圳大鹏、阳江海陵岛等海边资源较集中的目的地受关注度高，另外，清远等粤北漂流景区集中的目的地也更受企业团建客户的青睐。从具体项目来看，广之旅专属定制提供了皮划艇、帆船出海、山地越野车、骑马、剧本杀、露营、飞盘、冰壶等活动类型，而随着端午节临近，龙舟也成为企事业单位团建的热门选项，游客可以前往佛山九江龙舟基地、黄埔长洲岛等地体验团队合作扒龙舟，针对企业客户，广之旅还可以特别安排领导点睛仪式，进一步提升团队凝聚力。

资料来源：https://mp.weixin.qq.com/s/fZ9Z-agCJ10DjCBrbWWPJg

案例分析： 企业事业单位用户正在成为定制旅行企业的重要客户来源。团队型客户在定制旅行有其特征，例如对旅游目的地、关注旅行中的活动项目关注较高，团队定制要符合企业用户的需求特点，设计选择合适的目的地，针对年轻人为主的团队设计符合需求的专属活动，突出文化创意趣味、团队协作、运动型活动等正成为团建活动中受欢迎的设计项目。

（三）按定制的模式划分

对于旅行定制的模式而言，大致可分为全定制旅行、半定制旅行和微定制旅行三种类型。

（1）全定制旅行（泛定制旅行）是指旅游行程设计与安排的各项要素完全按照旅游者的需求去实现。此类旅行定制对旅游企业的定制能力要求最高，尤其对旅游资源掌控与调度供应商能力、踩线能力等均有相当高的要求，产品单价高，定位高端。

（2）半定制旅行（旅游目的地专属定制）是指前期开发专属目的地旅游资源，并已设计好系列主题旅游目的地旅行线路，并以此线路为基础，可再依据旅游者的个性化需求进行旅行行程细节的修改与调整。市场上目前绝大多数的定制旅行企业以此类业务为主，以碧山旅行为例，线路固定部分占 80%，另有 20% 的空间可供旅游者根据需要做出弹性调整。

（3）微定制旅行是指在部分细节之处可以依据旅游者的喜好或特点进行细微的修改与调整，因为行程均已成型，留给旅游者自行修改与调整的空间不大，如可以更改部分餐厅，或者升级旅途中的居住房型，添加向导服务，添加新的旅游景点等。此类旅行定制就相当于"未完成的成衣"，行程节点、旅游要素、行程时长及服务已经设定成型，但可以根据旅游者需要再次进行有限度的自由组合与调整。例如，市面上的主题旅游线路小型私家团一般均可满足这一范围调整。

（四）按定制的内容划分

旅游活动所包含的"食住行游购娱"六大要素均可成为定制的对象。旅行全程定制是由旅游企业负责按照旅游者需求提供完整的旅行行程定制，例如，私人定制的深度旅游，包括文化体验、自然探秘、商务考察、创意团建、情侣蜜月、户外体育、独家场地或专家资源；旅行部分要素定制是指由旅游企业协助定制部分项目或整个行程中某个时段的服务，例如，帮助旅游者定制国外某个特色的米其林餐厅或安排专家式导游陪同的一日游深度的文博体验等。还有一类公司只做兴趣定制，如高尔夫、潜水、徒步等运动型产品的定制旅行。

（五）按定制的地域划分

国际旅行是定制旅行发展最早、最快和最活跃的定制领域，因距离、地点、文化差异等原因，国际旅游者对定制服务的需求更为迫切，例如，20 世纪 60 年代最早开启定制旅行业务的公司主要针对欧洲旅游者进入非洲探险旅行线路开始。国际旅行定制包括入境旅行定制，即接待外国旅游者或港澳台同胞的定制旅行服务，也包括出境旅行定制，即提供出境旅行的目的地定制服务。国内旅行定制是指以国内旅游目的地作为定制对象开展旅游目的地的专属旅行定制服务。我国定制旅行业务最早是由接待入境旅游者起步，但随着国内旅游业发展的日益壮大，在定制旅行市场中占据重要的份额。

（六）按定制的渠道划分

以消费者为中心，具有个性化、多品类、小批量、快速反应和平台化协作等特质的 C2B 定制模式将成为未来电子商务乃至整个商业模式的主流形态。在线 C2B 旅行定制以旅游者为中心，发挥互联网技术和平台协作优势，为旅游者提供个性化、多样化和高效的定制服务，例如，OTA（Online Travel Agency）在线定制旅行服务业务和定制旅行企业网站或移动端小程序在线服务端口，均可实现旅游者与旅游定制师在线交流完成线路定制，此类旅行定制服务为线上服务。线下旅行定制多是以面对面沟通方式提供定制服务。例如，专门旅行定制企业提供线下一对一的专属私人定制服务；一些酒店 VIP 会员或者高端奢侈品牌俱乐部针对会员开展某一领域旅行定制业务；一些民宿客栈结合周边旅游目的地资源，为旅游者开展相应的特色线路定制服务等，这些均为线下旅行定制模式。

📱 知识点自测

1. 判断题：定制旅行等于高端旅行，需要完全按照旅游者的需求定制。（　　）
2. 判断题：定制旅行是旅游产品的升级，将完全取代传统出行方式。（　　）
3. 判断题：我国定制旅行发展最早、最快和最活跃的定制领域是国内旅行产品。（　　）
4. 单选题：以下不是定制旅行的特点的是（　　）。
   A. 提供非标准化的旅游产品　　　　　　B. 以旅游者需求为中心
   C. 豪华游　　　　　　　　　　　　　　D. 个性化
5. 单选题：按定制的对象划分，定制旅行可以分为（　　）。
   A. 个人旅行定制和团队旅行定制
   B. 国际旅行定制与国内旅行定制
   C. 在线旅行定制和线下旅行定制
   D. 全定制旅行、半定制旅行和微定制旅行
6. 多选题：以下因素影响我国定制旅行产生和发展的有（　　）。
   A. 国际国内旅游持续发展　　　　　　　B. 旅游需求升级
   C. 旅游政策环境　　　　　　　　　　　D. 科技创新

任务实施

工作案例	上海刘女士夫妇准备春节过后前往云南旅行，计划 5 天行程。2023 年受影视剧《去有风的地方》影响，大理再度成为受到热捧的旅游地，很多游客期待去影视剧中出现的大理古城、苍山洱海、沙溪古镇、双廊古渔村、喜洲古镇、凤阳邑景点打卡，因此刘女士将此行计划目的地安排在大理。准备出游前，她查询了很多线路信息和旅行攻略，有以下三种出游方式可以选择： 　　A.跟团游：选择当地跟团，大理 4 天 3 晚，2～8 人小团，包括大理古城、崇圣寺三塔、喜洲、双廊等景点在内、专车导游服务、含早餐，高端民宿，不含大交通费用，此团型单价 2 000 元。但刘女士很想打卡的沙溪古镇并不在此列，住宿地点在火车站附近，行程时间与匆匆赶景点的节奏与自己的计划不太相符。 　　B.自由行：刘女士自己做攻略，查询酒店、景点、交通、餐饮等信息，根据自己的喜好完成整个线路安排。在线平台有大理 5 日自由行产品推荐，但所有旅行项目的预订需要自己完成，含往返大交通费用，预算单价大约 7 000 元。 　　C.定制游：在定制旅游平台，旅游定制师经过多次沟通为刘女士专属定制了一条"邂逅大理" 5 天 4 晚漫游旅行方案，包含登顶苍山、环游洱海、漫步古城等核心内容，含定制服务费及往返大交通费用，预算单价约 9 000 元
实施步骤一	结合上述案例，请从产品自由度、体验感、参与度、产品价格等方面，分析跟团游、自由行和定制旅行之间有什么区别
实施步骤二	小组讨论：如果你是刘女士，你会选择哪种出游方案？理由是什么

任务评价与总结

项目	评价与总结
组内任务分工	
组内表现自评	☐ 积极参与，贡献大 ☐ 主动参与，贡献一般 ☐ 被动参与，贡献小
任务所需知识总结	请回顾并列出任务所需知识信息
任务实施中薄弱环节	
今后改进措施	

任务二　认识定制旅行发展历程

任务导入

任务名称	认识定制旅行发展历程
任务描述	梳理定制旅行发展脉络
任务目标	理解定制旅行发展趋势与存在问题，有助于对定制旅行发展脉络建立逻辑性的宏观认知
任务要求	查询国内外主要定制旅行企业及其定制旅行业务模式、产品特点信息

知识导入

任务思考	相关知识点
梳理定制旅行发展的重要节点	定制旅行发展历程
分析我国定制旅行存在的问题	我国定制旅行存在的问题
分析我国定制旅行未来发展面临的挑战与机遇	定制旅行的新态势

知识准备

一、定制旅行发展历程

（一）国外定制旅行的发展

旅游业在经历近百年的发展后，20 世纪 60 年代，一位热衷冒险的英国贵族后裔 Geoffrey Kent 创办了安行凯达（Abercrombie & Kent）旅行公司（简称安行凯达），专门组织有钱的贵族去肯尼亚游猎。安行凯达致力于提供独特的行程和尊贵的服务，并由此开创了世界奢华旅行的先河。

20 世纪 70 年代末 80 年代初，美国开始出现了一批小团旅行公司，一般为 10 ～ 20 人，主要经营固定的喜马拉雅山徒步扎营线路，专注熟悉的目的地，提供专业领队服务和全面的后勤服务。现代意义上的定制旅行大体产生于 20 世纪 80 年代，相比传统跟团游，定制旅行因在一定程度上能更好地满足消费者的需求，所以很快就在国外流行起来。

随着互联网技术的发展，旅游目的地信息获取越来越便利，在线旅行企业逐步在分销行业占据鳌头。2000 年前后，定制旅行企业业务开始转型，业务划分出小团旅行和高端定制，即一边继续经营小团旅行，一边开始着手为高端人群提供高级定制服务。旅游市场上开始出现一类旅游者，他们更追求深度，品质要求更高，要求更好的服务，追求更私密的营地，选择更具品位的酒店，于是市场上产生了提供这类专业服务的旅行企业，深耕旅游目的地资源，同时，拥有更优质稀缺的供应渠道。随着定制旅行行业的发展，这些规模有限的小型旅行企业为增强采购能力开始抱团，逐渐形成了旅游定制师联盟，并每年召开年会。

定制旅行的先河企业——安行凯达

自创始之初，半个多世纪以来，安行凯达不断探索和提升着奢华旅行的内涵。在非洲，安行凯达原创了"星空下的流动营地"，将欧式贵族的游猎生活搬到了茫茫草原上；安行凯达还是第一家定制四驱大马力越野车作为代步工具的旅行机构，至今已有200多辆定制车和专业司机团队。在中国的长江、埃及的尼罗河以及缅甸的伊洛瓦底江上，安行凯达拥有专属私家豪华邮轮，长江上的"探索号"更是被选定为洛克菲勒财富论坛的召开地。在世界各地诸多重要旅游景点，安行凯达拥有特殊权限，可享受独家特许准入的私人参观。安行凯达聘请了考古、历史、野生动物等各个领域的世界级专家作为随队向导，开创性地突破了"导游"的概念，增加了旅行的深度和广度。安行凯达也因此斩获了无数国际旅行行业大奖。

安行凯达的旅行主题包括固定出发的精品小团、极地探索、文化与艺术之旅、自然与动物之旅、家庭出行、轻奢短假、名人领航和邮轮风情等。其品牌优势包括奢华旅行的开创者、世界级专家向导、旅行与慈善、私人飞机之旅，以及世界顶级的旅行资源等。

50余年来，安行凯达服务过的全球名流政要不计其数，包括美国前总统吉米·卡特和比尔·克林顿，商界大亨洛克菲勒、比尔·盖茨和沃伦·巴菲特，好莱坞明星茱莉亚·罗伯茨和汤姆·克鲁斯。

如今安行凯达在30多个国家拥有50余间办公室和超过2 500名具备良好专业素养的员工，是世界上唯一一家依靠自己的子公司完成全球大部分地接服务的旅行公司，以此确保每一段旅程都拥有顶级的服务和体验。

资料来源：History（akchina.cn）

（二）国内定制旅行的发展

中国旅游研究院《中国定制旅行发展报告（2019）》对我国定制旅行萌芽至发展历程进行了四阶段划分，即萌芽期（1979—2000年）、高端定制出现（2000—2012年）、大众定制出现（2013—2016年）、大规模定制阶段（2016—2019年）。根据生命周期理论，整体旅游市场发展大致包括起步阶段、发展阶段、成熟阶段、转型阶段。

（1）起步阶段：以量取胜，以价取胜，旅游者需求层次容易满足。

（2）发展阶段：以质取胜，不拼价格拼质量，旅游市场供给开始发生变化，旅游市场的细分需求开始受到关注，各类专项旅游产品、更优化的旅游线路开始出现。

（3）成熟阶段：以个性取胜，个性化与多样化并存。定制旅行产品呈爆发式增长，在市场中赢得更多的生存空间，个性化的旅游需求及旅游者的主体地位受到观照，旅游者拥有更多话语权，可以参与旅游线路产品设计。同时，市场的各类旅游产品并存，并没有因为定制旅行的出现，传统的大巴团就此消失。每种产品或服务方式正在服务于对应的市场。这是旅游市场成熟阶段的一种表现。

（4）转型阶段：旅游产品转型升级，应对越来越成熟的消费群体，跳出同质化竞争的格局，在激烈的市场竞争中，推陈出新，刺激旅游者消费欲望，开发新型旅行模式与旅游体验。

据此，按照我国社会经济、大众出游行为特点变化、旅游市场的发展变化，可将我国定制旅行发展归纳为以下四个阶段：

（1）萌芽期：1979—1999年。此阶段为我国旅游业发展萌发阶段，以跟团游主导阶段，我国人民旅游消费意愿持续增长，旅游业从事务逐步呈现，跟团游是这一时期最主要的旅游方式。

（2）发展期：2000—2012年。伴随我国经济高速发展，高收入人群数量逐年增长，高端定制旅游机构开始萌芽并逐步探索，特别是出入境旅游市场的发展为我国定制旅行发展提供良好的契机。2000年碧山旅行WildChina成立，成为国内较早开展高端入境定制旅行服务的企业。例如，2001年以南北极极地探索为特色的德迈国际旅行机构成立，组织南极北极旅行线路专属旅行路线开始进入私人定制领域。2012年携程成立高端定制业务品牌鸿鹄逸游，以及主打"出境自助旅行社区＋电子商务开放平台"来为出境自由行用户提供更便捷、更个性化的旅行服务的世界邦。

（3）快速发展期：2013—2019年。随着高收入群体的日益壮大，跟团游和自由行已无法完全满足这部分群体的个性化需求，这一类市场群体进一步催化定制旅行市场进入快速发展通道，一时间资本涌入定制旅行市场。2016年之后，随着互联网技术兴起，定制旅行相关机构大量涌现，如无二之旅，是指南猫、6人游，以及从定制工具切入市场的妙计旅行、路书等均是在这一阶段成立。旅游者对于定制旅行模式的认知度也不断提高，我国定制旅行进入快速发展期。这一发展阶段特征基本与定制旅行资本投资趋势保持一致，IT桔子以定制游为关键词搜索发现，2014—2017年是定制旅行各类玩家融资的春天，其中2015年的定制旅行赛道的投资事件达到了44起，投资额超30亿元（图1-6）。

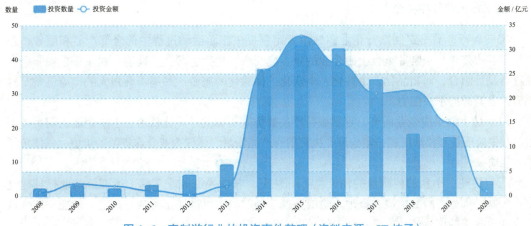

图1-6　定制游行业的投资事件整理（资料来源：IT桔子）

与资本投资市场发展趋势相同，定制旅行市场规模开始逐步扩大，定制旅行市场产品种类和数量日益丰富，客源市场从一线城市逐步向二线、三线城市渗透，与此同时，产品客单价水平和为定制服务买单的模式开始为旅游者所接受，定制旅行行业分工进一步细化和专业化，服务开始面向更大规模的消费客体。根据中国旅游研究院《中国定制旅行发展报告（2019）》

统计，从定制旅行市场的城市空间分布来看，2018年一线城市占36%，二线城市占42%，三线城市占13%，其他城市占9%。二线城市占比超过一线城市，并向三线及其他城市扩展，标志着定制旅游业已成为市场普遍的需求和大众定制旅游时代快速发展期的到来。

（4）发展转型期：2019年至今。行业竞争、洗牌速度加剧。面对国际旅游市场停摆，定制旅行企业开始调整业务方向，创新业务领域，开发国内小众目的地旅行产品、开拓企业客户、拓展教育研学领域产品，例如，6人游以线上直播的方式发布护肤新品牌"雪愈"；无二之旅的联合创始人蔡韵联合众人发布了新型兼职零工平台——任务叮咚，以帮助待业在家的白领和企业之间进行有效对接，谋求转型自救。2023年旅游市场开始复苏，陆续恢复出境团队旅游业务，定制旅行业务开始重新迎来发展的春天，旅游需求新变化、产业链供应重新搭建、产品竞争力、获客渠道等都给定制旅行企业发展带来新挑战，同时，行业洗牌的加速及出游市场对于品质和个性化追求的需求也为定制旅行行业带来新的机遇。

二、定制旅行市场主体

2021年文化和旅游部颁发的《文化和旅游市场信用管理规定》中指出："旅游市场主体包括从事旅行社经营服务、A级旅游景区经营服务、旅游住宿经营服务、在线旅游经营服务的法人或者其他组织；从业人员包括上述市场主体的法定代表人、主要负责人、实际控制人以及导游等有关人员。"

定制旅行市场主体由定制旅行企业和定制旅行从业人员构成。根据定制旅行供应链特点，定制旅行企业包括吃住行游购娱等旅游要素供应商（包括旅游目的地景区、酒店、餐厅、交通运输、购物商场等）、专业定制旅行社、在线旅行定制平台、定制旅行相关服务机构。定制旅行从业人员包括专门从事定制旅行服务，提供专业定制旅行咨询与销售服务工作的旅游定制师，还有与定制旅行业务相关的岗位，如旅行服务管家、同行专家、当地司导、地接、导游、旅行顾问等。

（一）定制旅行相关企业

定制旅行产品是定制旅行企业向旅游者定制提供旅游活动过程中的全部产品和服务。企业根据客户需求，采购并整合上游企业的景点、交通、住宿、餐饮、购物、娱乐等单项服务产品进行设计组合，而精品化、个性化、小众化、体验化的旅游产品离不开强大的供应链条及对供应链条资源的掌控能力。

（1）从上游供应企业而言，定制旅行产品要体现资源的差异化价值。上游企业决定生产要素，其供应质量和稀缺度在一定程度上决定旅行产品质量，体现企业合作资源的价值，具体包括以下几项：

①与稀缺、小众的旅游目的地（景点）、住宿、餐饮等资源或掌握上述资源的地接社建立合作关系。例如，海岛度假、极地探险线路或非洲游猎项目都属于稀缺、高端并依托一定领域专业知识服务的旅游产品，离不开专门的供应链支持。

②与知名住宿、交通企业等特殊上游供应企业与定制旅行的结合，建立专属、专线业务合作，为旅游者创造附加价值和专属体验。例如，提供专属酒店资源定制业务，能够为客人提供免费双人早餐；免费Wi-Fi；一定金额的消费额度；提早入住；延迟退房；客房免费升级等特别礼遇。

③"定制+"离不开供应链条上企业的合作，旅游供应企业增加专门的定制元素。例如，

随着研学旅行定制的发展，涉及研学课程开发与定制的景区越来越多，还出现了专门的研学基地营地。

（2）从中游供应企业而言，定制旅游服务商部分来自热衷旅游事业的创业者，大部分由传统旅行社转型而来。定制旅游服务商为旅游消费者提供满足其旅游需求的专属产品和服务，只有不断提高定制旅游服务商的服务能力，才能使行业保持快速发展。旅行社是定制旅游行业的主力军，目前从事旅游定制企业包括传统旅行社、在线旅游企业、新兴社交 App（如马蜂窝、穷游等）、6 人游、不二之旅、指南猫、bikego 等为代表的专门提供定制旅游服务企业。

①传统旅行社在整团定制方面存在优势，接待以企业类团体为主，团体住宿，用餐，但旅游景点大多是大众目的地景点。传统旅行社在品牌、渠道、产品、供应商及消费群体（客户积累）方面存在劣势。

②专业定制旅行服务商：小众目的地的定制旅游产品和跟团游产品瞄准不同的细分市场。普通旅游线路上在不断地强调服务体验，在深度线路上强调产品设计和服务能力，提供小众旅游目的地的深度旅游产品是定制旅行企业擅长的领域。

（3）从下游平台企业而言，旅游平台运营商决定着行业未来发展的规模、速度和质量。旅游平台运营商一端连接旅游消费者，一端连接定制旅游服务商，是定制旅游行业的市场载体，其运营水平、经营模式、服务能力等将对行业市场产生直接影响。在线旅游企业拥有渠道优势，线上线下结合，不断更新的产品库，还有庞大的大数据分析，通过定制旅游产品进一步对线下门店赋能。

（4）从定制旅行企业服务模式而言，定制旅行主流模式为 C2B，即上接资源供应商，下接旅游消费者，产品端是由平台自有的定制规划师或行程规划系统给出定制路线并完成相关服务的提供，用户端是由百度竞价排名或其他方式来获取客户及订单。C2C 模式是主打达人定制，以指南猫为例，实现自由定制师与客户通过平台相互沟通的形式，旅游达人运用自己的经验为需求者服务，需求者需要为该服务付出一定的费用。

拓展阅读：高端定制旅游市场研究报告

（二）定制旅行从业人员

旅游定制师的价值其实是帮助客户在复杂决策过程中寻找较优解，帮助客户节省时间并提供服务保障。导游在定制旅行中可以发挥更重要的角色，是对当地文化、生活极其了解的人。因此，最好是土生土长的当地人，对当地风土人情有最真切的了解，这样才能建立起游客与当地文化更好的链接。另外，定制旅行中另一个重要的角色便是主题线路中的专家向导（同行专家），即某一研究领域的专家学者型导游。在专家带领下走进山西古建、探索敦煌壁画，或者热带雨林研学等主题线路，一定会给旅游者带来不同的独特人生体验。例如，2023 年德迈国际旅游推出了南太平洋奇境探索之旅，由知名作家梁文道老师、人类学家黄剑波教授同行，乘坐奢华邮轮穿行于南太平洋岛屿秘境。

 文旅聚焦

深入理解"十四五"旅游业发展规划方向，坚持精益求精，把提供优质产品放在首要位置，提高供给能力水平，着力打造更多体现文化内涵、人文精神的旅游精品，提升中国旅游品牌形象。坚持标准化和个性化相统一，优化旅游产品结构、创新旅游产品体系，针对不同群体需求，推出更多定制化旅游产品、旅游线路，开发体验性、互动性强的旅游项目。

三、我国定制旅行存在的问题

现阶段定制旅行越来越多地被大众市场所认识，但定制旅行实则还停留在获客手段和销售方式上的改变，并没有真正创新旅行产品生产和服务提供传统的价值链条。无论是供给端（产品、人才）还是需求端（付费意愿、旅行方式）仍然处于发展的早期阶段，因此真正意义上的定制旅行依然稀缺。另外，定制旅行还存在行业标准缺乏、定制成本高、不易形成规模化生产等缺点，并且因容易受到外部因素影响，整体定制旅行市场发展尚不成熟。从人员、产品、服务等来看，主要存在以下问题。

（一）定制旅行专业人才缺乏

旅游业高质量发展核心离不开人，专业人才的缺乏是旅游行业发展面临的重要课题。未来定制旅行行业最核心的竞争是对优质旅游定制师及导游的竞争。作为定制旅行中的关键人物，旅游定制师的专业素养与能力对于一个成功的定制旅行而言尤为重要。优秀的旅游定制师是优质旅行体验的创造者、组织者，而目前定制旅行市场面临的问题是旅游定制师因阅历及旅行经验不足对目的地资源了解不深、策划组织能力不够、缺乏足够的旅游产品设计经验，以及对地接资源的了解和把控能力。

定制的前提是对旅行需求的充分理解、对旅游目的地知识的充分认知甚至是实际旅行经验的积累，但很多旅游定制师并没有实践经验，仅是通过目的地信息和旅行线路产品培训便上岗的。另外，一些小型定制旅行企业在招聘培养旅游定制师时，没有太高的经验和学历门槛，入职后经过两周左右的旅游目的地知识、旅游产品培训和沟通技巧类培训后，便开始上岗接受咨询，承担的旅行线路销售职责大于定制旅行咨询职责。一名优秀的旅游定制师成长需要时间积累和踩点旅游实践，而目前市场上很多旅游定制师专业知识沉淀不够，缺乏实地踩点的经验，对目的地只能停留于攻略、培训话术和现有产品库，缺乏真实旅游体验感受，很难让行程呈现温度与内涵。

 案例

旅游定制师小王是一名刚毕业不久的大学生，因为热爱旅游，所以选择成为一名旅游定制师。刚上岗不久，小王便接待了一位客人的订单。客人要为两位年过花甲的老人定制行程。考虑到老人的身体原因，在前期行程沟通中，小王与客人反复沟通，核对行程细节，尤其是行程节奏与住宿餐饮的安排。作为一名新人旅游定制师，小王缺少丰富的定制经验，同时，旅行定制技能也还有很大的不足。在沟通确认行程的那段时间，小王做了大量的功课去了解目的地的各类信息和知识，为行程做细心推荐并给出专业建议，顺利拿下订单。客人在行程结束后，也对小王的职业精神和专业细致的工作表示了肯定。

资料来源：携程 App

案例分析：身为一名旅游定制师，新手的成长不仅需要具备目的地专业知识和线路产品设计技能，最重要的是源于细致入微的观察，用心的投入，专心做足功课，围绕用户需求思考，保持对这份职业的热爱。

（二）产品同质化程度高，真正的定制旅行尚稀缺

由于现阶段我国定制旅行企业良莠不齐，企业自身供应链管控能力、产品深度开发能力不高，以及高素质旅游定制师的缺乏，导致目前定制旅行市场上产品趋同，差异化不明显。具体而言，一是定制旅行产品存在伪定制的问题，"定制"成为吸引客户的宣传噱头，成为商家获取客户流量的方式。所谓"定制"，是原来的跟团游产品或自由行产品基础上的加减法，并没有针对旅游者的需求真正分析，融入个性化设计，自然也谈不上专属旅行方案。供应链条没有改变，地接社还是原来的地接社，旅游资源没有更新升级，只不过是换了"定制"包装，并没有带来真正的定制研发、定制体验和定制专属服务。二是定制旅行产品，产品形态趋同，旅游体验感受差。徒有定制旅行的"表"，如向客户按工作流程制定专属的路书和旅行方案，但这样的方案可能是千篇一律的模板，实际上定制游可能变成"拼团游"，服务环节中存在沟通不及时、旅游项目不符、司机导游服务差等问题，严重影响服务水平和旅游体验。以文塑旅、以旅彰文，推动文化和旅游融合发展成为旅游产品赋能的核心，将旅游者个性化需求与旅游资源深度链接，打造个性化、有品质、走心有温度的旅游产品才能更具竞争力与吸引力。三是旅游者参与度低，很难在定制中发挥主体性作用。定制旅行对于旅游者有较高的要求，一个优质定制旅行行程的设计离不开旅游定制师与旅游者之间的反复沟通，以消除两者之间的信息不对称，即彼此了解对方需要什么，以及对方可以提供什么，以便逐步锁定目的地、主题及旅游各要素信息。旅游经验越丰富的旅游者对于旅行的目的、需求便越明确，定制中旅游者的主体性和参与度便会越高；反之，依赖旅游定制师的经验与技能，如果定制师本身缺乏足够的专业素养，那么定制行程也很难让旅游者更好地参与。

 案例

张先生一家暑期报名参加了某旅行公司的定制游行程，但到旅游目的地后，发现他们被当地地接社接待与其他一组客人组成一个小团，与之前承诺的私家团承诺不相符。定制游变"拼团游"，而旅游项目过程体验也是"货不对板"、抵达景区发现当日关闭、商家拖延回复等问题。业内人士表示，在沟通、旅游资源开发和整合、行程制定和执行等各个环节中，只要其中一个环节出现问题，就会影响服务水平和旅游体验。

案例分析：现实中的一些定制旅行产品还存在较大的提升空间。定制不应该仅仅被用作吸引消费者的宣传手段，定制旅行方案也不应该成为定制服务收费的表面功夫。定制旅行产品需要花费大量的时间去目的地踩点和研发、建立优质定制的供应链系统，离不开与旅游者反复沟通需求，真正将其需求作为提供专业定制咨询服务的出发点，如此"定制"才是真正定制的开始。

（三）定制旅行产品服务成本高，获客难度大

定制旅行产品与一般跟团型旅行产品不同，行程中的各个环节收费均有明确的标价，价格更加透明、清晰，客人可以通过报价单清晰地获知行程中的住、行、游等各环节费用明细，定制服务费作为提供定制服务和专属行程服务的附加收费项，有的企业会将这笔费用单独列出，例如，碧山旅行的收费标准一般为 15%。另外，真正意义上的定制旅行产品无论是针对客户的个性化需求设计与采购相应的旅游资源，与传统跟团游产品的批量采购的价格优势无法相比，同时，客户还需为优质的资源和产品设计服务买单。定制旅行产品的采购渠道和服务过程产生的人力、物力沟通成本都更高。

随着定制旅行企业大批量进入市场，目前定制旅行的线下社群获客已经饱和，线上流量获客成本也逐渐上升，激烈的竞争进一步导致了在线获客的订单转化率低。另外，当前旅游定制师或定制机构的营销能力也不高，表现在获取客源的方式和手段非常有限，主要是在 OTA 或者在百度上投放关键词，或者做线下分享会的活动。因此，定制旅行的获客面临着高成本、难度大的问题。据统计，一般的免费定制渠道，成单率只有 5%，像指南猫的付费定制，成单率是 36% 左右。例如，携程定制平台的定制服务和方案提供阶段都是不要求缴纳定金的，有客户可能咨询的目的仅是获取一份方案，便没了下文，因此在线成交转化率低，也成为制约定制旅行业务开展的因素。

（四）定制服务标准不完善

目前，定制旅行市场的运营模式尚不成熟，各旅游供应商对定制游的理解和实际操作方式也不尽一致。因此，各供应商所提供的旅游产品与服务的定制程度与定制方式也各不相同。同时，定制旅行涉及旅游定制师、旅行商、旅游者等多个相关利益主体之间的权利与义务关系，并需要在定制合同上明确呈现出来，而不同的旅游定制师、旅行商提供的格式合同也有所不同。部分合同存在减轻旅游定制师、旅行商责任或限制旅游者权利、加重旅游者责任的条款，或未对相关重要事项、风险等进行重点标注、提示，从而导致旅游者的权益受损。因此，相关部门应明确定制旅行服务的标准，拟订规范的服务合同等范本，为行业监督与消费维权提供指导性的政策依据。

延伸阅读：
DRC 智库建言 |
我国旅游消费需求
发展趋势与对策
建议

四、定制旅行的新态势

（一）旅行定制将逐步走向"大众化"定制

世界制造业的发展经历了四个过程：一是少品种小批量生产模式；二是少品种大批量生产模式；三是多品种小批量的柔性生产模式；四是"先进制造技术"生产模式。定制的"大众化"实际上是打破了传统定制模式狭窄的市场空间，愿意帮助每位普通顾客实现自己的梦想，为他们提供定制化的产品。对于定制旅行行业同样如此，随着定制旅行行业的成熟、定制旅行市场供给能力的提高、广大普通旅游者对于旅游个性化需求的觉醒和对品质产品的认可，技术的进步实现在线旅行产品设计效率的提升，在旅游目的地资源采购和供应链的足够成熟与畅通的前提下，定制旅行有可能实现快速、批量化的生产。

大规模定制化服务较之标准化服务已由注重服务产品差别化转向游客差别化。它将目标市场划分到了极限程度，即将每位游客都视为一个潜在的细分市场，并且在这个市场上，游客不再仅仅是产品或服务的被动接受者，而是产品或服务的合作生产者。游客可以根据自己的偏好对某一旅游产品或服务提出特定的要求。旅游企业在生产过程中，可以针对游客的特定需求向其提供差异性产品或服务，以满足其个性化要求，使其得到自己真正想要的产品或服务。

与制造业不同，服务业的定制很难搭建起一个庞大的流水线，以旅游业为例，这条供应链上涉及的原料需要有一个统筹组合，如果是规模化采购，可以降低成本，但很难通过排列组合；或者迎合客户的个性化需要，能够实现价格的降低，但个性化品质未见得可以保障。如果供应链上的供应方不够丰富，也就意味着旅游产品质量和品质不能保障。既要实现产品多样化，又要实现产品能够在生产线灵活组合满足旅游者的个性化需求甚至是按照旅游者来设计产品，那么产品的设计成本势必会增高，或者缺乏足够的踩线和实践，产品的体验感也可能会下降。因此，旅游业的规模化定制时代的到来尚需时日。旅游企业必须适应旅游者个性化的需求特征，以普通顾客可以接受的价格为其提供满足其定制需求的产品或服务，使产品定制从少数顾客的奢侈消费转变为大众化的普遍消费。未来旅游定制规模—旅游定制供应链—旅游定制产品设计成本—依赖专业的人到借助大数据和人工智能技术，实现定制的跨越—规模化定制。

从行业发展趋势看，定制旅行市场将进一步向中小城市扩展，规模不断增大。文旅部数据显示，2022年春节假期，省内游、跨省游比例分别为78.3%、21.7%，"周边游＋深度游"模式凸显，近程旅游品质化、个性化趋势突出，预约向导、周边露营、精致旅拍、民宿休假等更加契合春节出游需求，小团定制等成为假日出游的主流模式。

 文旅聚焦

《"十四五"文化和旅游发展规划》提出坚持标准化和个性化相统一，供给侧和需求侧协同发力，更好满足人民群众特色化、多层次旅游需求。优化旅游消费环境、拓展旅游消费领域。推出更多定制化旅游产品、旅游线路，开发体验性强、互动性强的旅游项目，增加旅游惠民措施，加大旅游公共服务力度。推动完善国民休闲和带薪休假等制度。

（二）定制旅行将更大限度地追求旅游者体验最大化

当消费者的基本物质需求得到更大的满足之后，我们便把经济能力集中于消费者在美感、气质、个性及感官上的各种需求。一般制造厂商投入更多的资本，进行心理区别及心理满足的刻意设计。在这种情形下，商品设计的心理因素越来越重要。定制旅行的发展符合旅游升级发展规律，符合社会经济发展趋势，也符合旅游消费需求。随着旅游业的逐步复苏，定制旅游必定会有进一步的发展，并在消费需求和供给模式上得到不断创新和提高。鸿鹄逸游的COO郭明认为跨界的资源整合能力的要求会越来越凸显。其他行业的人相较于旅游资源行业的人对产品会有不同的视野和解读，在深度体验需求趋势越来越明显的高定旅游业，精通某个领域的专业人士比导游更能给客户带来有深度且优质的体验。

　　旅行的本质是创造体验，而体验的本质在于打造深度、独一无二和有温度的旅游经历。未来文旅融合趋势将进一步促进定制旅行产品的开发内涵与深度。市场上个性化和品质化、深度体验和有人文内涵的旅游产品将具备更高的识别度。独具内涵和体验深度的定制文旅产品将更具吸引力与竞争优势，为旅游者创造更具深度的旅游体验。定制旅行产品不再成为高端的代名词，而是成为独一无二旅行体验的代名词。追逐旅游体验感将成为旅行定制产品未来发展的重要趋势。定制旅行不等于高端旅行，不一定用高价堆砌起来的旅游产品就属于高端定制，而定制旅行也不必只有一条高端、奢侈、小众这一条路径选择。

文旅聚焦

　　"'十四五'规划"指出："坚持以文塑旅、以旅彰文，打造独具魅力的中华文化旅游体验。深入发展大众旅游、智慧旅游，创新旅游产品体系，改善旅游消费体验。加强区域旅游品牌和服务整合，建设一批富有文化底蕴的世界级旅游景区和度假区，打造一批文化特色鲜明的国家级旅游休闲城市和街区。推进红色旅游、文化遗产旅游、旅游演艺等创新发展，提升度假休闲、乡村旅游等服务品质，完善邮轮游艇、低空旅游等发展政策。健全旅游基础设施和集散体系，推进旅游厕所革命，强化智慧景区建设。建立旅游服务质量评价体系，规范在线旅游经营服务。"

（三）旅游定制师人才队伍创新发展

　　定制旅游企业需提供并应满足旅游者所支付的价值的相应服务标准，因此，对于旅游定制师的专业素养要求更高。定制旅行是以客户为核心的旅游服务，即以"人"为核心的服务，旅游定制师应具有出色的沟通能力、敏锐捕捉客户需求的能力，以及优秀的旅游产品设计能力等综合职业素养。定制旅行的发展值得人们重新思考旅游定制师这一全新的职业、导游的定位和旅游管理专业人才培养的发展方向。针对旅游定制师人才缺口，高校、旅游企业等单位可联合培养，制订旅游定制师所需的课程内容和实践方案，提升后备人才的理论知识和实践能力。旅游企业可针对现有从业者进行定制旅游的专业培训，提高业务水平，也可吸收资深旅游爱好者、自媒体达人等作为储备人才，鼓励其参与定制旅游产品开发和营销。培育出色的旅游定制师是一个长期的过程，专业人才队伍素质和能力的提升是定制旅行高质量发展的重要保障。

案例

　　碧山旅行认为一名优秀的旅游定制师需要具备以下能力：

　　（1）能够搞定行程设计，有产品审美品位并能够创意地解决问题是旅游定制师的核心能力。

　　（2）具备客户服务精神，热爱客户服务工作，能够做好沟通工作。

（3）具备解决问题的能力，敢于担当，能与客户建立信任。

（4）熟悉产品，能够清晰地抓住旅游地的卖点，实地参与踩线，对旅游目的地的游购食娱，了然于心。

（5）能够搭建采购渠道，熟悉采购环节，确定采购渠道。

（6）完成旅行定制方案的执行，随时跟踪并能够及时处理突发事件。

资料来源：碧山旅行公众号碧山讲堂

案例分析： 优秀的旅游定制师是一个多面手，既要擅长线路设计、有旅游审美品位、善于与人沟通，同时还要实地踩线，对产品细节了然于心，能够与采购渠道建立良好的沟通，具有将方案化为现实的执行能力，并随时做好"救火队员"的角色随时随地解决行程中出现的各种问题。

（四）技术进步推动定制旅行创新发展

从行业技术发展方向看，催生定制旅行的数字化和移动互联网等新一代信息技术迭代更新迅速，能否及时掌握和应用新技术成为企业的核心竞争力。定制旅行在市场端完全不同于传统旅行服务的面对面营销，能够提供更友好、便捷、精准、有趣的界面才能更受市场青睐；在消费端则不同于传统的观光旅游，智能化进出、沉浸式体验、个性化服务等都需要依靠先进的技术和设备来实现。智能化是定制旅行的发展趋势。通过互联网、大数据、区块链等技术，在供应端实现旅游资源便捷触及和高效整合，将非标准化的旅游产品进行模块化开发；在消费端深入了解旅游者的出游习惯和消费偏好，精准营销和提供个性化服务。

拓展阅读：旅游定制师等级划分与评定

随着数字化技术的日臻成熟，旅游资源和旅游产品在线化储存数据数量与质量的积累，以 ChatGPT 为代表的人工智能技术，通过精准算法为旅游者快速、精准的需求匹配，甚至可能对定制旅行的服务模式带来颠覆式的改变。大数据背景下，足量的旅游目的地信息、旅游资源信息，足量的线路信息，足量的客户偏好信息，足量的供应商信息，将极大地提升定制旅行的效率和质量，定制旅行规模化也将有望得以实现。

 文旅聚焦

原国务院总理李克强在作政府工作报告时指出，2023 年要大力发展数字经济，加快传统产业和中小企业数字化转型，着力提升高端化、智能化、绿色化水平，提升常态化监管水平，支持平台经济发展。随着国家文化数字化战略的深入实施，文化产业和旅游业数字化转型步伐不断加快，科技与文旅融合发展成为新的行业趋势。文旅行业从业者纷纷利用大数据、元宇宙、人工智能等新技术，积极开展数字文博、云展览、云演播、网络直播等服务，推动线上线下融合创新发展，激活文旅新业态。

——摘自《数字科技赋能新文旅　沉浸体验"诗和远方"》

知识点自测

1.判断题：一名优秀的旅游定制师需要做好线路安排，酒店甄选、餐食提供，交通选择，并利用以往的经验进行优化，离不开多年的工作经验和感受。（　　　）

2.判断题：我国定制旅行市场发展已进入成熟阶段。（　　　）

3.单选题：我国定制旅行市场发展进入（　　　）。
  A.萌芽期   B.成熟期
  C.快速发展期   D.转型发展期

4.多选题：我国定制旅行发展存在的问题包括（　　　）。
  A.专业定制人才缺乏   B.服务成本高
  C.行业标准缺乏   D.产品同质化

5.多选题：定制旅行市场主体由（　　　）和（　　　）构成。
  A.定制旅行企业   B.旅游行业协会
  C.定制旅行从业人员   D.旅游行政主管部门

 任务实施

工作任务	1.查询国内外主要定制旅行企业及其定制旅行业务模式、产品特点信息
实施步骤一	小组讨论：请分组讨论，根据所查询的主要定制旅行企业信息，分析目前定制旅行企业发展面临的问题
工作任务	2.有观点认为：一名优秀的旅游定制师一定是本身就热爱旅行、喜欢旅行，并且有自己的旅行感受，因为他吃过每一次美食，住过每一家酒店，喝过每一支红酒，停留过每一个机场，感受过当地的朝阳落日，感受过一年的四季。除此之外，他本身对于旅行有着自己的感悟，不仅能给你选择，还能告诉你为什么选择
实施步骤二	小组讨论：请分组讨论，一名优秀的旅游定制师应该具备哪些素质和能力

任务评价与总结

项目	评价与总结
组内任务分工	
组内表现自评	□ 积极参与，贡献大 □ 主动参与，贡献一般 □ 被动参与，贡献小
任务所需 知识总结	请回顾并列出任务所需知识信息
任务实施中 薄弱环节	
今后改进措施	

项目二　定制旅行需求分析

🎯 学习目标

➤ 知识目标

1. 了解旅游需求与动机相关理论。
2. 掌握定制旅行客群类型与需求特征。
3. 了解定制旅行的沟通渠道、沟通类型与沟通要点。
4. 了解定制旅行中不同情境下的沟通技巧与基本策略。
5. 掌握签证种类、形式、办理流程及注意事项。

➤ 技能目标

1. 深入挖掘出游目的及出游需求，分析挖掘客户核心诉求点，匹配产品资源的能力，促成订单达成。
2. 能够精准地捕捉定制旅行客户的行为和消费需求，分析并建立客户画像，更加精准地开展定制旅行客户管理工作。
3. 掌握提供定制旅行行前、行中和结束后不同环节的沟通技巧，熟练处理与客户沟通中的各类问题。
4. 根据签证办理的流程，能够根据目的地需要办理签证业务。

➤ 素质目标

1. 通过定制旅行客户的需求分析，培养以客户为中心的职业理念，提升学生的沟通能力、分析能力和解决问题能力。
2. 培养严谨、务实、精益求精的工匠精神，通过专业的业务知识和优秀的沟通能力为客户答疑解惑，赢得客户信任。

➤ 考证目标

按照"1+X"定制旅行管家服务职业技能等级标准要求，旅游定制师需完成首呼落单流程，能根据客户的需求单及前期的沟通快速地、准确地判断客户所属的市场（如研学、亲子、蜜月、户外等），快速地分析客户需求的核心诉求点，以满足客户对行程的期望为目标，提升客户期望与行程的匹配度。

任务一　定制旅行需求获取

📈 任务导入

任务名称	精准获取用户需求
任务描述	获取需求是定制旅行开展的第一步。能否获取有效、真实、合理和核心的需求信息是后续定制旅行方案制定的基础
任务目标	获取用户出游动机和出游关键信息，分析用户核心诉求点
任务要求	模拟旅游定制师首呼落单环节，做好沟通要点的记录，进行需求分析和梳理，记录订单需求要点。 注："1+X"定制旅行管家服务职业技能等级标准中要求旅游定制师掌握完整的需求信息，包括出行人数、出游人关系或特殊人群相关信息（如儿童、老人的年龄等）、行程要求、对酒店等级要求、大致需求（亲子、蜜月、放松等）、预算

💻 知识导入

任务思考	相关知识点
定制旅行需求与动机是什么	定制旅行的需求与动机
定制旅行需求有什么特点	定制旅行用户特征与用户画像
定制旅行需求如何获取与分析	定制旅行需求特征与本质分析

👥 知识准备

　　定制旅行是以旅游者需求为主体，让旅游者参与设计的一种旅行方式，为旅游行程设计、为容纳用户个性化的需求提供了更为灵活和弹性的调整空间。定制旅行用户对旅行有更高标准、更高品质的要求，最为显著的便是其个性化要求。挖掘、获取、分析并满足用户旅游需求，以及提供符合用户预期甚至超出预期的旅行产品是定制旅行最具吸引力的特点。

一、定制旅行的需求与动机

（一）定制旅行需求

1. 从旅游市场角度看

　　旅游需求是一个经济化的概念，离不开经济发展的基础，是旅游购买决策过程中表现出来的概念。

　　有学者指出："旅游需求是指在一个特定时期内，有旅游欲望和足够闲暇时间的消费者在各种可能的旅游产品价格下愿意并且能够购买的旅游产品的数量。"

　　有学者认为："旅游需求是指在一定时期内，核心旅游产品的各种可能价格与在这些价格水平上，潜在旅游者愿意并能够购买的数量之间的关系。"

旅游需求包含着旅游者的购买动机、购买能力、购买欲望、购买条件与购买数量。在影响旅游需求诸多因素中，个人收入与旅游产品价格是最为重要的两个因素。旅游者需要权衡个人可支配收入在能承受的旅游价格下，选择最优的旅游产品。

伴随旅游市场新需求的出现，旅游市场出现又一次细分。作为一种新兴的定制旅行服务模式，定制旅行需求是指旅游者在具备支付相应旅行定制服务产品的购买力条件下，满足其个性化的旅游欲望，能够购买的定制旅行产品的数量。相较于普通旅游者，定制旅游者拥有更高的消费能力，对于旅游价格的敏感程度要低，更愿意为旅游产品品质和服务水平的专属服务买单。

2. 从心理需求角度看

经济条件是旅游行为的必要条件，但并非旅游行为产生的内在动因。其实，旅游需要是潜存于人们心中的、朴素的、由内心驱动而激发出的心理需求。旅游正在成为满足人们对美好生活向往的重要休闲生活方式之一。旅游者在旅游活动中寻求内心的满足。菲利普·皮尔斯将旅游需要划分为五个层次，分别是放松需要、刺激需要、关系需要、自尊与发展需要、自我实现需要。

定制旅行需求是旅游者在基本旅游需求得到满足后而激发产生的个性化的内在需求，是指定制旅游者在旅游行程定制过程中对于旅游目的地、住宿条件、旅游行程服务、旅游餐饮等方面的旅游需要，反映的是定制旅游者对旅游品质和旅游服务的期望值。定制旅行需求更趋多样化，其需求层次表现出多样性、多重性定制旅行以非标准化的旅游产品服务，使旅游者个性化、追求私密与品质的需求得以释放。

3. 从旅游要素构成看

定制旅行需求主要是指旅游者出行的目的及对于硬件和服务的要求。其包括但不限于出行的时间，出发地，出行目的地偏好，出行人员的构成和要求，对于食宿和大交通的要求，对于目的地相关配套的旅游六要素服务的要求，对于行程服务人员如导游、司机等的要求，这些构成了旅游者的整体出行需求。

拓展阅读：大众
定制旅游升温折射
市场需求新变化

（二）定制旅行动机

谢彦君在《基础旅游学》一书中指出"旅游是个人对自身潜在需要和内在价值的一种唤起和满足。一旦这些潜在需要和内在价值被激活并放置到度假的意图和情境中，旅游动机便产生了，它同时构成了影响旅游期望的最主要的内生变量。"根据旅游行为动力学原理，内在匮缺和不平衡产生旅游内驱力，旅游内驱力唤醒旅游需要，而旅游需要又催生出明确的旅游动机，最终转化为真实的旅游行为。例如，一个人在拥有了闲暇时间并且拥有足够的经济条件下，为短暂地摆脱惯常的生活环境，内在的不平衡催生旅游需求，他渴望获得亲近自然的放松机会，由此产生的出游动机驱动使他开始收集旅游目的地信息、筛选旅游线路或者寻找旅游服务商，将旅游行为转化为实际。

旅游者出游动机是非常多样的，但是旅游学者们还是按照动机相近程度对旅游动机进行了分类。其中，麦金托什等人提出了健康动机、文化动机、社会关系动机、地位与声望动机的四分法；克罗姆顿在有限的样本容量中识别出七种旅游动机：逃避所感知的世俗环境、自我发现和自我评估、放松、显示个人声望、回归、密切家族亲属关系、增进社会交往。2020年中国社会科学院旅游研究中心联合腾讯文旅产业研究院、腾讯CDC（用户研究与体验设计中心），通过网络开展全国性调查时将旅游动机调查指标划分为"亲近自然，感受山水""了解文史，丰富知识""亲朋出游，增进感情""个人兴趣，满足好奇""健康治疗，修养身心""放松购物，美食娱乐""进行社交，结识新友""运动健体，冒险探索""逃离日常，回归自我""提高声望，获人钦羡"。

定制旅行动机具有一般旅游动机的内容和特点，可以是寻求放松，寻找刺激冒险，也可以是培养兴趣、展示炫耀，甚至是实现个人理想。但不同之处在于定制旅行动机包含更多的"深度""小众"和"私密"的特征，其动机更加强调旅游者对旅游产品选择的高度自主权和参与度。

拓展阅读：国民出游今年走向省外游 亲近自然为旅游首位动机

（三）定制旅行需求与定制旅行动机的关系

旅游需求激发旅游动机的产生，旅游动机为旅游行为提供方向和动力。旅游需求就是"我想去旅游"，而旅游动机就是"我旅游的目的和动力是什么？"因此，把握旅游动机对于分析旅游者的真实需求非常重要。为增加对旅游动机的认知，学者们提出旅游动机的概念细化为"推力"和"拉力"两个概念。戴恩认为，"推力构成了旅游动机的本质，是旅游的内驱力，而拉力代表着旅游目的地的具体吸引物"；诺斯（Gnoth）认为，"推力是内在生成的各种动力，它们推动旅游者去寻找那些能够解除当前压力的物体、情形和事件中的各种符号，而拉力是由旅游者所拥有的有关目标属性的知识所诱发的一种力量"。

定制旅行的动力机制除符合一般旅游的动力机制外，推力还有来自对于旅游深层次体验的向往、对于旅游目的地本真的挖掘，拉力还有来自旅行定制企业的专业度，对旅行行程规划能力，对稀有、高品质旅游目的地资源的掌控能力、旅游供应链的管理能力。助推定制旅游者出游的动机中，追求本真、自我梦想与价值的实现，更深入地旅游目的地人文、自然体验等这些更高层次的旅游体验构成定制旅游者更为深层次的出行动机。旅游动机可以帮助旅游定制师更好地理解和精准分析用户需求，挖掘需求的背后隐藏着真实的出游动机，获取旅游者"自知"的表层需求和所不"自知"的潜在需求，深入掌握旅游者出游过程对旅游目的地、餐饮、活动项目、住宿标准等要素的要求，才能设计出更精准的旅行行程线路与服务。

 案例

真实的旅游动机

碧山旅行曾经接待过两位高端中国客人，他们开始表示，希望美国之旅能放慢脚步，而不要匆忙赶路。当旅游定制师提出干脆把美国的行程安排在西部，在旧金山住两天，再去大峡谷看看。此时客人又表示去美国不能不去纽约和华盛顿。另一位想去华盛顿的客人，他的需求表达得很清楚，"很好的酒店，也要能感受人文文化"。旅游定制师给出的住宿建议是华盛顿人文历史的代表首选五月花酒店，靠近市中心。但在接下来的交流中，他们发现客人其实希望住在唐人街附近。这样晚上可以自己逛逛，更有安全感，而不是去一个完全文化陌生的地方，他所谓好的酒店也是更偏向于自己熟悉的那些大酒店品牌。

资料来源：https://mp.weixin.qq.com/s/DP wKN5tPGu6wSYczEfJafA

案例分析： 表面上用户提出的需求不一定就是真正底层的需求。要在与用户沟通中获取关键信息，把握定制用户最深层的动机。例如，用户对于目的地选择和酒店等级、地点的选择，都表现出用户对于传统目的地和文化安全感的需要。真正的合适不是简单地追求设计的"高端""深度"或"稀缺"，而是真正贴合用户的内在需要。

二、定制旅行需求特征与本质分析

（一）定制旅行需求特征

1. 定制旅行需求是更高一层的旅游需求

旅行无疑在满足人们的求知欲望和审美情趣上发挥着重要的作用。在旅游情境下，旅游活动是一项可以达成和满足旅游者多重需求的一种行为。如果旅游是一个人满足更高需求的一种实现途径，那么无疑定制旅行是实现旅游者更高一层旅游需求的实现路径。定制旅行追求深度与本真体验，量身定制的安排恰好是贴合用户需求的一种旅行方式。从传统旅游形式的旅游团产品多满足于大众旅游者的观光旅游需要，逐渐转化为注重旅游体验和旅游品质的产品和服务形式。对于定制旅游者而言，旅行不再仅仅是为了看山川湖海，更加追求独一无二、深度的文化体验，追求像本地人生活一样的方式去体验，或者有专家带队，体验文化古韵与原真本味的当地生活。旅行的目标不再是单一的以景点为核心，而是追求像本地人一样生活，特别是本地生活体验的旅行观念。定制旅行需求本身面对的都是极为个性化、小规模、小众的旅游需求，如一家一团的出游形式。又如无二之旅曾为一个年过八旬的老人定制安排一场宗教朝圣之旅，达成老人心中的梦想。

2. 定制旅行需求是更为个性化、多样化的需求

定制旅行过程中各要素安排和环节设计中，充分考虑旅游者的各种需求，可能是在放松自然的行程中追寻自我，或者安静陪伴家人，或者环球旅行实现儿时梦想，或者为所爱的人创造一次难忘的蜜月之旅。总之，每个愿意花费更高费用，渴望获得更优质体验与更贴合内心需求服务的旅游者都是与本真的更高层次自我实现的需要离得更近，比传统意义上的大众旅游者们自我实现的渴望会更高。身处异乡或不熟悉的环境，但旅游要尽可能地通过周到、细致的安排为旅游者充分考虑全面，将其需求全然掌握，这样才能创造一个安心的旅程。在旅游行程设计中，也要充分考虑旅游者在旅游行程中与在地居民交流、同行人员交流中的需要，以及满足特别是年轻一代的拍照打卡发朋友圈的需求，安排设计特色景点满足这一心理需求。每趟定制旅行的终极目标与意义都是在达成旅游者的一种生活理想或阶段性的精神上自我实现的目标。

（二）定制旅行需求分析

马斯洛在其《动机与人格》一书中提出了著名的需求层次理论，即生理需要、安全需要、归属和爱的需要、自尊需要和自我实现的需要，同时，将需要划分为高级需要和低级需要。基于该理论，从旅游者所处的需求层次角度来分析，通过判断和分析旅游者所处的需要层次，充分考虑各个需求层次上产品设计与服务提供是否符合旅游者的需要。

（1）基础层次需要的满足（低级需要）：旅行中最为基础需要是生理需要、安全需要、归属和爱的需要。旅游行程中食、住、行、游、购、娱各环节无疑都要以保障旅游者的生理需要和安全需要为基础。在满足基本需要的基础上，创造旅行惊喜体验，为旅游者带来更高层次的满足。以餐饮为例，旅行中餐饮与日常饮食的区别在于既要考虑旅游者日常的饮食偏好，又要结合旅游地饮食习惯与特色为旅游者推荐和安排品尝当地特色餐饮小吃。比起旅游团固定菜单的团餐，定制旅行产品中对于餐饮需求已经不是简单的一餐，也隐藏着旅游者对当地文化的体验，可以是到当地人家里品尝地道的家常菜，近距离感受当地生活的烟火气，也可以是在异国他乡温暖旅游者的家乡菜。这一餐已经跨越基本需求，成为感受文化和实现当地社区人际交往，增强旅游者归属感的独特体验。

（2）高级层次需要的满足（高级需要）：自尊需要和自我实现需要。马斯洛认为，高级需要不太容易被察觉，也很难准确无误，它们很容易因为建议、模仿、错误的信念或习惯而与其他需要混淆。在他看来，能够认识到自己的需要，即知道一个人真正想要的是什么是一项巨大的心理成就。对于旅游定制师来说，如果基础需要是显而易见容易被发掘的表层需要，那么旅游者深层次的高级需要便不那么容易被把握了。有时甚至旅游者自身都并不十分清楚。但毋庸置疑的是选择定制旅行用户对于旅游服务、目的地、餐饮、住宿等各个环节的设计与体验上都有更高的要求和期待。定制旅行细节上更注重旅游者体验，个性化的需要会得到回应和关怀，产品设计中考虑更周全，进而为旅游者带来更高价值感的满足，满足旅游者的自尊需要。更深一层而言，定制旅行能够承载的高级需要——人生价值和梦想的实现。例如，去到某个梦想的目的地、设计独一无二的蜜月之旅、一次环球之旅等均是旅游者超越基础需要之外的高层次需要的达成。因此，成功的定制旅行无疑能够为旅游者创造一次终极体验。

（3）综合考量低级需要和高级需要。马斯洛也明确指出，人类基本需要的等级体系并不是那么固化，大多数情况下人们的基本需要遵循由低到高的顺序，但也存在很多例外，出现顺序颠倒。他指出对于优势需要层次的讨论一直是基于从意识中感受到的需要和欲望，而不是基于行为。因为除了需要和欲望，行为会受到许多其他决定性因素的影响。特别是以数字化技术为代表的新一轮科技革命，基于互联网和信息技术的网络搜索、游客评分、游客评论和游记、游客照片、网络社区的游客互动等也都直接影响了游客的旅游决策和行为。因此，当我们试图借助马斯洛需求理论分析定制旅行行为时，不仅从定制旅游者需求的角度去做出一般分析，更要在需求获取中充分考虑旅游者行为的各类影响因素，进而更精准地把握旅游者的内在需求，这才真正符合定制旅行中定制化的灵魂。旅游者也会在旅游行程中表现出多层次需要的情况，这就需要旅游定制师判断哪些需要占主导地位，而哪些需要处于从属地位，进而优先满足主导地位的需求。

 案例

在结束行程后，客人发消息给旅游定制师表示感谢，她留言说：这次广西崇左之旅，心情舒畅了，人也轻松了，停止了精神内耗，糟糕的心情被治愈了。
资料来源：携程 App

案例分析：旅行的意义在于体验，除眼观外，还能带来改变身心的体验，这种深层次的满足是真正打动和贴合内心需求的旅行带来的。

三、定制旅行用户特征与用户画像

家庭游、周边游、露营产品等在这两年得到快速发展，新需求的出现推动旅游市场向品质化方向发展。旅游市场不同的用户群体开始呈现多样化、个性化的旅游需求，为定制旅行的发展奠定基础。

（一）定制旅行用户特征

（1）相较于传统旅游形式，定制旅行用户需求更为多样，消费能力更强，旅行定制主题丰富。"在胡润研究院与 ILTMAsia 连续第七年合作发布的 2017 年《中国奢华旅游白皮书》中显示，超过 80% 的高净值人群将旅游支出规划在家庭年消费构成中；超过半数的高端旅游者

（58%）表示他们体验过私人定制旅行服务。同样，55% 的高端旅游者表示个性化服务是他们继续成为一家旅行社顾客的原因。40% 的高端受访者表示未来三年计划使用私人定制服务。"

定制旅行客群的特征如下：

①在此类用户的家庭可支配收入中旅游消费占比更高，有较多的可自由支配时间，集中在一二线大城市，地域性旅游消费规模开始扩大。

②认可附加服务价值，对个性化服务以及品质有更高的标准和要求。

③出游规模以双人游、家庭游为主。鸿鹄逸游发布的《2016 高端旅游客群报告》显示在出游规模方面，双人游为高端定制出行主体，单人游的比例逐年增高。除高净值用户外，近些年定制消费人群逐步由高端客群逐步向大众消费用户群体逐步发展趋势。

在旅行定制主题方面，各类不同定制主题多样，如房车露营、亲子、蜜月、研学、养生等主题，国内游的小众目的地和出境游高端旅游目的地领域均出现广受欢迎的旅游目的地。鸿鹄逸游 2016 年发布的《高端旅游客群报告》显示，南北极为最受欢迎的旅游地点，极地探索对高净值人群有极大的吸引力，欧美洲、日韩和澳新仍是高端游客的常规出行地点。

（2）不同年龄段、性别客群定制旅行消费的新特征。客人的性别、年龄、经济状况、生活方式、个性、职业、兴趣爱好等个人信息的获取对于掌握客人需求非常重要。

①不同年龄的旅游者会表现出不同的旅游购买行为。例如，大多数的青年旅游者都喜欢刺激性强、冒险性较强、时尚新潮的旅游产品；中年旅游者比较理智，讲求实际，重视家庭温暖与和睦，因此更倾向于全家出游，且消费较理性；而老年旅游者倾向于节奏缓慢、舒适安全且耗费体力较小的旅游活动。2019 年旅游百事通订单数据显示，30 ～ 45 岁年龄段是定制游的主力客户群体，占比超过 50%，30 岁以下的用户更倾向于自主安排，通过"自由行 + 目的地参团"的组合方式来实现自己的旅游定制梦。根据中国旅游研究院发布《中国国内旅游发展年度报告（2022—2023）》研究显示（图 2-1），2021 年 45 岁以上的中老年旅游者合计出游 11.94 亿人次，占据了国内旅游客源市场的 36.81%，成为国内旅游市场的重要客源。与此同时，14 岁及以下青少年旅游者增速较快，"一老一小"成为国内旅游的亮点和重点，老年旅游、康养旅游、研学旅行等具有广阔前景。未来老年市场将成为定制旅行市场的极具潜力的发展力量。成长于互联网背景下的 90 后 Z 世代市场群体日益壮大，他们重体验，爱新鲜，爱分享，易种草，Z 世代年轻一代消费人群引领露营、房车、户外运动等新的旅游消费风尚。

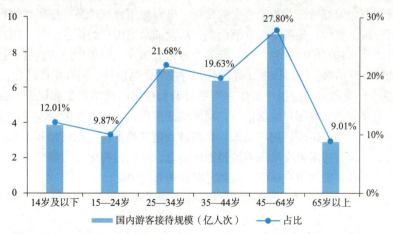

图 2-1　2021 年国内旅游者年龄分布

资料来源：中国旅游研究院发布《中国国内旅游发展年度报告（2022—2023）》

②不同性别在旅游消费中的差异。由于生理因素和社会条件的影响，男性和女性在个性特点与旅游爱好上也有所不同。女性旅游消费正在成为旅游市场消费的主力。她们拥有鲜明的消费特点，如注重品质、追求时尚。来自一二线城市的"80后""90后"是女性旅游消费的主力，占比分别为29%、42%，两者之和接近女性总旅游人次的70%。据鸿鹄逸游近两年发布的《2017高端女性客群旅行报告》及《2016高端客群旅游报告》等多项高端旅游报告皆显示，在性别方面，女性游客比例略高于男性。参与高端定制旅游的女性游客比例略大于男性游客。在高净值人群中，女性对于旅游产品的消费需求更大。从旅游项目选择上来说，大多男性比女性更富有好奇心理。男性旅游者大多选择能发挥体力优势的项目，如爬山、涉水等，更注意旅游参与的过程，而对其他方面不太敏感，旅游花费较女性旅游者多。而女性旅游者由于体力上的原因，更愿意选择观赏型的旅游目的地和项目，即使选择参与性项目，项目的参与强度也不太大；她们更注意旅游的情境和感受，对旅游目的地的整体环境很敏感。

③老年人旅游市场规模也在不断扩大。老年旅游者占我国旅游人群的比重已经突破20%。为老年旅游市场定制贴合老年人需求特点，进行产品设计与定制同样存在巨大市场潜力，有闲有钱的老年人正在登上旅游消费舞台。过去，团队游产品主要受资源和价格驱动，产品设计处于末端，而如今市场已经发生转变为需求驱动，需要更加重视研究老年人的行为特点、消费习惯。

拓展阅读：《中国老年旅居康养发展报告》分析

（3）散客定制和团队旅行定制并存。如上文所言，目前定制旅行市场出游形式多以家庭或双人游为主，与定制旅行产品主打的小团型，如一家一团、两人成团等，强调私密性一致，面向市场的多数产品是散客。同时，定制旅行企业开拓企业团建活动业务，为团队定制设计符合企业文化建设、员工出游的旅游产品，成为很多旅游企业特别是以户外运动为主的旅游企业的业务内容。企业用户正在成为定制旅行企业的重要业务板块。

（二）定制旅行用户画像在需求分析中的应用

随着大数据时代的到来，旅游用户消费习惯、偏好和特征在每一次线上消费和浏览点击中被记录，成为大数据时代算法推送的依据。用户画像，即用户信息标签化，通过收集用户的社会属性、消费习惯、偏好特征等各个维度的数据，进而对用户或产品特征属性进行刻画，并对这些特征进行分析、统计，挖掘潜在价值信息，从而抽象出用户的信息全貌。用户画像能够清晰划分用户群体及其各自的行为和目标，能够为运营分析人员提供用户的偏好、行为等信息为精细化运营和精准营销服务提供依据，进行有针对性的产品设计，使画像产品化，即落地。

对于定制旅行而言，构建用户画像并不是对消费数据的简单收集和记录，而是以用户需求为基础，洞察并收集旅游用户消费信息，精准地捕捉用户的行为和消费需求，提炼用户属性和用户行为标签，勾勒定制旅行用户画像，从而做到精准地推荐。在行程开始前用户在网站的浏览记录、咨询记录与需求提交阶段的关键需求信息，以及行程中行为偏好等信息均可作为用户画像搭建框架维度，根据用户标签，做到定向推送和营销。

由此构建定制旅行用户画像标签维度，可作为需求单获取时关键信息提炼项目，包括以下几个方面：

（1）基本信息标签：旅游者基本情况，包括年龄、性别、生日、地域、婚姻状态、语言能力、职业等。

（2）行为信息标签：主要体现在旅游者的需求特征、个人消费特征、偏好兴趣等。具体包括以下几项：

①旅行消费频率；

②消费类型：冲动性消费、理性消费、爱尝鲜消费。

③消费金额/价位：旅行预算，也可根据上一次消费订单金额判断。

④社交偏好：喜欢结伴出行还是单独出行。

⑤媒介偏好：喜欢通过哪些渠道获取旅行信息，如短视频等自媒体平台、门店、亲朋好友介绍、旅游 App、OTA 网站或其他。

⑥兴趣偏好：对哪一类旅游目的地感兴趣，属于爱冒险型，还是文艺型，偏好自然人文。

⑦出游时长：出行旅行时长天数。鸿鹄逸游发布的报告显示，大多游客出游时长集中在 10～15 天，既不会耽误日常工作，又有足够的时长进行深度体验。

⑧旅行主题：如历史文化、自然风光、游学研学、婚礼蜜月、摄影旅拍、户外探险、健康养生、美食购物等主题。

⑨客户性质：新客还是回头客（过往的旅行预订记录）。

用户画像关键信息提取的方式对获取和分析定制旅游者需求具有非常重要的参考价值。这些信息作为用户需求分析的初步信息来源，也是构成用户画像的标签信息。通过在旅游网站、微信小程序或 App 中浏览同类产品的客户分别打上标签，再根据标签去做不同的推送触达，例如，浏览过房车旅行的用户推送"房车系列"，图文中附上甘南、青海、新疆、香格里拉等经典房车旅游定制线路。定制旅行强调的服务标准是精准地满足客户需求。想要实现精准的服务，当然标签数量不是越多越好，因为太多的用户标签反而无法把握用户需求的核心诉求。

拓展阅读：2021年中国在线旅游行业用户画像及发展趋势分析

四、定制旅行需求获取与分析

（一）获取客户的需求，填写需求分析单

视频：定制旅行需求获取与分析

获取客户需求可分为线上与线下两种方式：一类是通过在线提交需求或在线咨询的方式展开；另一类是通过线下方式展开。线下方式是客户前往旅行社门店或定制旅行企业进行面谈，了解产品，面对面地沟通需求。无论是哪种方式，与客户建立联系后的关键步骤便是根据客户提供的信息或沟通中获取的信息进行整理分析，方能设计出合适的旅行方案。

在互联网时代，定制旅行需求提交与沟通大多是以在线方式进行。提交需求是用户与旅游企业建立联系的第一步。通过用户提交的需求信息帮助企业初步掌握用户的联系方式、出游基本信息和初步出游意向，方便后台为客户分配专长的旅游定制师，并根据客户提供的需求信息，特别是对不太明确的信息，确保掌握准确的信息，为接下来设计匹配的方案提供初步依据。以赞那度、携程和 6 人游定制旅行业务预订意向提交界面信息为例（图 2-2～图 2-5），需求单上设置了客户基本信息和出游意向的关键点信息。尽管每个需求信息包括意向出游目的地、出发地、出发时间、出行时长、酒店等级、单人预算、出游人数（成人人数、儿童人数、老年人人数）、特殊要求、客户姓名及联系方式等。在微信公众号营销端，很多定制旅行企业会通过某一行程营销图文下方设置咨询链接，提交用户联系方式即可，后台会调配相应的旅游

定制师与客户联系。

图 2-2　赞那度预订行程需求信息

图 2-3　携程 App 定制旅行页面　　图 2-4　6 人游定制旅行微信小程序端

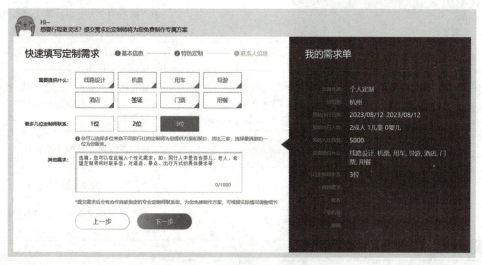

图 2-5　携程旅行网页版定制页面

资料来源（图 2-2 ～图 2-5）：赞那度、携程、6 人游用户端网页及 App 界面。

　　无论采用何种营销渠道，定制旅行的第一步均是获取用户需求信息，根据客户提交的需求信息，填写需求分析单，将相关内容录入系统，做好需求记录。需求分析单是对客户出游关键信息的提取与核实，了解客户的出行目的及其需求，为制定旅游行程打下较为坚实的基础。借助需求分析表帮助旅游定制师厘清客户关键需求信息。具体形式见表 2-1。

表 2-1　客户订单需求分析表

项目	信息	事项说明
客户性质	□ 新开客户　　□ 复购客户	1. 新开客户，需要更细致的沟通，获取客户的需求信息； 2. 复购客户可参考之前的预订行程，便于更好了解客户的特点

项目		信息	事项说明
出游人数		成人___人，儿童___人（年龄___岁）	了解成员关系和年龄构成，在行程节奏、活动内容、酒店房间类型安排等方面均需考虑
出发地			行程出发地影响大交通安排
目的地			确定出行目的地，如选择东北，需进一步明确目的地
出游时间			
出游天数		___天	
出游预算		___元/人	单人预算金额
旅行主题		□ 自然探险　　□ 历史人文　　□ 健康养生 □ 美食购物　　□ 婚礼蜜月　　□ 摄影旅拍 □ 毕业旅行　　□ 研学游学　　□ 团队团建 □ 其他 _____	一般主题要求可有多个，如既有历史人文，又要有美食购物
客户提出的服务要求	大交通		个别旅行行程是在目的地成团，价格中可能不包含大交通，需了解客户对大交通的安排，以及目的地包车需要
	餐饮		是否需要提供餐饮服务，或对某类餐饮有特殊要求
	住宿	类型：□ 高档品牌 □ 经济连锁 □ 网红酒店 □ 民宿 位置：□ 近景区 □ 近商业购物 □ 近游乐设施 特色：□ 美食 □ 度假 □ 亲子房 □ 设施 □ 景观	如住宿等级要求、住宿类型、位置要求等，部分客户有指定要求的酒店，均可记录参考
	景点		特别想去到访的知名景点
	活动		根据客户类型和目的地选择
	签证		出入境旅游业务需要了解客户护照签证状态
特殊需求：			

（二）保证沟通的完整性，把握客户的核心诉求

　　需求分析单只是获取需求的开始，后续需要与客户进行首呼落单，建立与客户的初次沟通，沟通的完整性是首呼记录的基本要求，首呼时旅游定制师应备好纸笔，做好沟通要点的记录，需要明确出行的六要素和客户准确的出行意图需求。首呼后再进行需求分析和梳理，不明确的事项有必要进行再次沟通，将需求分析单中未尽的信息补充完整，并以此为基础为客户设计行程并报价。

　　客户的需求既有核心诉求，也有非核心诉求。核心诉求是客户对于旅行行程明确的要求，并且非常在意、期待满足的需求。核心诉求是优先满足项，绝不是可有可无，如果做不到客户一定会不满意。例如，企业团建订单为增强团队凝聚力的目的，在旅游行程中设计适合团队协作的运动型、探险型活动便是其核心诉求。再如客户在沟通中明确提出了购物需求及对酒店品牌的要求，那么这些需求便是核心诉求。除核心需求外，其他需求也应受到关注，但其他需求

相较于核心需求，不满足不会引起强烈不满，但如果满足，会带来意外的惊喜。

定制旅行客户的核心诉求点体现了此次行程的目的与客户在意的重要环节。与其他跟团游、自由行等类型的行程相比，定制旅行客户的核心诉求点更加个性化、灵活，对出行舒适度、便利度和指向性的要求更高。注意：核心需求不止一个，可能包含多个。以表2-2需求单为例。

表2-2 需求单

客户姓名	出发地	目的地	往返日期	人均预算	人数	订单备注
赵××	北京	自定义	8月出发	豪华型	2大1小	家庭出游，小朋友5岁，喜欢动物，不要廉价航空，酒店住得好一点，想体验当地特色美食、活动

该客户一行3人从北京出发游玩，其在订单备注中有写明带5岁小朋友且不要廉价航空，对美食和酒店都有一定的要求。因此，该客户的核心诉求点可以归纳为带孩子出游（行程不要太累）—美食体验—硬件标准较高—多安排亲子活动。

面对客户的需求，旅游定制师先按照客户的需求设计方案，当无法满足全部需求时，以满足客户需求的核心诉求点为先。有时旅游定制师会反复地修改定制旅行方案，最终仍未得到客户的认可，主要原因是没有解决客户需求的核心诉求点，旅游定制师要想提升成功的概率，缩短方案制作的时间，就必须对客户的需求进行有效判断，准确找到需求的核心诉求点。

 案例

旅游定制师小李最近接到一个订单，客户情绪低落，表示只想找个安静、小众的地方，放松一下。经过多次沟通，小李帮助客户将目的地安排在广西的一个宝藏胜地——崇左。这座安静、小众的边境小城位于中国的西南边陲，拥有绝美的自然风光，《中国国家地理》赞美其为"桂林山水甲天下，崇左风光赛桂林"。考虑到客户想放松、安静的要求，小李没有安排紧张的行程，而是一天只安排游览一个景点，轻松自在。住在美景中，住宿地点选在位于"小桂林"之称的明仕田园风景区内，环境幽静，入住酒店房间推门即见稻田、河流和奇峰，有大树的院落，充满脑洞的稻田泳池，亲子小泥塘，适合客户安静放松，舒缓心情。游在自然怀抱，在德天跨国瀑布，感受到自然的魅力，骑自行车漫游明仕，享受两岸的田园风光，崇左的美，旅程的安静，客户在这里完成了一场心灵的洗礼。行程结束，客户表示非常满意，对小李表示感谢。

资料来源：携程App

案例分析：旅游定制师小李在行程设计中充分考虑到客户对"静""缓"和"小众"的核心要求。选择小众且景色秀美的小城，不安排拥挤的景点，而是选择接近田园和自然的风光，重要的住宿地点也选择在一家推门即景的酒店，舒适且亲近自然的住宿环境恰好满足了客户舒缓身心的要求。一次满意的行程背后一定是深入、共情、用心沟通的结果。

（三）甄别客户需求的合理性和客户的真实需求

定制旅行工作是一项具备专业技术性和销售性的工作。一是定制旅行的专业技术体现在分析和厘清客户需求，能够根据需求做出行程的匹配和设计。其中，除上文提到的客户需求信息完整性获取与核心诉求分析外，还有一项重要工作就是对有效需求信息的甄别，辨别其中不合理的需求，并给出专业建议。行程需求的合理性主要可以从出行意愿与目的地特色的匹配度、出行时间与目的地吸引物的季节性、出行预算与目的地消费水平、出行的个性化需求与目的地的实际供给等方面去判断。例如，季节性的旅行线路和旅游目的地并不是适合任何季节，同时，因信息不对称导致的客户对旅游目的地情况了解存在的滞后信息等。二是定制旅行工作的销售属性，要求旅游定制师能够真正掌握客户的需求意向，不是想当然地认为客户需要什么，或者自认为哪种需求是符合客户需要的。所谓用错了力，产品是无法成交的。原因在于没有真正把握用户的需求。例如，旅游定制师精心地为客户设计了文化内涵和观照文化体验的目的地或活动项目，却忽略了客户一开始提出的希望有购物，而旅游定制师只是按照自己以为的有趣的线路和目的地为用户进行了规划，这样的行程规划无疑就不算是成功。三是从供给角度来说，定制旅行虽然始终强调满足客户个性化需求，可为客户定制专属的旅行。但在实际业务中，除大多数定制旅行业务开展是依赖一定的资源基础，也就是拥有目的地线路库或经典案例，为保证定制业务效率，及时为客户出具定制方案，同时更要保证方案本身是可操作、可执行、可掌控的，而非在纸上谈兵的条件下，将客户需求与自身产品资源进行迅速地匹配，超出能力和资源范围外的需求就无法满足。在定制旅行业务中，旅游定制师可优先为客户匹配可掌控的资源，当客户需求中出现了无法掌控产品资源时，旅游定制师可以采用与其他供应商合作代订的方式，为客户解决问题。另外，还需关注客人的特殊需求，避免因为特殊需求的忽视，引起强烈不满的产品特性和导致低水平满意的产品特性。例如，旅游定制师给客户准备的小礼品属于宗教禁忌类的物品。

 案例

春节期间，旅游定制师小李接到一个海南岛西线自驾游定制的需求单，全程需要20辆汽车，但考虑到西线全程途经八城且高速加油站少的情况，小李便向客户建议，海南目前有完善的充电设施，车辆选用环保经济的电车可以解决能源问题，也让行程更加环保。为保障车队自驾行程顺利进行，小李还为车队配备一辆保障车和丰富自驾经验的引航员来引导客户行驶与游玩。在行程细节安排上，小李细心地标注了行程中10多个可进行充电地点，入住酒店也选择带有充电桩的酒店，方便客户进行充电。整个行程走下来客户不仅打卡了澄迈福山咖啡、临高烤乳猪，还参观了儋州万亩火龙果，并在峨蔓火山海岸线欣赏五色沙滩。行程结束后，得到了客户的一致好评。

资料来源：携程 App

案例分析： 旅游定制师要具备对目的地风土人情、饮食起居、社会经济等方面的了解，对目的地信息越了解越有助于做出专业推荐，保障线路规划的合理性。

（四）合理调整客户的期望值，促进旅游决策落地

定制旅行服务最终目的是设计出符合用户核心诉求的合理化、可操作的行程方案，并最终促进业务成交。订单的成交与旅游定制师需求分析的精准与否密切相关。从供给方的旅游企业而言，定制化旅游产品的"生产"和"加工"取决于旅游企业对于目的地的深耕和旅游产品资源库的数量，取决于是否有提供专门的专业的、旅游咨询与设计的人员，这样才能提供有效的市场供给，保证产品可以直接取自"货架"，让客户参与行程设计，并能根据客户的个性化对产品弹性调整。当旅游定制师了解到客户的需求后，可先根据历史客户行程安排经验与相关目的地行程案例进行部分行程推荐，以提升客户对行程的兴趣与关注度，同时，也能体现出旅游定制师的专业度，增加客户的信任感。在后续沟通中，针对客户的详细需求，从业人员需呈现与客户意愿贴合度高的行程设计，以促使此订单成团。例如，客户飞往奥兰多并住在迪士尼乐园，发生以下情况：下飞机后，不用去领取行李，而直接乘坐迪士尼乐园的专车，将客户送到酒店，客户的行李由迪士尼代为领取送到客房。这些是客户在假期中不会想到的事情，一旦发生，客户就会认为"这是有史以来最好的事情。从现在开始，每个假期，我们都会来到这里"。

从用户体验角度来看，旅游定制师在提供产品和服务时，为了更好地提升客户满意度，增加客户复购率，至少为每个行程提供一次兴奋型属性的产品和服务。在旅游行程安排中将更舒适的酒店安排在哪个环节，如何设计行程更能体现惊喜感，设计的节奏要符合旅游者的内心期待，进而设计出更具体验感的产品，创造高峰体验。旅行过程的快乐体验或高峰体验是短暂的，甚至是稍纵即逝的，但整个旅游行程带来的体验和回忆是应该设法延长保质期的。这是保证旅游者能够回购，增强定制旅行服务黏性需重点考虑的问题。

（五）AI 人工智能新技术助力旅行需求分析

人工智能技术正在改变旅游。未来人工智能对于定制旅行业务带来较大的冲击，正在借助互联网海量旅行攻略、线路信息的数据信息，对用户的旅游需求进行学习与匹配，进而设计出一条旅行定制线路。尽管目前人工智能技术在应用上还有很多不足，例如，线路设计的信息取决于互联网信息的获取，真实度、可信度和准确性，在现实中的合理程度和落地可能性有待进一步验证。以 ChatGPT 为代表的人工智能技术，以接近人类思维的学习思考逻辑，却是人工智能技术的一大进步。人工智能技术对接定制旅行业务将提高需求分析与海量数据匹配，提高线路设计效率，也未尝不是一个新的选项。尽管人工智能技术在定制领域具备效率优势，但无法在为客户进行需要分析和建议时，提供来自实际踩点的真实旅游体验，缺少旅游定制师的人情温度，因此两者如何相得益彰，是未来定制旅行需求和获取与分析时，应该重点关注的问题。

知识点自测

1. 判断题：定制旅行就是要 100% 满足客户的意愿提供产品。（　　　）

2. 判断题：设计行程方案时，如客户的需求明确，先按照客户的需求设计方案，当无法满足全部需求时，以满足客户需求的核心诉求点为先。（　　　）

3. 判断题：方案设计的目标是：高度贴合客户需求，量身定制的特色行程方案增强客户出游意愿。（　　　）

4. 判断题：可先设计定制旅游方案再与客户进行需求沟通，这样可以节省时间。（　　　）

5. 多选题：旅游定制师接到企业客户的一个会议需求后，需要第一时间清楚了解客户的真实需求，具体询问包括（　　　）。

A. 活动日期　　　　　　　　　　B. 活动地点

C. 客户预算　　　　　　　　　　D. 活动行程安排

 **任务实施**

工作案例	旅游定制师小李刚刚接到新订单，经过电话初步沟通，小李了解到客户是一对"80后"新婚夫妇，他们期待于7月中旬前往欧洲进行一次私人定制的独一无二的蜜月之旅。小李在与客户沟通后，了解到客户曾在西班牙留学，希望旅游目的地安排在西班牙，行程节奏要要慢，除了能够游览当地闻名于世的马德里王宫、圣家族大教堂等建筑古迹，体验弗拉明戈，领略海滨风光，另外，还想看一场球赛，预算10万元以内
实施步骤一	小组讨论：根据需求层次理论，请归纳并分析本节中旅游定制师小李接待的这对"80后"新婚夫妇蜜月之行所提出的各项需求信息具体属于哪个层次？针对各项需求，旅游定制师应该如何操作
实施步骤二	假设你是旅游定制师小李，请根据已掌握的客户需求信息，了解分析客户需求，填写完整的客户订单需求分析表

客户订单需求分析表

项目		信息	事项说明
客户性质		□新开客户　　□复购客户	
出游人数		成人＿＿人，儿童＿＿人（年龄＿＿岁）	
出发地			
目的地			
出游时间			
出游天数		天	
出游预算		元／人	
旅行主题		□自然探险　　□历史人文　　□健康养生 □美食购物　　□婚礼蜜月　　□摄影旅拍 □毕业旅行　　□研学游学　　□团队团建 □其他＿＿＿＿	
客户提出的服务要求	大交通		
	餐饮		
	住宿	类型：□高档品牌　□经济连锁　□网红酒店　□民宿 位置：□近景区　□近商业购物　□近游乐设施 特色：□美食　□度假　□亲子房　□设施　□景观	
	景点		
	活动		
	签证		
特殊需求：			

实施步骤三	小组任务：假设你是旅游定制师小李，请根据已掌握的这对新婚夫妇客户的需求信息，组织讨论哪些需求属于客户的核心需求
实施步骤四	角色扮演：分组模拟，各小组派代表分别扮演旅游定制师和客户，模拟旅游定制师首呼落单环节，做好沟通要点的记录，进行需求分析和梳理，记录订单需求要点

任务评价与总结

项目	评价与总结
组内任务分工	
组内表现自评	☐ 积极参与，贡献大 ☐ 主动参与，贡献一般 ☐ 被动参与，贡献小
任务所需 知识总结	请回顾并列出任务所需知识信息
任务实施中 薄弱环节	
今后改进措施	

任务二　定制旅行沟通策略应用

任务导入

任务名称	定制旅行沟通策略与技巧
任务描述	沟通是定制旅行工作中的重要内容，沟通能力是旅游定制师必备的技能之一，需要通过适当的沟通渠道，采取合适的沟通策略与技巧，完成在定制旅行不同环节和场景下与客户、与供应商、与地接服务人员等多个对象的沟通技能，保障旅行顺畅开展
任务目标	掌握定制旅行不同场景下的沟通技巧
任务要求	1.思考定制旅行行前、行中和行后不同阶段的沟通重点是什么 2.结合实际案例，针对具体沟通问题，旅游定制师应采取的沟通技巧

知识导入

任务思考	相关知识点
定制旅行沟通有哪些要点	定制旅行沟通的基本要点
定制旅游沟通有哪些原则	定制旅行沟通的原则
定制旅行沟通有哪些重要的沟通技巧	定制旅行沟通策略与技巧

知识准备

　　沟通技能是促进人与人沟通理解的重要手段，在定制旅行业务中有重要作用。作为旅游定制师，我们面临的沟通对象包括客户、供应商、地接导游（司机）等对象。定制工作缘起于沟通，旅行在执行过程中，需要通过恰当的沟通渠道，运用合适的沟通技巧，协调保证各环节顺利落地，理解客户需求，并及时解决旅行中的各类突发问题。

一、定制旅行沟通的基本要点

　　人是一个社会动物，存在于各种关系之中，而人与人之间离不开的就是沟通。沟通是信息交互传递、解码和理解的过程。个体拥有独立的思维、想法与情绪，均需要通过语言、文字、肢体语言等方式实现信息的传达，完成信息的交换，进而保证关系的运转。罗纳德·B.阿德勒在《沟通的本质》一书中，认为沟通是双方通过互动共同创造意义的动态过程，结合沟通的特点，提出基于不同背景下的双方通过沟通渠道实现信息传播的交通沟通模式（图2-6）。

（一）沟通中的同步性和异步性

　　同步沟通（Synchronous Communication）是双向、实时发生的。例如，客户到访旅行社门店，或者旅游定制师携带企业和旅行产品信息资料拜访客户，进行一对一的面对面沟通。同步沟通方式的优势在于可以保证信息的充分传递，第一时间对客户出现的问题给予反馈，并通过真实的接触更容易构建起双方的信任，且更容易引发情感上的共鸣。社会科学家用丰富度

（Richness）一词来形容丰富多样的非语言线索，这些非语言线索增加了语言信息的清晰度。与此相反，精简度（Leanness）形容的是缺乏非语言线索的信息。面对面沟通中有大量的非语言线索，这些信息提供给沟通者听懂彼此的弦外之音。

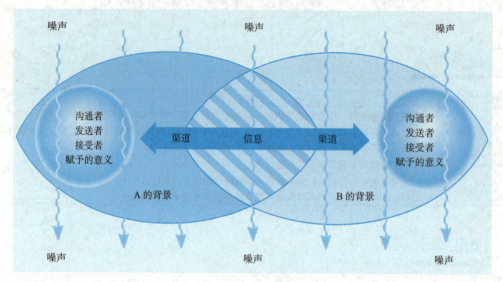

图 2-6　交流沟通模式

相比之下，异步沟通（Asynchronous Communication）是指消息的发送和接受之间存在时间间隔。定制旅行沟通环节会使用如邮件、短信、语音消息、在线留言回复（如客户评价、直播间提问）等沟通渠道，接受信息方有时不能及时、第一时间回复，需要辅以电话、即时语音等方式即时跟进反馈，避免影响沟通效果。

旅行定制对于服务标准要求极高，无论是同步的沟通，还是异步的沟通，及时性的响应是创造旅行良好体验的前提。因此，无论首呼落单、方案反馈、服务微信群，还是后续的客户评价等环节，都需要关注沟通反馈的时效性。

（二）沟通中的口头沟通和书面沟通

（1）口头沟通是人类最常用的沟通工具，也是人类社会最基本的信息传递手段。在面对面的人际沟通中，语言传递信息量达45%。尤其是有声语言，由于重音不同、音量不同、音调不同、停顿方式不同，因此表达的意思和情感也会千差万别。语言的沟通过程是交流双方的双向互动过程，主要包括说话者的语言选择和听话者对语言的理解两个方面。在旅行定制中，无论是提出行程方案建议，还是途中行程细节的安排与执行，或者是客户关怀，口头沟通是定制旅行中最常用的沟通方式，旅游定制师与客户之间始终围绕旅行行程建立起一个共同的沟通语境，保证信息传递的及时性。

（2）书面沟通是以文字为媒介的信息传递，形式主要包括文件、报告、信件、书面合同等。书面沟通是一种比较经济的沟通方式，沟通成本比较低。其特点主要有：可以自如地表达自己的意思，有充裕的时间进行思考并查阅相关信息，可以反复推敲，灵活选择语言形式和内容；所传递的信息准确率较高、材料可信度高；书面材料白纸黑字，易于保存，是真实意图的表达，可以作为有效的证据。例如，为便于客户更直观地了解行程的细节和方

拓展阅读：无二旅游路书示例

案全貌，无二之旅会为客户制定纸质版和电子版路书。

（三）沟通中的"背景"和"噪声"

"背景"是指沟通主体所处的社会、自然、文化、价值观、认知、个人经验等构成的环境。相似的环境往往有利于沟通，不同的背景会使有效沟通更具有挑战性。而沟通中的"噪声"来自任何妨碍沟通信息发送和接受的东西，是指造成沟通困难的因素，其形式包括外部噪声、内部噪声、心理噪声。而图2-6中的重叠区域表示沟通者之间存在共同的背景，重叠区域越大越利于沟通；反之沟通难度将增大。伴随交谈主体存在的多种因素，如双方性别、语言表达能力、心境状态、语言环境等，在交谈过程中可能会影响语言沟通的效果。语言沟通的基本技巧包括了解交谈对方、考虑交谈场合、把握主题、选择时机等。例如，定制旅行中有很多出境旅行定制，出境游面临的相对陌生的文化、自然和语言环境，此时旅游者在沟通中就会遇到"背景"差异带来的新鲜感与冲击，因此，有的旅游者会选择增加旅游定制师随行的个性化服务，或者定制行程中会安排当地懂中文的向导解决旅行中的沟通问题。另外，旅行中难免会遇到一些意料之外的突发状况，因诸如平日从来不需排队的景点出现拥挤排队造成旅游体验低于预期，由此客户产生"心理噪声"带来的沟通困难，如沟通不及时，难免会使客户产生抱怨情绪甚至投诉问题。

（四）定制旅行的在线沟通渠道

虽然面对面沟通依然至关重要，但现代科技在建立和维持人际关系上起到了关键作用。社交媒体的数量呈爆炸式增长，为目前的沟通者提供了大量的选择。以数字化技术为代表的互联网时代深刻地变革着旅游企业的发展进程，也改变着旅游企业运营管理、市场营销、业务形态、经营模式和品牌建设。网站、移动端App、自媒体、微信即时通信成为旅游定制师与客户沟通的最重要媒介，大致可分为定制平台式沟通、私域客户沟通、个人社交账号沟通，这些在线沟通模式为定制旅行业务开展提供了高效的沟通和运营便利，并呈现出以下新的特征：

（1）随着自媒体时代的到来，定制旅行营销更多依赖自媒体渠道的宣传，并成为定制旅行产品订单来源的重要端口，预留意向客户下单端口或咨询端口，便于及时进行在线沟通。例如，特色旅游目的地或旅行线路宣传图文下附企业微信，或旅行定制师微信，便于意向客户的沟通联系。因此，当下很多定制企业都在利用自媒体或网络平台在做产品营销时，增加产品卖点，激发客户需求，增强产品吸引力，充分利用和发挥在线沟通渠道的作用与价值。自媒体直播的兴起改变了传统的旅行产品销售模式。直播平台为定制旅行产品的宣传营销、沟通和购买提供新的渠道，在线直播的沟通方式弥补了微信或网站即时文字或语音沟通的不足，实现了在线的面对面沟通，在直播间通过特定场景下，主播对旅游产品的介绍，激发客户"种草"，并能够针对线路的问题实现及时的回复，提高销售成交率。

（2）AI人工智能在线咨询服务技术的应用也在逐步取代部分人工在线咨询沟通的功能，特别是ChatGPT的出现对旅行定制的流程和服务模式带来新的挑战，AI可以代替旅游定制师的部分定制策略建议，对旅游需求进行快速分析，并制订旅行方案的初级工作。网络新媒体成为主要获取旅行产品信息的渠道。例如，旅游定制师发布一条："我在内蒙古呼伦贝尔大草原等你"，既是营销手段，又是与客户的一种互动沟通。又或者拥有粉丝的旅游定制师可以在自媒体平台进行互动，例如，客户评价区或者私信或者微信群等渠道实现一种社区式的互动。鸿鹄逸游发布的多项报告中显示，新媒体和网络媒体成为客户获取产品信息的主要来源，然后是口碑介绍。移动端成为客户定制产品主要渠道，传统媒体和渠道已面临失宠。

案例

"追星星这个团，带孩子去的话可以临时补差吗？"

"山西的团有吗？几天的产品？"

"追星星团最多几个人？"

"团费包括哪些项目？有购物吗？"

"有适合亲子的团吗？"

一场旅游直播正在进行，bikego 旅行管家正在介绍国庆假期期间的主推线路——腾格里沙漠之行，开启沙漠征途，住沙漠营地，有徒步，有越野，品红酒，看星星，了解治沙知识，体验时光沙漏制作。弹幕互动中不少在线观看的用户通过弹幕与主播互动，实时在线咨询线路问题。

慢直播、短视频、VR（虚拟现实）体验……文旅行业近年来借助直播打造"云旅游"，在丰富线上文旅产品创新供给的同时也吸引线下潜在游客。直播旅游业态推动着旅游业的复苏和发展，沉浸式的旅游直播也为游客开创了全新的观赏体验。同时，旅行直播带货这一新兴的创新营销方式，如今成为很多旅游平台和商家的宣传渠道，用户可以通过直播提前规划行程、锁定优惠。

案例分析：如今旅行直播成为旅行产品宣传与销售的主要渠道之一。在线直播为旅游商家与用户搭建了全新的沟通与营销渠道。旅游者可以在直播间与主播实现实时交流的信息反馈，但同时直播也存在信息传递的不足，进入直播间的时点影响信息获取的完整性。

二、定制旅行沟通的原则

沟通技能是旅游定制师非常重要的技能。无论是接到定制旅行需求订单第一时间回应客户的问询，还是行程中随时随地准备针对各类问题的沟通解决，或者是行程结束后的跟进获取反馈，从而改进产品与服务，并建立起忠实的客户关系。

（一）建立沟通吸引力，提高沟通的欲望

旅游定制师与客户的首呼落单就是从沟通开始的，客户通过电脑端或移动端上传文字需求信息，旅游定制师则通过解码和识别其中的关键信息，与客户通过在线或电话沟通的方式，与客户建立直接联系，实现首次沟通。沟通的第一步是建立良好的第一印象，这是吸引客户在众多定制师中筛选建立联系的关键，也是沟通的起点。好的第一印象能够使沟通效率加倍，因此，定制师具有良好的职业形象对业务发展发挥积极作用。

具体而言，定制师的职业形象包括内在形象和外在形象。旅游定制师要打造自己专属的职业形象，包括外在形象（如外表、着装、气质的外表形象）、专家形象（专业的业务知识和技能）、媒体形象（微信头像、昵称及平台自我介绍）、礼仪形象（语言、语调、谈吐、动作等）。旅游定制师的微信头像能够展示其企业品牌、个人职业形象，在其朋友圈可以通过发布动态实现与客户的沟通。例如，旅游定制师在微信朋友圈的文案："秋季，是去土耳其最好的季节。热气球最适合起飞，多数都有晚霞的天空，会为你打开一幅天花板级的浪漫。现在预订，至少能省 10%！"，通过精美短图文达到宣传的目的。另外，还可以借助定制旅行平台打造个人职业形象。例如，携程定制旅行平台上入驻着 6 000 多名旅行定制师，分别根据各自擅长的目的地和主题旅行业务分类，同时，也制定了定制师的评分标准。通过定制师职业形象照片、自我

介绍、对定制旅行的理解、擅长的领域、曾经服务过的优秀案例、服务过的客人点评，以及代表性的旅行行程信息等信息构建出定制师的虚拟形象。客户会根据第一印象，筛选定制师进行在线沟通或电话沟通，这种沟通欲望的建立是业务开展的第一步。

（二）沟通的时效性

时效性是指第一时间沟通原则。定制旅行如此关注旅游者需求，其产品服务特点决定了定制旅行的沟通质量、效率比传统旅游形式要求更高。接单后第一时间建立与意向客户联系，保证沟通的时效性。不同的定制旅行企业会有不同的定制系统，客户可以通过 App 或小程序发送定制需求，一般发送的定制需求信息包括目的地、联系电话、出行人数、年龄等基本信息。在客户下单后，后台会迅速匹配旅游定制师对接联系。以携程为例，平台派单全部由系统自动派遣，从客户下需求单并确认服务开始，系统即立刻分配需求单到达对应旅游定制师账户，一般响应时间不会超过 5 分钟。时效不仅是平台规定的时间，对客户需求的及时响应更是职业素养的一种要求，尤其在激烈的市场竞争环节中，快速高效的反应速度更决定市场份额争夺的胜负。沟通时效性不仅体现在首次联系，整个服务过程沟通都需要及时，尤其在行程中客户遇到突发状况需要得到支持的时刻。及时的沟通既能够降低丢单率，又能提升客户的旅行体验，有效避免投诉率。对于定制师而言，平台也制定了相应的评分规则。针对客户在线咨询的消息回复及时性也是评分标准之一。

（三）沟通的有效性

沟通的有效性是指沟通双方能够采用合理的沟通方式，提出有效的问题和给予言之有物的沟通反馈，能够确保信息的传递、理解并达到沟通目的。有效沟通的两个要点，一是沟通中保证信息的顺利传递，获得有价值的信息反馈，并把握有效的信息。旅游定制师要懂得提问，通过有效的提问和追问，在与客户沟通中根据信息判断客户所属市场、核心诉求点、订单紧急度、需求合理性，挖掘潜在隐藏需求，获取充分的信息，如订单中不明确、不具体、待确认的信息等。由此为后期进一步合作沟通奠定信任基础。二是注意沟通中的倾听。倾听客户的需要是解决问题的关键。旅游定制师要懂得倾听，并理解倾听在沟通中的重要作用。为客户带来满意的定制旅行最首要的是真正倾听客户的需求，优秀的旅游定制师一定要充分地倾听客户需要什么，只有充分地倾听才是真正将客户作为旅行参与的主体，才能获取来自客户的真实需求，设计出令人满意的行程。行程中任何变更、变化或出现的突发问题，沟通的第一位仍然是倾听，倾听是以同理心站在客户角度思考问题，以尊重的态度去沟通，才能真正掌握客户的诉求，获得客户的理解，进而通过沟通解决问题。

（四）选择恰当的沟通媒介

沟通媒介多种多样，为特定的消息和接受者选择正确的渠道，是沟通适应性的一个重要组成部分。每个渠道都有各自的优缺点，可根据不同情况选择适合的渠道来提高沟通的效率。选择面对面沟通，还是选择发微信、打电话，这需要取决于信息的性质、接受者的角色和当时的情境。如今定制旅行产品的购买方式既可通过线下旅行社或定制旅行企业门店购买，也可通过在线 OTA 定制旅行平台或小程序端下单。因此，沟通方式可选择线上或线下方式进行，而定制旅行因其定制模式的存在，需要有更及时、更有效的沟通，因此，很多定制旅行产品都会设置详情咨询旅游定制师或客户顾问角色，通过在线或电话等方式第一时间取得联系。大多定制旅行企业会选择便捷的在线沟通，通过微信、电话等方式进行。当然，有的旅行企业可以为客户提供到店服务，有实体门店作为沟通的重要地点。

💡**思考**：比较各类媒介的优势，分析互联网发展趋势下哪种媒介沟通方式对定制服务来说更有效。

三、定制旅行沟通策略与技巧

一位优秀的沟通者会为每种情况和每个信息接收者选择恰当的回应。适应性是如此重要，称为"人际沟通技能的标志"。旅游定制师需要掌握人际沟通技能，才能更好地胜任工作，为旅游者创造更佳的定制体验。定制旅行沟通环节可划分为定制旅行需求沟通、旅行行程中沟通、旅行结束后沟通，即行前服务、行中服务、行后服务三个阶段，明确每个阶段的沟通策略与技巧，确保旅游定制方案的执行落地。本节重点介绍行前、行中沟通，而行后服务将在最后一章做重点讲述。

视频：定制旅行沟通策略与技巧

（一）行前咨询沟通：需求与成交

1. 树立专业靠谱的第一印象

首次沟通是建立第一印象（首因效应）的关键环节，因此，沟通话术和沟通礼仪非常重要，规范的自我介绍与问候，让客户了解服务。同时需要在首次沟通中，明确客户的需求，并有针对性地提供相应的旅游建议反馈，树立专业靠谱的职业形象。首次沟通，旅游定制师需要与客户确认旅行的关键信息，包括行程期待、主题类型、出发地、目的地偏好、往返日期、人均预算、成员构成（包括年龄、性别等）、特殊要求等。沟通的方式和场景可能是以下几种情况：

（1）面对面沟通：在接待客户时，定制师要注意仪容仪表和谈吐举止，交谈中注意以客户为中心，交谈过程用心倾听，并适时给出语言及肢体语言回应，例如，点头赞成客户观点，用"嗯""是的"等简单的词语应和客户；另外，要适时提出关键问题或意见、感想。在交谈过程中，定制师可借助以往经典的旅行案例和公司介绍等材料，作为辅助便于客户深入地了解产品尤其在旅行定制有关目的地、旅行理念和出游需要的匹配建议方面，提供专业的建议，凸显定制师的专业形象，赢得客户的信任。

（2）即时通信软件沟通：在互联网时代，即时通信软件成为日常沟通最为便捷的通信方式之一，并成为即时沟通、社群管理、品牌与产品营销的重要渠道。客户通过在线虚拟形象传递的信息，获得对旅游企业品牌形象、定制师个人形象的最初印象。打造在线形象包括以下策略：一是打造旅游定制师的在线头像，优先采用职业照、企业 Logo，名称可直接采用企业名称＋姓名，一般来说，不推荐使用符号型的昵称，不便于识记和让客户辨认；二是朋友圈或个人主页发布内容围绕优质定制旅行案例宣传，或是热门定制旅行产品推荐，体现业务的属性，保证内容发布频次和时间；三是在线即时沟通注意消息回复的及时性，首次添加客户微信沟通，做到礼貌问候和介绍，并可初步了解客户的需求，做初步产品和线路推荐。微信沟通和社群运营也是作为今后与客户及时沟通、问题反馈和保持客户黏性的重要渠道（图 2-7）。

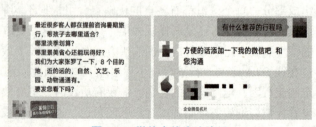

图 2-7　微信在线咨询沟通

（3）电话沟通：电话沟通是日常业务沟通中最直接的沟通方式之一。首呼前，针对客户提交的需求信息做充分准备，避免出现沟通中类似"您提到的这个目的地我不太了解"的情况发生，导致客户对定制师产生不专业的印象。另外，重点标记待明确的信息，在电话中通过问询了解具体信息。通话时，注意电话沟通礼仪，首次沟通注意礼貌地自报家门，简要明确地介绍致电缘由，注意使用"您好""请问……"等礼貌用语，对订单信息进行核实，对待明确信息沟通确认，对客户提出的目的地或线路问询做出答复，并约定好下次沟通时间。

2. 提出有效的问题

提出有效的问题是沟通中获得有效信息的重要途径。在与客户沟通中，旅游定制师要善于提问，引导客户提供有效的需求信息，由此判断客人的意图和诉求。一般提问方式包括封闭式问题和开放式问题两种。两种询问方式结合使用有助于定制师提升沟通效率。

（1）封闭式问题通常是提问的问题已给出预设，回答者不需要展开进行回答，旨在明确事实，获取重点，并进一步缩小讨论范围，常被用来收集资料并加以条理化。通常，使用"是不是""对不对""要不要""有没有"等词汇进行提问，而回答往往也是由"是""否"构成的简单答案。例如：

① "您通常旅行时，喜欢住酒店还是民宿？"

② "您这次出行带孩子一同出游吗？请问孩子是几岁？"

③ "您计划本次出游的天数是几天？"

④ "您对本次行程安排是否满意？"

⑤ "您是否愿意在行程中安排购物环节？"

⑥ "您此次出行预算是多少？"

封闭式问题的提问和回答比较简单直接，但大量的封闭式提问容易让回答者陷入被动的角色，不能获得自由表达想法的机会，影响获取的信息含量和深度。

（2）开放式问题有更为相对自由的空间来表达，提问者提出开放的问题，答案也是开放式的答案，这类提问的数量增大将会使收集到的回答信息量增大，同样也增大了对回答进行分析的难度。例如：

① "您旅行时一般喜欢住什么样的酒店？"

② "请问您暑期准备去哪里旅游呢？"

③ "您对此次蜜月之旅有什么期待？"

④ "您期待这次旅行安排哪些必打卡的景点？"

⑤ "您喜欢哪些类型的旅游目的地？"

上述开放式问题有助于激发客户的谈话热情，得到除基本需求信息外的其他重要的信息，有助于定制师深度参与到与用户的沟通中，把握有效的需求。

 案例

与客户行前沟通

李先生计划带家人到丽江旅行，前期沟通中旅游定制师小刘了解到客户的出行需求，其中关于酒店的住宿需求需要进一步明确。

> 旅游客户：小李，你的方案我已经看到了，但是那个酒店我从来没有听过，能不能更换一家酒店？
>
> 定制师：李先生，您之前旅游时一般喜欢住什么类型或者品牌的酒店？
>
> 旅游客户：没有固定的酒店品牌，这次行程我希望能住有地方特色、风景优美的酒店。
>
> 定制师：好的，丽江当地有松赞、悦榕庄都是开窗即可将雪山美景尽收眼底，同时还充分融入当地少数民族风情，非常推荐您入住体验。
>
> 旅游客户：听上去还不错。
>
> 定制师：那我尽快为您调整方案，做好酒店调整后，稍后重新发送给您。
>
> 资料来源：携程 App

3. 促成旅游者购买决策

前期沟通的过程获取需求信息的最终目的是促成订单的成交。而促使旅游者做出购买决策的关键是定制师能够准确地识别旅游者的出游"痛点"，即"核心诉求"。

（1）用心倾听，问题识别，打消顾虑。旅游者的购买过程从问题识别开始。通过沟通获取需求的信息，问题识别是从认识旅游者的需要开始。旅游定制师通过用心倾听，识别客户提供的问题，了解客户需要什么，其中的难度在于了解客户为什么选择这个旅游目的地，沟通中不能依赖景点本身，行程推荐必须从顾客的心理需求出发寻找有吸引力的价值主张，进而达成与客户心理需求的匹配。有时，还需协助客户挖掘潜在需要，针对客户对行程安排的顾虑或不合理的需求，定制师应该站在专业的立场，根据用户需求给出更多好的建议，真诚、委婉地给出专业的咨询建议，帮助客户设计和搭配更加合适的线路行程，而不是"唯用户论"，被用户牵着走，100% 按照用户的意愿提供产品。

🔗 **案例**

旅游定制师小刘曾暑期接待过一个家庭客户，小刘是这组客户接触的第三个定制师，在电话首呼时，客户就问贵州多少摄氏度，表示想去一个夏天避暑的地方度假，要有不错的自然风光，可以赏山玩水。小刘按照客户的需求开始制订方案，由于一些细节确认较晚，耗时 4 小时才把方案做出来。客户在等待方案过程中有些误解，电话沟通想要取消订单。此时，小刘在电话中耐心地向客户解释定制行程方案的设计细节，并为客户的等待表达了歉意。小刘的方案用心地考虑到客户需求，整个行程主旨为"感受清凉一夏"，既安排了马岭河漂流，同时，也安排了阿西西里大草原和经典的黄果树瀑布，餐饮方面还特意推荐贵州当地特色美食。后来在对比之下，客户最终选择了这个行程，并表示行程都是他最想去的地方，小刘是一位认真的旅游定制师。

资料来源：携程 App

案例分析：需求沟通阶段，旅游定制师的沟通回复效率非常重要，一些服务的细节会影响到客户对定制师专业度和服务态度的判断。好在案例中的小刘能够及时向客户沟通解释，并在方案细节之处打消客户的顾虑。促成旅游决策的关键都在于服务细节。

（2）充分准备，做好信息收集。预则立不预则废，首次沟通前要先做好准备。按照旅游定制师的工作标准，在"收到需求单之后，旅游定制师需对需求单进行分析整理，在首呼之前需要做好相关准备工作，包括但不限于：确认客户出行目的及主要需求，准备2～3个对应目的地及大致行程方案；依据客户预算做好报价；对自己推荐目的地的相关食、住、行、游、购、娱六要素要有较强的把握和解释能力，做好1～2个备选方案"。另一种情况是客户没有下单而是通过产品宣传链接端按图索骥而来。无论何种情形，都要求定制师与客户保证持续的沟通，通过固定或一定的话术引导客户表述出内心的需要。

（3）提供可选方案评估的沟通。旅游者进行旅行定制时，一般会在不同平台或企业品牌间进行分析、整理、评估，形成购买选择观点。旅游定制师只有使自己的产品入围消费者的选项清单，才有被选中的可能，掌握客户决策权，促成客户购买决策。通过对可选方案的评估，旅游者已经初步产生了购买意图。购买意图如果不受其他相左意见和信息的干扰，就会导致购买决策和购买行为。但在促成成交前，定制师有可能遇到以下问题："这个行程的价格有点超过预算，能优惠点吗？""行程已经收到了，我还要回去考虑下。""整体行程与跟团游行程差不多，但是跟团游便宜许多，这是为什么。"因此，定制师要注意突出行程的稀缺性、精品、品质、小众化突出特色优势，以及个性化服务的附加价值吸引客户，使其接受物有所值，并保证持续沟通与跟进，关注客户犹豫的原因，及时提出签单。

（二）行中跟进沟通：问题与解决

（1）注意发挥旅行管家角色，提前做好行程中各项要素的安排工作，为客户周到地安排好每个环节。例如，无二之旅推出的定制服务特别强调24小时管家服务，即随时随地全程服务保障。

案例

　　一位旅游定制师接待了一组来海南万宁参加冲浪节的客人。出发前，客人自行准备了专业的冲浪器械，但因冲浪板属于非常规行李，在托运行李时未能跟随客人同一航班来到海南。客人对此事比较着急，担心无法参加冲浪节。在与客人沟通了解相关情况后，定制师首先协调了与客人同款的冲浪板做应急备用，同时，开始对接航空公司协调如何快速地将冲浪板送到海南。经过近1天的沟通协调后，在冲浪节开始的当天上午把冲浪板安全送到客人手上，客人顺利地参加了活动。在返程时，在客人完成托运后，再次电话航司确认冲浪板随客人在同一架飞机上。

　　资料来源：携程App

　　案例分析：旅游定制师在行程中发挥着旅行管家的角色，在客户遇到问题时能够及时出现，并解决各类突发的问题，保障旅行顺利进行。有时面临的问题，不仅需要与客户做好沟通，还要与航司、目的地、地接社等做好各方协调沟通工作。

（2）旅游行程变更的客户沟通。定制旅游团队在参观游览过程中，常常会发生因客户主观因素变化或客观情况变化而需要对行程做出一些调整。旅游行程需要变更之时，是旅游定制企业与客户沟通的又一重要时机。定制旅游客户在出行前可能对于旅游行程其实没有太多具体

的概念，大多是预期，而旅行出发后可能会遇到真实体验与预期不同的情况。在这种情况下，客户大多会提出对行程内容进行变更的要求。临时的变更需要考虑当时当地的可行性，如是否会影响抵达之后的行程，是否还有空档时间可以安排。旅游定制师与客户及时进行沟通，对客户临时变更的要求做出反应，使客户知道定制师已经知悉他们的要求，会按照客户要求去尝试着安排，但也要让客户明白，由于不是事先预约的事情，因此不一定可以安排妥当。在沟通过程中，旅游定制师不能简单地回复客户行或不行。如果可行，要告知客户联系的经过，让客户得知旅游定制师的付出和价值；如果不行，也要为客户提供备案，即使客户最终没有选择备案，也说明旅游定制师已经做出很大的努力。

> **案例**
>
> 　　旅游定制师接待了一组在美国旧金山旅行的客人。客人在用晚餐时，停在餐厅外面的汽车车窗被小偷砸碎，客人放在车内的手提包被偷走，包内装有客人的护照等物品。随即客人电话联系定制师，为不影响客人后续的行程安排，定制师与随行司导第一时间连夜联系协调新的车辆，到达洛杉矶后又专门派人陪同客人去大使馆补办通行证，之后客人顺利完成后面的行程。定制师处理问题的效率最大限度地减少了这件事对行程造成的不利影响。
>
> 　　资料来源：携程 App
>
> **案例分析：**旅游定制师遇到问题时处理的及时性和调配人、物和资源的能力，保证了旅行中突发问题的顺利解决。

　　（3）旅游定制师工作失误的客户沟通。定制旅游团队在参观游览过程中，有时会出现因旅游定制师工作失误而产生一些意想不到的问题，如预订的酒店无法入住，甚至订错酒店、弄错航班时间等。发生这种情况，旅游定制师首先要向客户表示歉意，然后以最快的速度解决问题。经过调整，如果能恢复到客户出行前定制旅游方案所规定的效果最为理想，如果由于客观条件的限制而达不到这种效果，就需要进一步与客户沟通来变更行程，通过升级或另外补偿的方式获得客户的谅解。对他人行为拥有大量解读能力的人拥有更高的"对话敏感度"，这将增加达成令人满意的沟通机会。研究还发现，认知复杂度和同理心之间存在联系：当你理解他人并解读他们行为的次数越多，你就越有可能从他们的视角来看待世界并发生沟通。往往出现沟通僵局是因为沟通中缺乏设身处地地理解和解码对方信息的解读，进而产生情感上的共鸣。情感的共鸣更容易为问题的解决创造契机。

（三）行后关怀沟通：评价回复

　　定制旅行因其特殊性，客户对旅行体验要求较一般旅行产品要求会更高，因此，行程中任何一个环节出现偏差都可能会给旅行带来不好的影响，甚至由小的问题演化为大的不满。因此，针对客户的感受与评价，旅游定制师要做到闭环管理。好的评价对于旅游定制师及定制旅行企业而言都是口碑积累的最佳途径。因此，如果因行程中出现令客人不满意或抱怨的问题，应当及时处理与反馈，用心做好客户关怀工作。在沟通中，旅游定制师要注意同理心，因为当我们理解并同意他人的观点时，就能获得最有效的信息。同理心或换位思考是一项基本技能，因为很多人可能无法清楚地表达自己的想法和感受。当然，单凭从他人的观点出发是远远不够的，能够通过语言和非语言的反应来理解他人是沟通中非常重要的技巧。针对实事求是的差评，旅游定制师要有诚恳的态度，实事求是地说明情况及解决方案。针对情绪型的投诉，旅游定制师要以诚恳的态度，表明为客户带来不好的感受而感到抱歉，不带任何情绪的语句咨询到底问题出在哪里，展示解决问题的诚意。针对客户在线评价，旅游定制师要及时处理与反馈，用心做好客户关怀工作，做好口碑积累和客户闭环管理。

🗨 知识点自测

1. 多选题：在沟通技术中，旅游定制师的外在形象一般包括（　　　）。
A. 形体形象　　　　　　B. 媒体形象　　　　　　C. 动作形象　　　　　D. 表达形象

2. 多选题：在旅游定制师与客户沟通中，定制师向客户提出问题，请问提问的类型主要包括（　　　）。
A. 询问性问题　　　　　　　　　　　　B. 开放性问题
C. 需求性问题　　　　　　　　　　　　D. 封闭性问题

3. 多选题：在与客户沟通的过程中，旅游定制师应该注意（　　　）。
A. 提高倾听技术
B. 熟练掌握肢体语言的运用
C. 熟练应用面谈沟通技能
D. 要不断重复跟 进沟通，直至目标达成

4. 判断题：行程结束后就是定制旅行的结束，不需要在意客户的评价。（　　　）

5. 多选题：旅游定制师要打造自己专属的职业形象，包括（　　　）。
A. 外在形象　　　　　　B. 专家形象　　　　　　C. 媒体形象　　　　　D. 礼仪形象

任务实施

工作任务	小组任务：角色扮演旅游定制师和客人，分组模拟以下场景进行沟通
实施步骤一	1. 行前沟通场景： 　定制师小李接到一个家庭游客人订单，客人想带两个孩子去新加坡旅行，原因是他们听说新加坡动物园很有趣，想带孩子去体验。 　如果你是旅游定制师，你会如何与客人沟通以获取更多需求信息
实施步骤二	2. 行中沟通场景： 　（1）张先生和家人去某地旅行。到了目的地后，发现原定的景点因为季节性原因关闭未开放。如果你是旅游定制师，你会如何与客人就目的地景点情况进行沟通
实施步骤三	（2）定制师为唐女士和她的闺蜜们定制了稻城亚丁的旅游方案，为了深度游览，减少往返景区的时间，给她们安排的是景区的藏式民宿酒店。当唐女士一行到达景区大门口的时候，被告知已经错过了进入景区的最后一班电瓶车的时间，无法入住计划的藏式民宿酒店了。如果你是旅游定制师，你会如何与客人进行沟通
实施步骤四	3. 行后沟通场景： 　李先生刚结束泰国定制之旅。于是在定制平台，给出了此行评价："整个行程下来包括订单确认之前的联络服务态度都挺好，在泰国时提供的支持也很及时，总的感觉定制的费用过高，很多行程都是在泰国拼团，如果自行安排会便宜很多，在曼谷第二天行程安排太满比较疲劳。专车安排去机场的时间不太合理，可以理解希望我们能够早点到达机场，但第三天去机场安排得太早使我们没有时间早餐，而到达机场后又干等了三个小时，希望能够根据酒店的位置、旅行的季节做出更好的通行判断从而安排合理的送机时间。" 　如果你是旅游定制师，你会如何回复

任务评价与总结

项目	评价与总结
组内任务分工	
组内表现自评	□ 积极参与，贡献大 □ 主动参与，贡献一般 □ 被动参与，贡献小
任务所需 知识总结	请回顾并列出任务所需知识信息
任务实施中 薄弱环节	
今后改进措施	

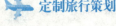

任务三　办理签证

任务导入

任务名称	办理签证
任务描述	办理签证是开展出入境定制旅行的重要环节。签证业务既是定制旅行的服务内容，也成为很多定制旅行企业的一项业务
任务目标	了解签证的种类，掌握办理签证的流程和方法
任务要求	模拟旅游定制师办理签证的工作流程，请为去往某一目的地国家的客人准备办理签证材料清单

知识导入

任务思考	相关知识点
签证是什么	签证概述、种类与形式
出入境签证怎么办理	签证办理注意事项

知识准备

　　我国定制旅行最初的业务开始于出入境旅游业务，并始终是定制旅行最活跃的业务领域。无论是接待外国旅游者，为其提供独具中国历史人文、自然美景的深度体验之旅，还是为国内旅游者安排前往世界各地的出境旅游，签证是国际定制旅行必备的通行证，尽管不是所有定制旅行行程都包含此项服务，但是国际定制旅行开展的必备材料。

> ### 案例
>
> 　　旅游定制师小李最近为一对外国夫妇量身定制了 10 日丝绸之路历史风情游旅行方案。为了这趟行程，小李根据与客人沟通确认的需求，用心地在大交通、酒店、餐饮和景点和向导安排等各个细节方面力求考虑周全。临行前，小李突然想到了签证问题，再次联系并提示客人，"是否已办理签证？"但出乎意料的是，客人回复说："没有啊，我们以为整个行程已包含签证服务，因此自己并没有办理。"小李前后多次沟通，却唯独忘记提醒客人此次行程并不包含签证服务，而是需要客人自行完成签证办理。如不能如期办理签证，客人的行程将不得不取消，由此将给企业和客户带来很大的损失。
>
> 　　**案例分析**：签证对于国际定制旅行来说是一个非常重要的通行证。如果没有签证，那么后续规划再美好，旅行也将不能如期进行。在旅行定制中，既要关注行程设计的精彩，也不能忽略对要前往的目的地国家有关旅行政策的掌握，并提前做好签证办理的时间安排和规划。

一、签证概述

（一）护照与签证

护照是一个国家的公民出入本国国境和到国外旅行或居留时，由本国发给的一种证明该公民国籍和身份的合法证件。签证（Visa）是一国政府机关依照本国法律规定为申请出入或通过本国的外国人颁发的一种许可证明。护照是持有者的国籍和身份证明，签证是主权国家准许外国公民或本国公民出入境或经过国境的许可证明。出境定制旅行产品有些旅游目的地涉及办理签证，护照有效期必须自出发日期开始计算大于六个月。签证通常是附载于申请人所持的护照或其他国际旅行证件上。在特殊情况下，凭有效护照或其他国际旅行证件可做在另纸上。随着科技的进步，有些国家已经开始签发电子签证和生物签证，大大增强了签证的防伪功能。国际旅行是旅游者以旅游为目的在不同国家和地区之间的流动，整个行程中需涉及一个或多个国家的入境或过境时则需按照入境政策要求办理签证。

（二）签证类别

世界各国的签证一般可分为入境签证和过境签证两个类别，有的国家还有出境签证。中国的签证可分为入境签证和过境签证两个类别。

拓展阅读：
护照介绍文档

1. 入境签证

入境签证是准予持证人在规定的期限内，由对外开放或指定的口岸进入该国国境的签证。中国入境签证自颁发之日起生效，有的国家另行明示入境签证生效日期。例如，旅游者需持普通护照和有效期内的入境签证，才能进入旅游目的地国家境内旅行（免签国家除外）。

2. 过境签证

过境签证是准予持证人在规定的期限内，由对外开放或指定的口岸经过该国国境前往第三国的签证。要取得过境签证，须事先获取目的地国家的有效入境签证或许可证明（免签国家除外）。不同国家对过境签证办理要求不尽相同，按国际惯例，有联程机票，在 24 小时之内不出机场直接过境人员一般免办签证，例如，新加坡规定预订需要入境新加坡领取机票或行李并为中转航班重新办理登机手续的旅客，不被视为过境旅客，但部分国家仍要求过境本国的外国人办理过境签证，例如，入境美国或从美国转机，均需要办理美国签证方能出行（图 2-8）。

3. 出境签证

出境签证是准予持证人经对外开放或指定的口岸离开该国国境的签证。有些国家不限出境口岸。其包括中国在内的很多国家已取消出境签证，外国人在签证准予停留的期限内或居留证件有效期内凭有效证件出境。

图 2-8　中国北京-新加坡（中转）-美国
纽约（中转）-秘鲁利马国际机票信息
资料来源：携程 App

4. 免签

免签有互免签证和单方面免签两种方式，详情请查看中国领事服务网《中外互免签证协议一览表》和《有关国家和地区单方面有条件地允许中国公民免签入境和办理落地签情况一览表》。因单方面免签和办理落地签证政策变化较快，为避免入境受阻，行前请再向相关国家驻华使领馆核实确认。

拓展阅读：旅游签证（L字签证）颁发对象和所需材料

5. 落地签证

落地签证是指一国签证机关依法在本国入境口岸向入境的外国人颁发的签证，相关国家往往要求申请人满足一定条件。

6. 其他类别

有的国家还设立入出境签证、出入境签证和再入境签证等类别。中国现行签证中无这些类别。口岸签证是指一国签证机关依法在本国入境口岸向已抵达的外国人颁发的签证，以便当事人及时入境处理紧急事务。实行口岸签证的国家都规定了申办口岸签证的条件和程序。有一些国家把口岸签证称为落地签证，办理落地签证手续相对简单。

拓展阅读：持普通护照中国公民前往有关国家和地区入境便利待遇一览表

二、签证种类、形式、有效期、入境次数与停留期

（一）签证种类

各国签证的种类多又不尽相同。根据持照人身份、所持护照种类和访问事由不同，一般可将签证分为外交签证、礼遇签证、公务（官员）签证和普通签证四种。有的国家根据来访者的事由可将签证分为旅游、访问、工作、学习、定居等类别。对于旅游业务而言，为旅游者和旅游团队最常办理的签证种类是普通签证。普通签证（Visa）是一国政府主管机关依法为因私人事务进入或过境该国的人员颁发的一种签证。普通签证一般发给持普通（因私）护照或其他有效国际旅行证件的人员。我国的普通签证分类见表2-3，其中L代表入境旅游签证。不同种类的签证代表不同的使用范围和功能，中国签证机关根据申请人的入境目的和身份，决定发给何种签证。

表2-3　我国签证种类和申请人范围

签证种类	申请人范围
C	执行乘务、航空、航运任务的国际列车乘务员、国际航空器机组人员、国际航行船舶的船员及船员随行家属和从事国际道路运输的汽车驾驶员
D	入境永久居留的人员
F	入境从事交流、访问、考察等活动的人员
G	经中国过境的人员
J1	外国常驻（居留超过180日）中国新闻机构的外国常驻记者
J2	入境进行短期（停留不超过180日）采访报道的外国记者
L	入境旅游人员
M	入境进行商业贸易活动的人员
Q1	因家庭团聚申请赴中国居留的中国公民的家庭成员（配偶、父母、子女、子女的配偶、兄弟姐妹、祖父母、外祖父母、孙子女、外孙子女以及配偶的父母）和具有中国永久居留资格的外国人的家庭成员（配偶、父母、子女、子女的配偶、兄弟姐妹、祖父母、外祖父母、孙子女、外孙子女以及配偶的父母），以及因寄养等原因申请入境居留的人员

续表

签证种类	申请人范围
Q2	入境短期（不超过 180 日）探亲的居住在中国境内的中国公民的亲属和具有中国永久居留资格的外国人的亲属
R	国家需要的外国高层次人才和急需紧缺专门人才
S1	入境长期（超过 180 日）探亲的因工作、学习等事由在中国境内居留的外国人的配偶、父母、未满 18 周岁的子女、配偶的父母，以及因其他私人事务需要在中国境内居留的人员
S2	入境短期（不超过 180 日）探亲的因工作、学习等事由在中国境内停留居留的外国人的家庭成员（配偶、父母、子女、子女的配偶、兄弟姐妹、祖父母、外祖父母、孙子女、外孙子女以及配偶的父母），以及因其他私人事务需要在中国境内停留的人员
X1	在中国境内长期（超过 180 日）学习的人员
X2	在中国境内短期（不超过 180 日）学习的人员
Z	在中国境内工作的人员

资料来源：中国领事服务网

旅游签证（L 字签证）一般是为了方便游客而开发旅游资源设立的一种快速办理签证方式，一般来说，有效期和停留期都较短，且只能够用来从事旅游相关的活动。有一些国家专门为旅游者颁发旅游签证，即"Tourist Visa"。旅游签证的特点是停留期短，一般为 30 天，最长为 90 天，一般不能延期。持旅游签证者不能在当地打工或从事与旅游无关的活动。

拓展阅读：
签证形式

（二）签证形式

签证在其发展过程中有不同的形式和称谓。例如，签注式签证、章式签证、贴纸式签证，还有机读签证、电子签证、个人签证、团体签证等。旅游签证可分为团体旅游签证和个人旅游签证。团体旅游签证是旅游签证中的一种，其特点是签证不做在护照上，旅游者须随团集体出入国境。

拓展阅读：《2023
年上半年出境旅游
大数据报告》在线
发布

（三）签证有效期、入境次数与停留期

签证的入境有效期（Enter before）是指持证人所持签证入境的有效时间范围。非经签发机关注明，签证自签发之日起生效，于有效期满当日北京时间 24 时失效。如仍有未使用的入境次数，在有效期满前（含当日），持证人均可入境。

签证的入境次数（Entries）是指持证人在签证入境有效期内可以入境的次数。入境次数用完或入境次数未用完、但已过有效期的签证，均为失效签证。如需前往中国，须重新申请签证。如持证人持失效签证来华，将被拒绝入境。

签证的停留期（Duration of Each Stay）是指持证人每次入境被准许停留的时限，自入境次日开始计算。签证的有效期和停留天数都会在签证页上注明（停留期只做参考，有时边检会给出不一样的逗留期限）。必须在有效期内前往，而且必须在停留期内返回。

旅游定制师需要关注出入境旅游中客人的签证信息，如非常重要的姓名、护照号及出生日期，还有以下信息也需要关注：失效日期（Expiry Date）；签证有效期（Enter Before）；生效日期（Valid Date）；签证可使用次数（Entries）：单次（Single/1/S）、多次（Multiple/M）、2 次（Double）；护照号（Passport No.）；签证类型（Visa Type/Class）：旅游（Tourism）、商务（Business）、

探亲访友（Visit family or friend）、学习（Study）；签发日期（Issue Date）；签证种类（Visa Type/Class）等。如果发现任何错误的信息，务必重新办理签证。另外，还必须注意检查以下几项：

（1）护照页是否少于 2 页。如少于，则必须换新护照。如果拿到签证但护照空白页仍少于 2 页，有可能会被拒绝入境。

（2）护照有效期在 6 个月以上，且必须在归国后 6 个月内有效。

（3）护照有破损，必须更换。

（4）入境目的地后，查看边检章，部分国家有逗留期限。

（5）已持有目的地国（地区）签证的旅游者，需要检查其签证是否有效。签证过期或入境次数不足者，应重新申请签证。

拓展阅读：各主要旅游目的地国家签证政策介绍

 ## 💬 知识点自测

2

1. 判断题：国际航班中转或停留不需要该国家的签证。（ ）

2. 判断题：旅游定制师为一组客人安排"法德意英欧洲四国游"，根据《申根协定》规定，只需办理一次签证。（ ）

3. 单选题：办理签证必须提供的证件是（ ）。

A. 居民身份证　　　　　B. 护照　　　　　　　C. 户口本　　　　　　D. 出生证明

4. 单选题：出境定制旅行产品有些旅游目的地涉及办理签证，护照有效期必须（ ）。

A. 至少 4 个月的有效期　　　　　　　　　B. 至少 6 个月的有效期

C. 出发时有效　　　　　　　　　　　　　D. 返程日期仍然有效

5. 多选题：检查签证时，旅游定制师需要关注的是（ ）。

A. 客人姓名　　　　B. 签证类型　　　　C. 签发停留期　　　　D. 签证有效期

E. 签证入境次数

 **任务实施**

工作案例	小组任务：请为以下场景下的客户办理签证，查询目的地国家签证政策，并列出签证所需材料清单。 1. 李女士计划于国庆节前往泰国旅游； 2. 张先生计划前往日本参加商务会议； 3. 刘先生计划于12月前往马丘比丘旅行，乘坐航班会在美国纽约转机； 4. 美国的史密斯先生计划携带一家人于春节期间来中国旅行； 5. 刘女士计划前往英国、德国、法国、意大利旅游
实施步骤	

任务评价与总结

项目	评价与总结
组内任务分工	
组内表现自评	☐ 积极参与，贡献大 ☐ 主动参与，贡献一般 ☐ 被动参与，贡献小
任务所需知识总结	请回顾并列出任务所需知识信息
任务实施中薄弱环节	
今后改进措施	

项目三　定制旅行方案设计

 **学习目标**

> **知识目标**

1. 熟悉旅行者常见出行线路模式。
2. 掌握旅游线路设计基本类型与原则。
3. 熟悉知名旅游资源分布。
4. 掌握交通方式特点与推荐原则。
5. 掌握住宿、餐饮等核心资源匹配原则。
6. 掌握体验活动等项目安排原则。

> **技能目标**

1. 能够比较分析不同旅行线路的优势与不足。
2. 能够运用旅游线路设计原则，结合客户需求合理设计行程，提升客户旅行体验的满意度。
3. 能够快速有效匹配核心产品资源并合理组合游览项目、体验活动等相关产品资源，满足或超出客户的期望值。
4. 能够利用网络等媒介收集、整理、编辑相关资料，将定制旅行方案呈现多样化、可视化，具备数字营销能力。

> **素质目标**

1. 培养精益求精的工匠精神；践行"游客为本，服务至诚"旅游行业核心价值观。
2. 践行绿水青山就是金山银山的环保理念。
3. 培养定制旅行服务创新意识形成正确的劳动价值观，掌握扎实的劳动技能，养成良好的劳动习惯。

> **考证目标**

1. 对应"1+X"定制旅行管家服务职业技能等级标准中行程设计能力要求。
2. 对应导游资格证考试中国旅游景观、中国建筑艺术、中国园林艺术等模块能力需求。

任务一　定制线路设计

任务导入

工作案例	张先生一家三口（男孩 5 岁，喜欢探索动物；父母喜欢探索人文历史）想进行一次华东地区的五日游行程，要求行程比较休闲放松，请你为张先生一家设计一条旅行线路
任务目标	能运用行程设计中时间和空间组合的要求，结合客户需求设计合理的行程，提升客户旅行体验的满意度
任务要求	模拟旅游定制师在规定时间内向客户提供首次方案。 注："1+X"定制旅行管家服务职业技能等级标准中列明在接单后国内线路 3 小时内提供方案；国内高端定制 6 时内提供方案；出境短线 8 时内提供方案，出境长线 12 时内提供方案

知识导入

任务思考	相关知识点
旅游线路是什么	旅游线路的含义与构成要素
常见的旅游线路有哪些	游客常见出行线路模式→旅游线路设计基本类型
如何进行旅游线路设计	旅游线路设计原则

知识准备

一、旅游线路的含义与构成要素

旅游线路是联系旅游主体（游客）和客体（对象）的中间环节，起到输送和集散游客的纽带作用。

旅游线路由很多要素构成，定制旅行线路设计就是根据客户的需求，通过对各要素的合理搭配与有效整合，将其按照一定的顺序串联起来，以便于客户的外出。总体看来，定制旅行线路的构成要素主要由旅游资源、旅游设施和旅游服务构成。

1. 旅游资源

旅游资源是指"自然界和人类社会凡能对旅游者产生吸引力，可以为旅游业开发利用，并可产生经济效益、社会效益和环境效益的各种事物和因素"。旅游资源是旅游线路设计的核心，也是线路得以形成的重要基础，更是吸引和招徕旅游者的关键所在。因此，在旅游线路设计的过程中，应最大限度地凸显旅游资源的优势，充分发挥其特长，以此来吸引客户。

2. 旅游设施

旅游设施作为旅游线路的重要支撑，不仅是旅游活动得以顺利开展和实施的重要保障，而且是影响旅游体验质量的关键。

　　旅游设施大体可分为专门设施与基础设施两类。其中，专门设施通常包括住宿、餐饮、娱乐、游览等方面的设施，如酒店、宾馆、餐馆、咖啡厅、健身房、棋牌室和旅游景区中供游人观赏、休憩的场所或设备，以及保证游客安全的相关措施；基础设施主要包括道路、桥梁、供电、供热、供水、排污、消防、通信、照明、路标、停车场、绿化、环境卫生等。相较于旅游设施来说，基础设施是旅游设施发挥作用的前提，也是旅游业得以良好发展的重要保障。

3. 旅游服务

　　旅游服务是供应商向旅游者提供劳务的过程，服务质量的高低直接影响旅游者对旅游线路的质量评价。旅游服务通常包括导游服务、景区服务、餐饮服务、住宿服务、购物服务五个方面，个别情况下还包含目的地居民的服务。导游服务的主要目的是提升旅游者的体验感受；景区服务内容主要有票务服务、问询服务与投诉受理，良好的服务态度会增加景区在旅游者心中的整体印象；干净卫生的餐饮环境与安全舒适的住宿环境是旅游者旅游体验过程中体力与精力的重要保证；良好的购物环境更是旅游线路设计中不可缺少的重要一环。另外，目的地居民的服务也是旅游服务的重要组成部分之一。从一定意义上来说，目的地居民的服务态度与服务水平直接决定着旅游者旅游体验品质的高低。

二、游客常见出行线路模式

　　一个旅游区域内的若干景点分布在不同的空间位置，这些景点游览或活动参与的先后顺序与连接方式可有多种不同的组合，由此形成不同的旅游线路。

　　旅游线路是旅游系统在线性轨迹上的投射。由于受区域内资源分布和出行者偏好等因素影响，旅游线路呈现出不同的空间模式，它反映了对旅游资源的利用现状。对旅游线路的分析有三个关键要素，即节点、连接节点的路径及沿路径移动的旅行方式。

　　马略特（Mariot）将连接客源地和目的地之间的路径分为进入路径、返回路径和游憩路径三种类型。他认为有时候进入路径和返回路径可能为同一条路线；而游憩路径是指位于客源地与目的地之间的沿途使用一些游憩设施时留下的移动迹。冈恩（Gunn）较早探讨了不同类型旅行线路的重要性，提出目的地旅行和中途式旅行两个基本类型。卢·康普顿和费森梅尔（Lue，Crompton，and Fesenmaier）提出五种度假旅行的模式，即单目的地、中途式、基地式、区域式和链式旅行。奥珀曼（Oppermanni）辨析出七种模式，包括两种单目的地类型和五种多目的地模式，并用于比较马来西亚的入境游。斯图尔特和沃格特（Stewart and Vogt）以美国密苏里州的布兰森为例，构造了五种类型的多目的地旅行线路模式。

　　国内相关研究方面，马晓龙在对国外几位学者的研究成果进行总结后，提出基于旅游者行为的旅游线路空间模式。在旅游线路实际组织过程中，线路设计不但要将客源地、各级别旅游景点和接待地有效组织起来，还必须分析影响旅游线路组织的资源分布和交通通达性等因素，并考虑游客行为意愿和出行者对线路产品需求状况。

　　（1）串珠式（图3-1）：从客源地出发，沿直线顺次游览若干景点，然后原路返回，以观光旅行为主要对象。

图 3-1　串珠式

　　（2）直达式（图3-2）：直接到达特定目的地，停留一定时间后返回，以疗养度假为主要对象。

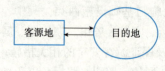

图 3-2 直达式

（3）链环式（图 3-3）：从客源地出发，沿环线顺次游览若干景点，然后回到客源地，以观光旅游为主要对象。

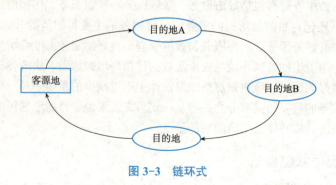

图 3-3 链环式

（4）基营式（图 3-4）：从客源地出发，到达某一目的地，以该目的地为根据地，分别游览与该目的地相邻的景点，然后从该目的地返回客源地，以大型、具有完备服务设施的目的地区域为主要研究对象。

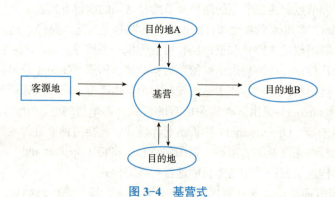

图 3-4 基营式

（5）环路式：从客源地出发，到达某一目的地，以该目的地为起点，采用链环的方式顺次游览景点，然后从该目的地按原路返回。

（6）过境式：目的地偏居于主干道一侧，从客源地出发，需到达某一中转结点，经二次转运方可到达目的地，然后原路返回。

（7）混合式：包括上述模式中若干个模式的综合。

三、旅游线路设计基本类型

1. 按空间距离划分

按空间距离划分见表 3-1。

视频：旅游线路设计基本类型

表 3-1　旅游线路类型按照空间距离划分

类型	远程旅游线路 1 000 千米以上	中程旅游线路 200 ～ 1 000 千米	近程旅游线路 200 千米以内
特点	旅游线路长	旅游线路较长	旅游线路短
	旅游范围大	旅游范围较大	旅游范围小
	旅游时间长	旅游时间较长	旅游时间少
	旅游费用高	旅游费用适中	旅游费用低
	设计难度大	设计难度一般	设计难度小

这里需要注意远程旅游线路与出入境旅游线路的辨析。

例如，天津的客户前往海南旅游度假，行程将近 3 000 千米，虽然是国内旅游线路但应属于远程旅游线路。大连客户前往韩国旅游，行程将近 500 千米，虽然是出境旅游线路，但应属于中程旅游线路。

2. 按旅游者活动行为划分

（1）周游观光性旅游线路：游客的目的主要是观赏，线路中包括多个旅游目的地，同一旅游者重复利用同一路线的可能性小，其成本相对较高，在设计周期性旅游线路时应从单纯的周游性向线性化转移。观光旅游线路一般具有资源品位高、可进入性强、服务设施多、环境氛围好、安全保障强等条件，长期以来一直是旅游市场的主流产品，深受广大旅游者的喜爱。观光旅游线路开发难度小，操作简易。

观光旅游线路的优点是旅游者能在较短的时间内领略旅游目的地的特色；缺点是旅游时间紧张，线路设计受资源限制强，创新空间不大。

例如，环游贵州（图 3-5）——此线路将贵州最重要的黄果树、织金洞、马岭河峡谷、万峰林，西江苗寨，镇远古城、梵净山、从江、荔波连接了起来，适合初次来贵州旅游的朋友，时间适合一周到 15 天。这条路线走完，就基本游览了贵州的经典景区，可以说是贵州印象路线。

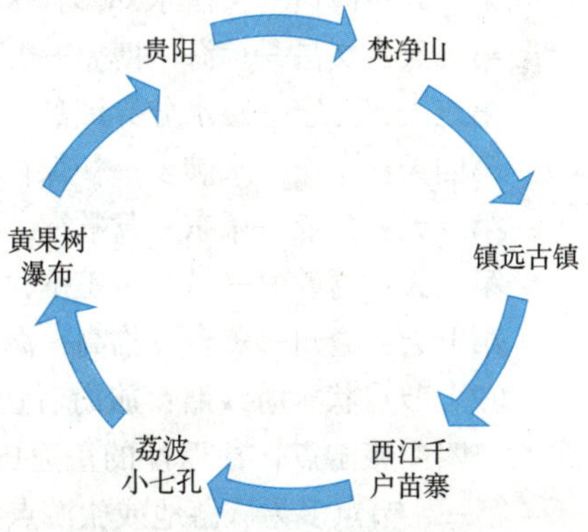

（2）度假逗留性旅游线路：此种线路主要为度假

图 3-5　环游贵州线路

旅游者设计。度假旅游者的目的是休息或娱乐，不很在乎景观的多样性变化。因此，度假逗留性线路所串联的旅游目的地相对较少，有时甚至可以是一两个旅游点，同一旅游者重复利用同一线路的可能性大。度假逗留性旅游线路要求度假地（区）具备四个条件，即环境质量好、区位条件优越、拥有良好的住宿设施和健身娱乐设施、服务水平高。度假逗留性旅游线路所包含的项目参与性很强，如水上运动、滑雪、高尔夫球运动、垂钓、温泉浴、泥疗、狩猎、潜水、农家乐等。购买度假旅游线路的旅游者在旅游目的地的停留时间较长、消费水平较高且大多以散客的形式出行。度假旅游线路对旅游目的地公共设施、基础设施水平要求较高。

"十四五"时期是旅游休闲快速发展、提档升级的重要机遇期。休闲度假是旅游消费的一种新趋势，是旅游消费升级的必然。越来越多游客的旅游观念发生变化，消费方式正从观光向休闲、从打卡留念向深度体验升级。以前出门旅游，总是希望在有限的时间里参观更多地方，会把行程安排得很紧张，不仅得不到休息，反而觉得很累。现在的游客（不少定制旅行的客户）更喜欢在一个地方多待一段时间，甚至整个假期都在一个地方，可以得到更好的放松。那些风景优美、设施完备、文旅融合的国家级旅游度假区比较适用于度假逗留性旅游线路。

例如，三门峡天鹅湖旅游度假区位于河南省三门峡市中心城区黄河岸边，气候舒适，生态环境优良，拥有黄河和温泉两大亮点，这里不仅是中国观赏黄河的最佳地之一，还是中国唯一的内陆城市天鹅栖息地。天鹅湖旅游度假区还精心推出了一系列周边旅游线路：漫步黄河公园，骑行黄河绿道，乘坐黄河流域最大的水上游轮，感受高峡出平湖的壮观景象。走进庙底沟遗址公园、虢国博物馆、宝轮寺塔、三门峡博物馆，感受一曲数千年传颂至今的黄河谣。徜徉天鹅湖湿地公园，洁白美丽的白天鹅，碧波荡漾的黄河水，丰富多彩的科普研学，形成了一幅人与自然和谐相处的美丽画卷。驻足陕州地坑院，品尝以十大碗为代表的黄河特色美食，观赏营造技艺、曲艺、剪纸、茶艺、婚俗表演等非遗，体验陕州地区传统生活方式。陕州梆子、扬高戏、锣鼓书等人文艺术，为游客的度假之旅助兴添彩。

拓展阅读：
国家级旅游度假区
有哪些？

3. 按旅游线路的结构划分

（1）环状旅游线路：该线路一般适用于远、中距离的旅游活动。这类旅游线路的特点：一是跨度大，主要由航空交通联结，铁路或公路交通主要用于连接站点相对密集的区段；二是所选各点均为知名度较高的精华旅游城市或风景旅游地；三是基本不走"回头路"，对境外游客的出入境地点一般安排在不同口岸。

例如，海南环岛七日大环线（图3-6）。

第一天：海口—文昌东郊椰林—椰子大观园—文昌。

第二天：文昌—琼海—博鳌—万宁。

第三天：万宁—陵水分界洲岛—蜈支洲岛—三亚。

第四天：三亚—水满乡—初保村—五指山市—三亚。

第五天：三亚—乐东—莺歌海。

第六天：莺歌海—昌江—王下村—儋州。

第七天：儋州—美台—临高—海口。

（2）节点状旅游线路：旅游者选择一个中心区域或自己的常居地为"节点"，然后以此为中心向四周旅游点作往返性的短途旅游。这类旅游线路在国内游客出游中较为常见。原因在于：第一，节点多为旅游地或旅游点的依托城市，游客对中心城市有归属感，食、宿、行、购等条件较好；第二，节点的交通联系更为方便；第三，游览游程短，可以在短期内往返；第四，经济适用，多种因素促使游客宁愿走回头路，而不选择环状旅游线路。

例如，在之前的环游贵州的线路的基础，我们发现各景点之间距离较远，且多是山路，长时间行车不安全。在旅游线路设计是可以将贵阳作为节点，贵阳与各景点距离适用，往返交通道路设施安全，且贵阳的住宿接待资源丰富（图3-7）。

4. 按旅游活动的内容划分

（1）综合性旅游线路：综合性旅游线路所串联的各点旅游资源性质各不相同，整条线路表现为综合性特色。例如，很多入境旅游线路设计涵盖：北京——首都实力担当；西安——历史古都担当；上海——经济先锋担当；桂林——最美风景担当；四川——美食诱惑担当。

（2）专题性旅游线路：依据社会、经济、文化、科研、修学、宗教、保健等某一主题而设计开发的旅游线路，也可以是针对某一细分市场特有需求开发的旅游线路，如老年旅游线路、亲子旅游线路等。专题性旅游线路中各个组成项目之间有比较统一的内容或属性，具有较强的文化性、知识性、趣味性和专业性。此类旅游线路由于各线路的主题多种多样，因而受到有各种专项需要或不同兴趣爱好的旅游者的欢迎。专题性旅游线路包括商务考察类旅游、会议旅游、修学旅游、体育旅游、探险旅游、考古旅游、宗教旅游、自驾车旅游、事件旅游，以及老年旅游、亲子旅游、女性旅游、家庭旅游等。

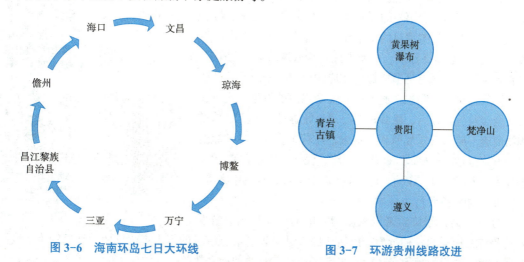

图 3-6　海南环岛七日大环线　　　　图 3-7　环游贵州线路改进

专题性旅游线路适应了旅游者个性化、多样化的需求特点，是定制旅行策划的重点。但专题性旅游线路的开发需要旅游定制师对市场需求进行深入调研，专题性旅游线路的市场定位难度大，采购要素复杂，操作程序多，线路的设计与销售需要多个部门的协作，产品设计和宣传的前期费用较高。

例如，2021 年围绕庆祝中国共产党成立 100 周年，结合党史学习教育，进一步开展好红色旅游，为群众提供更加优质的产品和服务，文化部和旅游部推出"建党百年百条精品红色旅游线路"。

拓展阅读：建党百年红色旅游百条精品线路

四、旅游线路设计原则

1. 符合客户需求原则

旅游定制师在设计旅游线路时，必须以客户需求为出发点。客户需求主要是指客户出行的目的及对于硬件和服务的要求，包括但不限于：出行的时间，出发地，出行目的地偏好，出行人员的构成和要求，对于食宿和大交通的要求，对于目的地相关配套的旅游六要素服务的要求，对于行程服务人员，如导游、司机等的要求，这些构成了客户的整体出行需求。

视频：旅游线路设计原则

定制旅行客户的核心诉求点体现了此次行程的目的与客户在意的重要环节。与其他跟团游、自由行等类型的行程相比，定制旅行客户的核心诉求点更加个性化、灵活，对出行舒适度、便利度的要求更高。

旅游定制师需要针对客户的需求进行有针对性的线路设计、服务推荐，这些内容不但能满足客户的出行需求，而且从性价比、服务水平、硬件条件等方面来说都能够契合客人的预算及要求。

例如，亲子出游，父母既担心孩子累，也担心自己累，还担心孩子生活习惯被打乱，不能按时吃饭睡觉。定制师在进行旅游线路设计时，注意少换旅行城市或酒店，这样就不用舟车劳顿，不用每日换酒店整理行李。同时，在安排餐饮服务时确保中午、晚上可以正点吃饭，安排少步行，防止儿童劳累后产生抵触心理。

2. 安全第一原则

就消费心理而言，安全是人们最基本的需要。出门旅游，客户最担心的就是安全问题。旅游企业组织旅游最担心的也是安全问题。因而，在旅游线路设计时，应遵循安全第一的原则。旅游定制师在旅游线路设计的过程中，必须重视旅游景点、旅游项目的安全性，把客户的安全放在首要地位，"安全第一，预防为主"。必须高标准、严要求地对待旅游服务的每个环节，对容易危及旅游者人身安全的所有环节要提出相应的要求并采取必要的措施，消除各种潜在隐患，避免旅游安全事故的发生。定制旅行安全涉及旅游饭店、旅游车船公司、旅游景区（点）、旅游购物商店、旅游娱乐场所和其他旅游经营企业，常见的旅游安全事故包括交通事故（铁路、公路、民航、水运等）、治安事故（盗窃、抢劫、诈骗、行凶等）以及火灾、食物中毒等。

拓展阅读：《无障碍旅游线路设计指南》（征求意见稿）

拓展阅读：《旅游安全管理办法》

拓展阅读：《旅行社旅游产品质量优化要求》

3. 符合旅游者行为规律

旅游行为是指旅游者以旅游为目的的空间移动、游乐活动及与之相关的各种行为。旅游线路设计必须考虑旅游者的行为规律，使设计出的旅游线路符合旅游者的行为规律，从而获得良好的经济效益和社会效益。

旅游者的活动行为可分为以下三个层次：

（1）基本层次。旅游活动的基本层次是游览观光，也就是景观旅游。景观包括自然景观和人文景观，能陶冶情操，增加人文和自然知识，给旅游者以美的享受。

（2）提高层次。娱乐旅游和购物旅游是旅游的提高层次。有些旅游活动虽然有一定的观光内容，但实际上以娱乐为主。如到野外去游泳、划船、钓鱼、打猎、滑水、滑雪等都属于娱乐旅游。娱乐旅游可以丰富旅游活动内容，提高旅游活动兴趣，提升旅游者的旅游体验。

（3）专门层次。旅游行为的专门层次包含的内容较多。例如，以蜜月、康养为目的的旅游，像云南昆明、海南三亚、广东从化等都是不错的选择；以参加会议为目的的旅游，参加会议者都有闲暇时间进行游览、娱乐；以朝拜为目的的旅游，宗教圣地对宗教信徒具有不可思议的吸引力。

定制旅行的客户注重个性化需求，在旅游活动层次上多数属于提高层次和专门层次。

4. 突出主题特色原则

定制旅行需求不断推动旅游走向主题化。旅游线路可以多种多样，但唯有特色才是旅游线路的灵魂。突出主题特色可以使旅游线路充满魅力，获得强大的竞争力和生命力。这就要求旅游定制师要精准判断客户核心诉求，挖掘客户深层需求，并有效对涉及的旅游资源、组合形式筛选匹配，力求围绕主题充分展示特色，以新、奇、美、异吸引客户的注意。不能用常规旅游线路或之前客户的旅游方案，应付同一需求类型客户，以免造成跑单。

 文旅聚焦

党的二十大报告中指出以文塑旅、以旅彰文，推进文化和旅游深度融合发展。例如，北京城市中轴线非遗主题线路打卡景点：钟鼓楼、万宁桥、景山公园、故宫、天坛、永定门。北京中轴线是中国文化的代表符号之一，长为7.8千米，是北京自元大都、明清北京城以来城市东西

拓展阅读：2022年度文化和旅游最佳创新成果

对称布局建筑物的对称轴。这条主题旅游线路围绕中轴线沿线的人文历史和传统技艺工坊，设计了非遗研学、非遗体验、非遗探访等多种玩法。

5. 不重复原则

旅游者的游览活动并不仅局限在旅游景点上，旅途中沿线的景观也是旅游观赏的对象。在游览过程中，如果出现走回头路的现象，就意味着要在同一段游览路上重复往返。根据满足效应递减规律，相同的沿途景观的重复会影响一般旅游者的满足程度，旅游者会感到乏味，从而减弱旅游的兴趣。对于旅游者来说，这种重复就是一种时间和金钱上的浪费，是旅游者最不乐于接受的。因此，在旅游线路设计时要尽量避免。但并非所有的旅游线路都要按照这一原则，有些旅游点由于受区位交通不利因素的影响，必须重复经过。因此尽量不要在同一城市、同一旅游点。

在设计旅游线路时，应慎重选择构成旅游线路的各个旅游点，最佳旅游线路应由一些旅游依托地和尽可能多的、不同性质的旅游点串联而成的环形（或多边形）路线，应避免往返旅途的重复。当依托的周围的旅游点之间的距离较近时，可将他们分作几组安排在同一天浏览；若各旅游点和旅游依托地距离在一天行程以上时，旅游者便没有必要返回依托地过夜，而是就近住宿，然后前往下一组旅游地，这便形成了环形旅游支线。

例如，云南旅游线路设计由于昆明是云南交通枢纽，到达航班最多，所以大部分云南旅游线路第一站是昆明。大理的知名度很高，同时，在地理位置上也比较靠近昆明。图3-8所示的旅游线路往往设计为A-B-C-D-A或B-E-F-G。这样，旅游者来到昆明或大理两次，体验感不好。定制可以调整旅游线路为A-D-C-B-E-F-G。这样，旅游者就避免重复来到昆明或大理两次，节约了时间，提高了旅游线路的新鲜感。

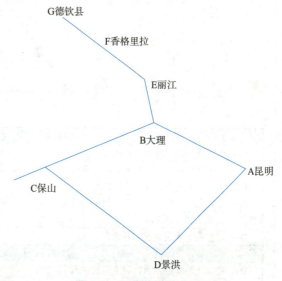

图3-8 云南旅游线路设计

6. 多样化原则

旅游线路的安排要注意旅游景区（点）及活动内容的多样化。旅游定制师在设计旅游线路时，为增加旅游乐趣，要使景点选择尽量富于变化，避免单调、重复。餐饮、住宿、交通、服务的类型很多，完全有条件组合成多种类型的旅游线路以供客户选择。例如，在一个景点参观一些古代建筑，下一个旅游景点则可安排一些新开设的旅游景点，体现古今交融。再如，旅游线路设计时第一天、第二天行程已安排爬山，随后几天的行程不要在安排登高的同类型景点，可以安排海边、湖边等水体景观，既丰富了景观类型，也可以劳逸结合。又如，行程每天的早餐为了节省时间都安排了酒店自助餐，午餐也都安排在景点附近的餐厅，晚餐的安排可以适当灵活一些，可以由客户自行用餐或安排当地网红餐厅、特色美食等。住宿安排时可以在其中穿插一些特色民宿或户外露营，避免由标准规范统一的星级酒店给客户带来单调体验，也可以降低住宿成本。

7. 时空合理性原则

旅游线路在时间上是从旅游者接受旅游经营者的服务开始，到圆满完成旅游活动、脱离旅游经营者的服务为止的。旅游线路时间安排是否合理？首先，要看旅游线路上的各项活动内容所占的时间、位置和间距是否恰当。一般来说，两点之间距离不宜超过 200 千米或行车时间不超过 4 个小时。其次，要在旅游者有限的时间内尽量利用快捷的交通工具，缩短交通运行时间，以争取更多的游览时间并减轻旅途劳累。最后，无论是为期一天的短途旅游，还是为期一个月的长途旅游，都要适当留有自由活动时间，同时要留出时间以应对旅途中随时可能发生的意外。如果时间紧张，要抓住重点，宁可放弃一些次要的旅游景点，也不能影响整体旅游效果。也就是说，在设计旅游线路时，需要合理安排旅游活动的顺序和时间，以便给予旅游者愉悦的旅游体验。

【经典案例 3.1】

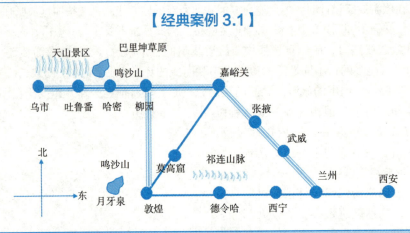

A 线路：丝绸之路双飞 6 日	
D1：各地飞兰州，晚卧往嘉峪关	宿硬卧
D2：早抵嘉峪关，游嘉峪关城楼，乘车 8 小时抵达敦煌，晚游鸣沙山、月牙泉	宿敦煌
D3：上午游莫高窟，晚卧往吐鲁番	宿硬卧
D4：早抵吐鲁番，游火焰山、葡萄沟、坎儿井、高昌故城。后乘车前往乌鲁木齐	宿乌市
D5：天山天池一日游	
D6：逛巴扎，乘飞机返回各地	

B 线路：丝绸之路双飞 7 日	
D1：各地飞西安或兰州，后乘车前往西宁	宿西宁
D2：游青海湖、日月山、倒淌河	宿德令哈
D3：参观德令哈大草原、茶卡盐湖，抵达敦煌，游莫高窟	宿敦煌
D4：上午乘车游览阳关遗址、星星峡，抵达哈密，经寒气沟前往巴里坤大草原	宿巴里坤
D5：登天山游天山神庙，观班超神像，欣赏巴里坤大草原，下午游鸣沙山、月牙泉，随后乘车至楼兰古国遗址	宿吐鲁番
D6：游火焰山、葡萄沟、坎儿井、高昌故城。后乘车前往乌鲁木齐	宿乌市
D7：逛巴扎，乘飞机返回各地	

行程对比分析

A 线路：

全程游览 6 天，仅 3 晚酒店，洗浴、卫生、休息都无法保证，容易生疲劳感；游览景点少，衔接多，大部分时间都是在交通工具上度过，游客舟车劳顿。

成本过高，因区间采用火车卧铺，会产生汽车空驶费用。

游览景点都为沙漠、戈壁，缺乏新鲜感，娱乐性差，容易晕车和反感。

B 线路：

每晚住高等级酒店，环境舒适，游客旅途疲劳能得到缓解和调整。

游览景点多，联游青海、甘肃、新疆，一气呵成，天天不同，有草原、沙漠、雪域、冰川、湖泊、森林、毡房、神庙、古堡、遗址，尤其是巴里坤大草原，美不胜收，为全世界仅存的香格里拉景观。

成本适中，衔接少，陪同省心，易于操作，杜绝投诉。

【经典案例 3.2】

建党百年红色旅游百条精品线路中的"秋收起义·湘赣红旗"精品线路：

第一站：江西省九江市修水县秋收起义修水纪念馆。

第二站：宜春市铜鼓县秋收起义铜鼓纪念馆。

第三站：萍乡市秋收起义广场—萍乡市莲花县莲花一支枪纪念馆。

第四站：吉安市永新三湾改编旧址。

第五站：湖南省株洲市炎陵县毛泽东水口连队建党旧址—株洲市炎陵红军标语博物馆。

第六站：浏阳市文家市秋收起义会师旧址纪念馆。

按照景点描述顺序，如图 3-9 所示。

根据时空合理性，对于线路进行优化，如图 3-10 所示。

第一站：江西省九江市修水县秋收起义修水纪念馆。

第二站：宜春市铜鼓县秋收起义铜鼓纪念馆。

第三站：吉安市永新三湾改编旧址。

第四站：萍乡市秋收起义广场—萍乡市莲花县莲花一支枪纪念馆。

第五站：湖南省株洲市炎陵县毛泽东水口连队建党旧址—株洲市炎陵红军标语博物馆。

第六站：浏阳市文家市秋收起义会师旧址纪念馆。

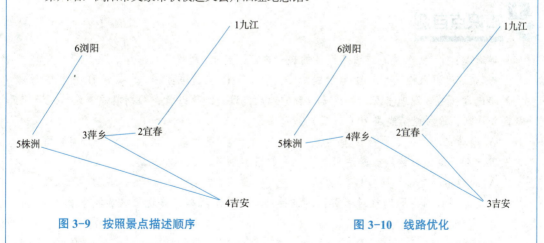

图 3-9　按照景点描述顺序　　　　　图 3-10　线路优化

线路优化后，第三站与第四站互换顺序，节省了很多浪费在路上的时间，使线路更为合理顺畅。

综上所述，旅游定制师在行程设计中需要把控时间和空间上的组合要求，从时间上看需要注意总体的行车时间（目的地的交通）、每个景点预留的游玩时间是否合理，同时，还要注意季节时间的变化，突出不同季节性的游玩特色。对于空间来说，主要是需要关注景点间的距离和每天安排的游览项目的多少，保证游玩和休闲的相互结合。

8. 效益兼顾原则

旅游效益是旅游者、旅游企业和全社会共同追求的目标。旅游效益不仅包含经济效益，社会效益，还包含文化效益和生态效益等。旅游者在一次旅游行程中希望以最少的时间、最省的精力、最低的费用获得最大的旅游满足。若旅游定制师在设计旅游线路的过程中，选择知名度高的旅游景区（点）的同时，适当加入一些温点和冷点旅游景区（点），不仅有助于保护旅游热点景区（点）的环境，缓解景区（点）接待压力，还可以增加温点和冷点旅游景区（点）的发展，进而带动经济效益，提升就业率。

文旅聚焦

党的二十大报告提出，推动经济社会发展绿色化、低碳化是实现高质量发展的关键环节。这是立足我国进入全面建设社会主义现代化国家、实现第二个百年奋斗目标的新发展阶段的战略选择，必须牢固树立和践行绿水青山就是金山银山的理念，站在人与自然和谐共生的高度谋划发展。

在旅游中，不同文化得以交流、融合，在交流中碰撞出智慧的火花，在融合中提取出不同文化的精华。党的二十大报告提出，增强中华文明传播力影响力，坚守中华文化立场，讲好中国故事、传播好中国声音，展现可信、可爱、可敬的中国形象，推动中华文化更好走向世界。

知识点自测

1. 单选题：（　　）是旅游线路设计的核心内容。
  A. 旅游可进入性 B. 旅游成本   C. 旅游服务   D. 旅游资源

2. 单选题：从客源地出发，到达某一目的地后，以此地为基营，分别前往与此地距离较近的景区或景点，这种旅游线路为（　　）。
  A. 串珠式   B. 直达式   C. 基营式   D. 周游型

3. 单选题：度假、休闲旅游适用于（　　）旅游线路。
  A. 周游型   B. 逗留型   C. 节点型   D. 串珠式

4. 单选题：针对不同的旅游者群体，设计不同的旅游线路，体现了旅游线路设计（　　）原则。
  A. 市场导向   B. 安全   C. 不重复   D. 合理性

5. 单选题：在设计旅游线路时，尽可能依托不同的旅游资源，串联不同类型的景点，体现了旅游线路设计（　　）原则。
  A. 时间合理   B. 不重复   C. 安全   D. 合理性

 任务实施

实施步骤一	了解分析客户需求，甄选出行目的地		
	客户订单需求分析表		
	出游人数	3（2 大 1 小，男孩 5 岁）	
	出发地	天津	
	目的地	华东地区	
	出游时间	10 月 2—6 日	
	出游天数	5	
	主题		
	预算	1 万元	
	需提供的服务	餐饮	自理
		住宿	交通便利
		景点	体现人文历史
		活动	孩子喜欢动物
	特殊需求：行程不要太紧张		

| 实施步骤二 | 分组讨论，查阅地图等资料进行线路初步设计手绘线路图，并汇报，阐述设计理念 |

实施步骤三	请比较分析 A 线路与 B 线路的优势与不足
	A 线路：华东五市双飞 5 日
	D1：北京乘飞机飞南京　　　　　　　　　　　　　　　　　　　　　　　宿南京
	D2：早游中山陵、总统府、夫子庙，下午赴无锡游太湖　　　　　　　　　宿无锡
	D3：赴苏州游寒山寺、枫桥景区、盘门三景，参观虎丘、婚纱一条街、狮子林　　宿苏州
	D4：经乌镇抵达杭州，游西湖风景区，晚住上海　　　　　　　　　　　　宿无锡
	D5：游上海，下午抵达南京乘飞机返北京
	B 特色线路：华东五市双飞 5 日
	D1：北京乘飞机合肥，乘车 2 小时抵达南京，游中山陵、总统府、夫子庙　　宿南京
	D2：南京赴无锡，游太湖风景区（三国城等），下午往苏州游寒山寺、枫桥景区、盘门三景，参观虎丘、婚纱一条街　　　　　　　　　　　　　　　　　　　　　宿苏州
	D3：上午游狮子林，经过乌镇抵达杭州，游西湖风景区，晚自费观《宋城》　　宿杭州
	D4：游龙井、云栖竹径、乾隆御道，参观丝绸时装表演。抵上海，观上海夜景　　宿上海
	D5：游上海南京路、浦东开发区、东方明珠，后乘飞机返回北京

| 实施步骤三 | 请写出分析报告 |

实施步骤四	各组点评后，修改线路设计，利用去哪儿网或穷游网的行程设计功能绘制定制旅行线路图
	5 天行程总览图

任务评价与总结

项目	评价与总结
组内任务分工	
组内表现自评	□ 积极参与，贡献大 □ 主动参与，贡献一般 □ 被动参与，贡献小
任务所需 知识总结	请回顾并列出任务所需知识信息
任务实施中 薄弱环节	
今后改进措施	

任务二　安排游览项目

任务导入

工作案例	来自美国的汤姆4口之家（2个女孩，15岁、10岁），对中国的世界文化遗产和部分5A知名景观很感兴趣，请你为他们推荐一条中国魅力体验之旅
任务目标	能够收集分类旅游资源信息，合理组合主题相关旅游资源
任务要求	能从出行意愿与目的地特色的匹配度、出行时间与目的地吸引物的季节性、出行预算与目的地消费水平、出行的个性化需求与目的地的实际供给等方面去判断游客需求的合理性。 能从自己的专业角度帮助客户挖掘出行需求，对客户没有提到而是由旅游定制师主动提出的，从而让定制方案超越客户期望值。 注："1+X"定制旅行管家服务职业技能等级标准（中级）要求能对多个旅游目的地设计至少两套方案。两套方案内容必须有三个及以上的安排要素（食住行游购娱六要素）不同

知识导入

任务思考	相关知识点
旅游资源包括哪些类型	旅游资源构成及分布
知名旅游资源分布情况如何	中国旅游区划、国际旅游区划
如何组合旅游资源	游览项目推荐原则

知识准备

一、旅游资源构成及分布

旅游资源是指自然界和人类社会，凡能对旅游者有吸引力、能激发旅游者的旅游动机，具备一定旅游功能和价值，可以为旅游业开发利用，并能产生经济效益、社会效益和环境效益的事物和因素。

旅游资源是旅游业发展的前提，是旅游业的基础。旅游资源主要包括自然风景旅游资源和人文景观旅游资源。

（一）自然风景旅游资源

自然风景旅游资源包括高山、峡谷、森林、火山、江河、湖泊、海滩、温泉、野生动植物、气候等，可归纳为地貌、水文、气候、生物四大类。

1. 地貌旅游资源

（1）山地地貌旅游资源（表3-2）。

三山：黄山、庐山、雁荡山。

五岳：东岳泰山、西岳华山、中岳嵩山、南岳衡山、北岳恒山。它们以不同的形态闻名于世，有泰山雄、华山险、恒山幽、嵩山峻、衡山秀之称。

表 3-2　三山五岳景观简介

名称	所在地	海拔高度 / 米	主要特色
黄山	安徽黄山市	1 800	雄伟险峻
庐山	江西九江市、庐山市	1 474	匡庐天下奇
雁荡山	浙江温州市	1 057	东南第一山
泰山	山东泰安	1 545	雄
华山	陕西华阴	2 160	险
衡山	湖南衡阳	1 290	秀
恒山	山西浑源	2 017	幽
嵩山	河南登封	1 584	峻

四大佛教名山："金五台、银普陀、铜峨眉、铁九华"是指山西五台山、浙江普陀山、四川峨眉山、安徽九华山（表 3-3）。

表 3-3　纳入世界文化和自然遗产名山

文化遗产	承德避暑山庄（1994）、武当山古建筑（1994）、青城山—都江堰（2000）、五台山（2009）
自然遗产	九寨沟（1992）、黄龙（1992）、武陵源（1992）
双遗产	泰山（1987）、黄山（1990）、峨眉山—乐山大佛（1996）、武夷山（1999）
文化景观	庐山（1996）

（2）喀斯特地貌旅游资源。岩溶地貌是指具有溶蚀力的水对可溶性岩石（石灰岩、白云岩等）进行溶蚀等作用所形成的地表和地下形态的总称，又称喀斯特地貌。岩溶景观有地上、地下景观之分，常见的具有旅游价值的地表形态主要有石芽、石林、峰林等，地下形态主要有溶洞、地下河、地下湖等。

中国岩溶地貌分布广、面积大、地貌多样、典型、生物生态丰富，是世界上最大的岩溶区之一。广西桂林山水、云南路南石林、贵州织金洞、安顺龙宫、浙江瑶琳仙境、广东肇庆七星岩等，都是著名的岩溶地貌景区。

（3）丹霞地貌旅游资源。丹霞地貌是指中生代湿热气候条件下沉积形成的红色陆相砂砾岩地层，由流水侵蚀、溶蚀、重力崩塌作用形成的赤壁丹崖及方山、石墙、石峰、石柱、嶂谷、石巷、岩穴等造型地貌。丹霞地貌形成的必要条件是砂砾岩层深厚，垂直节理发育。丹霞地貌的发育始于第三纪晚期的喜马拉雅造山运动，其最突出的特点是"赤壁丹崖"广泛发育，形成了顶平、身陡、麓缓的方山、石墙、石峰、石柱等奇险的地貌形态，因在广东省北部仁化县丹霞山有典型发育而得名。

中国的丹霞地貌广泛分布在热带、亚热带湿润区，温带湿润—半湿润区，半干旱—干旱区和青藏高原高寒区。福建泰宁、武夷山，甘肃张掖，湖南崀山，云南丽江老君山，贵州赤水，江西龙虎山，青海坎布拉，广东仁化丹霞山，四川江油的窦圌山、都江堰市的青城山，重庆綦江的老瀛山等地，是中国丹霞地貌的典型代表。由于红色砂页岩有较好的完整性，易于雕塑，故大量的石窟、石刻创作于红色砂页岩分布地区，如乐山大佛、大足石刻、云冈石窟、麦积山石窟等。

（4）火山地貌旅游资源。火山地貌是指现代火山喷发时的景观和历史上火山喷发后留下来的遗迹。我国火山活动可分为东、西两个带：东部活动带主要包括五大连池火山群、长白山火山、大同火山群、大屯火山群、广东雷琼及安徽、江苏等地区的火山；西部活动带主要包括腾冲火山群、新疆等地区的火山。

（5）黄土地貌旅游资源。黄土地貌是指发育在黄土地层（包括黄土状土）中的地形。黄土是第四纪时期形成的淡黄色粉砂质土状堆积物。

黄土在世界上分布相当广泛，占全球陆地面积的1/10，呈东西向带状断续地分布在南北半球中纬度的森林草原、草原和荒漠草原地带。中国是世界上黄土分布最广、厚度最大的国家，其范围北起阴山山麓，东北至松辽平原和大、小兴安岭山前，西北至天山、昆仑山山麓，南达长江中、下游流域，面积约63万平方千米，其中以黄土高原地区最为集中。

（6）风城地貌旅游资源。风城地貌是指风力对地表松散碎屑物的侵蚀、搬运、堆积作用而形成的地貌。风成地貌在干旱地区十分发育，在沙质海岸、湖岸、河岸等处也有小规模的分布。风城地貌的主要类型有风蚀石窝、风蚀蘑菇、雅丹、风蚀城堡、风蚀洼地等。风城地貌形态最突出的是各种沙丘和戈壁。

（7）冰川地貌旅游资源。冰川地貌是指由冰川作用塑造而成的地貌。按成因可分为侵蚀地貌和堆积地貌两类。其常见的形态类型主要有角峰、刀脊、U形谷、冰川湖等。我国开发的冰川风景区有四川贡嘎山的海螺沟冰川、新疆阿尔泰山的喀纳斯冰川湖和云南玉龙雪山冰川等。

（8）海岸地貌旅游资源。海岸地貌是指海岸在构造运动、海水动力、生物作用和气候因素等共同作用下所形成的、分布于海岸带附近的各种地貌形态的总称。其中，波浪是海岸地貌发育的主要力量，包括海蚀穴、海蚀崖、海蚀拱桥、海蚀柱、海滩等多种形态。著名的海岸地貌景观有台湾野柳、海南东寨港红树林、山东成山头和河北昌黎黄金海岸等。

2. 水文旅游资源

凡能吸引旅游者进行观光游览、度假健身、参与体验的各种水体资源，都是水域风光旅游资源。具体来说，按水体的性质其可分为风景河段、风景湖泊、风景瀑布和风景泉四种类型。

（1）风景河段。风景河段按其所处的旅游位置可分为河口旅游、河源旅游、水上旅游、地下河旅游等；按游览性质和功能可分为水上运动、港口考察、激流探险、源头探秘、风物观览等。在众多河流中，目前已列入国家级重点风景名胜区的河流有长江（三峡段）、鸭绿江、漓江、富春江—新安江、楠溪江、丽江、瑞丽江、雅砻河、阳河、建水等；而被列为地方级风景名胜区的河流就更多了。除长江、漓江、楠溪江、富春江—新安江、京杭大运河等少数江河已开发水上旅游外，风景河段的开发潜力还较大。

（2）风景湖泊。我国习惯用的陂、泽、池、海、泡、荡、淀、泊、错和诺尔等，都是湖泊的别称。湖泊按成因可分为构造湖、火山湖、冰川湖、堰塞湖、潟湖等（表3-4）。

表3-4 我国主要湖泊类型代表

湖泊类型	代表湖泊
潟湖	杭州西湖、太湖
构造湖	滇池、洱海、日月潭

湖泊类型	代表湖泊
火山口湖	长白山天池
堰塞湖	五大连池、镜泊湖
岩溶湖	草海
冰川湖	新疆喀纳斯湖
风成湖	月牙泉
河成湖	鄱阳湖、洞庭湖
人工湖	千岛湖

按湖水盐度高低可分为咸水湖和淡水湖。我国五大淡水湖泊——鄱阳湖（赣）、洞庭湖（湘）、太湖（苏）、洪泽湖（苏）、巢湖（皖）。青海湖（青）是我国面积最大的湖泊（属咸水湖），纳木错（藏）为海拔最高的湖泊。

我国名湖风景区众多，主要有杭州西湖、鄱阳湖、洞庭湖、太湖、滇池、洱海、千岛湖、青海湖、五大连池、镜泊湖、扬州瘦西湖、日月潭等。

（3）风景瀑布。瀑布是流水从河床陡坎悬崖处倾泻而下形成的水体景观，是大自然赋予众多令人叹为观止的奇观之一，具有震撼人心的魅力。我国著名的三大瀑布景观分别是黄果树瀑布、壶口瀑布、镜泊湖瀑布（表3-5）。

表3-5　我国主要瀑布分布

瀑布	地理位置	美誉
黄果树瀑布	贵州省安顺市	"中华第一瀑"
壶口瀑布	陕西宜川和山西吉县之间	我国水流量最大的瀑布
九龙瀑布	云南省罗平县	"九龙十瀑，南国一绝"
诺日朗瀑布	四川省九寨沟	大型钙化瀑布，我国最宽的瀑布
蛟龙瀑布	台湾嘉义市梅山乡	台湾最高的瀑布，中国落差最大的瀑布
德天瀑布	广西大新县	亚洲第一大跨国瀑布

（4）风景泉。泉是地下水的天然露头，是地下含水层或含水通道呈点状出露地表的地下水涌出现象。许多泉水具有重要的旅游价值，是一种独特的水体旅游资源。矿泉又称矿水，是水中含有特殊的化学成分、有机物和气体，或具有较高的温度（超过20℃），能影响人体的生理作用的泉，一般是温泉、有盐泉、铁质泉、硫黄泉等。

我国是世界上多泉的国家之一，矿泉总数有2 000多处，遍及全国各个省区。其按分布的地理位置可划分为3个大型矿泉带（区）。西藏矿泉区集中了600多处矿泉；云南矿泉区拥有矿泉400余处，遍及云南全省，但更为集中地分布在横断山脉和腾冲一带；闽粤台矿泉区集中矿泉500余处，且都以温泉为主。

除以上三大矿泉区外，山东、辽宁、四川、陕西、浙江、江西、湖北等省的矿泉也很多，山东济南市还有"泉城"之誉。

我国以泉为主体旅游资源而闻名的旅游地和景点很多，最具代表性的是云南大理蝴蝶泉、甘肃敦煌月牙泉、山西太原晋祠难老泉、西安骊山华清池、杭州西湖虎跑泉、山东济南趵突泉、青岛崂山矿泉（表3-6）。

表 3-6 我国泉体景观类别及代表

泉的类别	代表泉
温泉	云南安宁泉、西安华清池温泉、黄山温泉
冷泉	有"天下第一泉"之称的四大名泉：浙江中冷泉（唐—刘伯刍）、庐山谷帘泉（唐—陆羽）、北京玉泉（清—乾隆帝）、济南趵突泉（清—乾隆帝）
奇特泉	云南大理蝴蝶泉、安徽寿县喊泉、广西桂平喷乳泉、台湾台南水火泉

3. 气象、气候旅游资源

气象、气候旅游资源是指对人类旅游活动具有吸引作用的气象气候条件和奇妙多彩的天气、气象现象。

（1）云雾景。我国有许多著名胜景与云雾有关，如"黄山云海""庐山云雾""草堂烟雾""泰山云海玉盘"等。

（2）冰雪景。许多冬季下雪的地区都有一些著名的雪景，我国较著名的冰雪景观有东北"林海雪原"、关中"太白积雪"、长沙"江天暮雪"。冰雪运动有"白色旅游"之称。哈尔滨素有"冰城"之称。

（3）雨景。有许多著名的雨景胜迹，如江南烟雨、梅雨赏梅、巴山夜雨、峨眉山"洪椿晓雨"、湖南"潇湘烟雨"、蓬莱"漏天银雨"等，都极具观赏价值。

（4）旭日夕阳景。日出、日落景观只有在天地交界的地平线处才能看到，因此，海滨或山顶是最理想的观日出、日落的地方。我国著名的观景点有泰山的日观峰、华山的东峰、庐山的汉阳峰、峨眉山的金顶和北戴河的鹰角亭等地。

（5）霞景。霞景的主要形式有朝霞、晚霞、彩云、雾霞等。由于霞景瞬息万变，因而对游人有极大的吸引力。我国霞景中最有名的是泰山岱顶四大奇观之一的"晚霞夕照"。另外，贵州毕节"东壁朝霞"、江西彭泽"观客流霞"、浙江东钱湖"霞雨锁岚"等都是著名的霞景。

（6）雾凇、雨凇景。雾凇又称树挂、雪挂，是在低温的雾天里细小的雾滴在树枝、电线等物体上所形成的白色而松软的凝结物。我国雾凇出现最多的是吉林省吉林市。

超冷却的降水遇到温度等于或低于零摄氏度的物体表面时所形成玻璃状的透明或无光泽的表面粗糙的冰覆盖层，叫作雨凇，也称为冰凌、树凝。形成雨凇的雨称为冻雨。雨凇以山地和湖区多见。我国峨眉山雨凇最多，庐山雨凇誉称"玻璃世界"。

（7）蜃景。海市蜃楼是一种大气光学现象，光线经过不同密度的空气层后发生显著折射，使远处景物显示在半空中或地面上的奇异幻景。山东蓬莱蜃景出现次数最多。

4. 生物景观旅游资源

生物景观旅游资源吸引功能的发挥，形成了赏花旅游、观鸟旅游、狩猎旅游、垂钓旅游、科学考察旅游、森林旅游等生态旅游项目。

（1）植物旅游资源。植物有形、色、声、味、态、意及风韵等诸多美感，在旅游景观中是重要的构景元素和欣赏对象。我国观赏植物资源丰富，被誉为"世界园林之母"。

花以其色、香、韵、姿的四大美学特征成为植物体中最美的部分，成为人们观赏的主要对象，如洛阳牡丹、杭州满陇桂雨等。

除花外，赏叶、赏竹也别有一番韵味。例如，北京香山红叶、蜀南竹海等。

还有被列为国家一级保护植物，如有"活化石植物"之称的银杏、银杉、珙桐、水杉等。

这些珍稀濒危植物是人类保护的主要对象，既具有科学价值，又具有旅游观赏价值。

我国森林面积居世界第六位，目前林区开展的旅游活动主要有观光、康乐度假、科学考察、探险猎奇、采集狩猎等。为充分保护和合理开发森林旅游资源，我国吸取了国外的成功经验，建立了森林公园，如张家界国家森林公园、北京西山国家森林公园、山西五台山国家森林公园、四川天台山国家森林公园等。

草原上的植物群落随着季节的变化展现出不同的风貌，这些都很有观赏价值。在草原上还可开展骑马、狩猎、野营、美食、动植物考察，以及体验少数民族的传统文化、风俗习惯等旅游活动。著名的草原有内蒙古呼伦贝尔东部草原、内蒙古锡林郭勒草原、新疆伊犁草原、川西高寒草原、那曲高寒草原、祁连山草原。

（2）动物旅游资源。动物是自然界的宝贵财富，拥有灵活多样的特色造景功能，是重要的旅游资源。动物不同的形态外貌、生活习性、活动特点、鸣叫声音，既可供观赏娱乐，同时，还可开展垂钓等旅游活动。

国家一级保护动物有68种，包括大熊猫、金丝猴、白鳍豚、白唇鹿、扭角羚、东北虎、华南虎、野骆驼、亚洲象、藏羚羊、扬子鳄、丹顶鹤、褐马鸡、朱鹮等，其中有些还是我国所特有的。大熊猫、金丝猴、白鳍豚和白唇鹿被称为我国四大国宝动物。例如，四川卧龙看大熊猫、黑龙江扎龙看丹顶鹤、青岛湖观鸟和西双版纳看野象等。

文旅聚焦

党的二十大报告指出，尊重自然、顺应自然、保护自然，是全面建设社会主义现代化国家的内在要求。必须牢固树立和践行绿水青山就是金山银山的理念，站在人与自然和谐共生的高度谋划发展。

（二）人文景观旅游资源

人文景观旅游资源包括历史文化古迹、古建筑、民族风情、现代建设新成就、饮食、购物、文化艺术和体育娱乐等，可归纳为人文景物、文化传统、民情风俗、体育娱乐四大类。

1. 人文景物旅游资源

（1）古建筑旅游资源。凡能吸引旅游者前往观赏，并产生经济效益和社会效益的古建筑，都可视为古建筑旅游资源。

①长城。秦、汉、明三个朝代构筑和修缮的长城均超过5 000千米，又称作万里长城。

长城一般由城墙、关隘、敌台、烽燧、障碍物和外围关堡组成。长城游览点主要有八达岭长城、慕田峪长城、山海关长城、嘉峪关长城、司马台长城等。

②古都名城。

四大古都：北京、西安、洛阳、南京。

六大古都：北京、西安、洛阳、南京、开封、杭州。

七大古都：北京、西安、洛阳、南京、开封、杭州、安阳。

八大古都：北京、西安、洛阳、南京、开封、杭州、安阳、郑州。

链接资料：截至2023年3月15日，国务院已将142座城市列为国家历史文化名城。

③宫殿、坛庙。

北京故宫：位于北京市中心，是世界上现存规模最大、最完整的古代木构建筑群。始建于 1406 年，历时 14 年才完工，为明清两代的皇宫，有 24 位皇帝相继在此登基执政。

沈阳故宫：位于沈阳旧城中心，占地 6 万平方米，全部建筑 90 余所，300 余间，是清朝入关前清太祖努尔哈赤、清太宗皇太极建造的皇宫，又称盛京皇宫。

布达拉宫：位于西藏拉萨市的红山上。"布达拉"是梵语音译，又译作"普陀"，原指观世音菩萨所居之岛。

北京太庙：位于天安门东侧，为明、清两代皇室祖庙，今为劳动人民文化宫。其位置按照中国传统的"左祖右社"的规定，平面呈南北向长方形，正门在南，四周有围墙三重。

北京社稷坛：位于天安门西侧，中国传统的治国思想是"以农为本"，发展农业生产与土地密切相关，所以要祭祀土地神和粮食神。由于祭祀社稷是由北向南设祭，所以社稷坛的总体形制与太庙相反。

北京天坛：位于故宫南面，始建于明永乐年间，是明清皇帝祭天和祈祷丰年的地方，是中国礼制建筑中规模最大、等级最高的建筑群。天坛的设计采用象征表现手法来展示中国传统文化的寓意。

北京地坛：位于故宫北面，始建于明嘉靖九年（1530 年），是明清两朝帝王祭祀"后土皇地祇"的场所，也是我国现存最大的祭地之坛。

北京日坛：位于故宫东面，又名朝日坛，占地面积 20.62 公顷，始建于明嘉靖九年（1530 年），日坛是明清两代皇帝祭祀太阳（大明之神）的地点。外建有公园。

北京月坛：位于故宫西面，它是明、清两代皇帝祭祀夜明神（月亮）和天上诸星神的场所。1955 年将其辟为公园，以供人们休息娱乐。

天坛与日坛、地坛、月坛、社稷坛共列为北京古迹五坛（图 3-11）。

图 3-11　北京古迹五坛

④古桥和水利工程。

"北有赵州桥，南有洛阳桥"，福建泉州洛阳桥所采用的"筏形基础"，也是世界造桥史上的首创实例。河北赵州桥、福建泉州洛阳桥、北京卢沟桥与广东广济桥（又称湘子桥）并称为"中国四大古桥"。

灵渠位于湘桂走廊中心兴安县境内，是跨越湘江水系和珠江水系的古运河，建成于公元前 214 年。灵渠与陕西的郑国渠、四川的都江堰并称为"秦代三大水利工程"。郭沫若先生赞之为："与长城南北相呼应，同为世界之奇观。"

都江堰水利工程是全世界至今为止年代最久、唯一留存、以无坝引水为特征的宏大水利工程。这项工程主要由鱼嘴分水堤、飞沙堰溢洪道、宝瓶口进水口三大部分和百丈堤、人字堤等附属工程构成，科学地解决了江水自动分流、自动排沙、控制进水流量等问题，消除了水患，使川西平原成为"水旱从人、不知饥馑"的"天府之国"。

京杭大运河是世界上里程最长、工程最大、最古老的运河，全长约 1 794 千米，沟通了海河、黄河、淮河、长江、钱塘江五大水系。

坎儿井古称"井渠"，最早在陕西关中平原出现，后在吐鲁番等干旱地区广泛使用。坎儿井与万里长城、京杭大运河并称为"中国古代三大工程"。

⑤陵墓。陵墓作为旅游资源，可分为帝王陵墓、纪念陵墓、悬棺墓。

中国最著名的十大帝王陵墓分别是秦始皇兵马俑、西夏王陵、明十三陵、南京中山陵园、成吉思汗真陵、雍正泰陵、明孝陵、黄帝陵、武则天乾陵、广武汉墓群。其中，秦始皇兵马俑又称秦始皇陵，它是世界第八大奇迹，作为世界文化遗产，兵马俑代表了中国古代辉煌的陵墓文化（表 3-7）。

表 3-7　现存知名帝王陵墓

名称	主人	位置	形制	价值
秦始皇陵	秦始皇	陕西省潼区	方上	中国历史上体形最大的陵墓，兵马俑坑是世界第八大奇迹
汉茂陵	汉武帝	陕西省兴平市	方上	出土西汉石雕 16 件，尤以其中的"马踏匈奴"最具代表性
唐乾陵	唐高宗李治和武则天的合葬墓	陕西省乾县梁山	以山为陵	出土"无字碑"，外国君王石雕群像 61 座
明十三陵	明成祖（长陵）、明仁宗（献陵）、明宣宗（景陵）、明英宗（裕陵）、明宪宗（茂陵）、明孝宗（泰陵）、明武宗（康陵）、明世宗（永陵）、明穆宗（昭陵）、明神宗（定陵）、明光宗（庆陵）、明熹宗（德陵）、明毅宗（思陵）	北京市昌平区天寿山下	宝城宝顶	世界文化遗产
清东陵	顺治（孝陵）、康熙（景陵）、乾隆（裕陵）、咸丰（定陵）、同治（惠陵）	河北省遵化	宝城宝顶	世界文化遗产
清西陵	雍正（泰陵）、嘉庆（昌陵）、道光（慕陵）、光绪（崇陵）	河北省易县	宝城宝顶	世界文化遗产

纪念陵墓包括以下几项：

三皇五帝、尧、舜、禹、汤诸陵，炎帝陵在湖南省炎陵县，太昊陵在山东省曲阜市，尧陵在山西省临汾市，舜陵在湖南省宁远市九嶷山，禹陵在浙江省绍兴市。

圣贤墓地，例如孔庙位于山东省曲阜市，是第一座祭祀孔子的庙宇。另外，颜子墓在曲阜，孟子墓在邹城，曾子墓在嘉祥，墨子墓在滕州市，微子墓、张良墓和仲子墓在微山湖中的微山岛，匡衡墓在枣庄，荀子墓在苍山，李白墓在当涂等。

政治思想家墓，"九合诸侯，一匡天下"的管仲墓，多谋廉洁贤晏子墓，稷下学宫名家淳于髡墓，勉县的治蜀有方著名政治家、军事家诸葛亮墓等。

名人墓，如杭州岳飞墓、张苍水墓、于谦墓、秋瑾墓等。

悬棺墓是中国南方古代少数民族的葬式之一，属崖葬中的一种。悬棺墓遍及川、黔、滇、湘、桂、粤、浙、赣、闽、皖、鄂等省，北方山西也有分布，主要存在于福建武夷山地区和四川与云南交界的珙县、兴文、筠连、镇雄、威信等县。龙虎山仙水岩，有成片的千古崖墓群，绝壁之上，玉棺悬空，神秘莫测，被称为世界文化史上的一大奇观。山西省宁武城西石门悬棺是迄今中国北方地区发现的唯一的崖葬群。武夷山九曲溪两岸的峭壁上，至今仍存有悬棺遗迹十余处。

⑥古楼阁和古塔（表3-8）。

岳阳楼位于湖南省岳阳市古城西门城墙之上，始建于公元220年前后，历史上曾多次修缮，主楼高约19米，为三层、四柱飞檐、盔顶的纯木结构。北宋范仲淹曾作《岳阳楼记》，其中"先天下之忧而忧，后天下之乐而乐"的名句，更使岳阳楼名闻天下。登岳阳楼可游览八百里洞庭湖的湖光山色。

黄鹤楼位于湖北省武汉市长江南岸的蛇山之巅，始建于公元223年，总高度为51.4米，内部由72根圆柱支撑，楼外铸铜黄鹤造型。唐朝诗人崔颢的《黄鹤楼》、李白的《黄鹤楼送孟浩然之广陵》更使其名闻天下。黄鹤楼与蛇山脚下的武汉长江大桥交相辉映；登楼远眺，不尽长江滚滚来，三镇风光尽收眼底。

滕王阁位于江西省南昌市西北部赣江东岸，始建于唐朝永徽四年，初唐四杰之一的王勃的《滕王阁序》更让其名扬天下，诗句"落霞与孤鹜齐飞，秋水共长天一色"不仅是登高览胜景的真实写照，这诗句更是流芳后世成为永恒的经典。

蓬莱阁位于山东省蓬莱市区西北的丹崖山上，始建于1061年，其"八仙过海"传说和"海市蜃楼"奇观享誉海内外。历经沧桑，如今已发展为以蓬莱阁古建筑群为中轴，蓬莱水城和田横山为两翼，四种文化（神仙文化、精武文化、港口文化、海洋文化）为底蕴，山（丹崖山）、海（黄、渤二海）、城（蓬莱水城）、阁（蓬莱阁）为格局的风景名胜区。

天一阁位于浙江省宁波市海曙区，始建于明代中期，由当时退隐的兵部右侍郎范钦主持建造，是我国现存最早的私家藏书楼，也是亚洲现有最古老的图书馆和世界最早的三大家族图书馆之一。

表3-8　现存知名古塔

塔名	位置	年代	类型	特征
西安大雁塔（慈恩寺塔）	陕西西安	唐	楼阁式	古都西安的象征，是玄奘西行求法、归国译经的纪念建筑物
应县木塔（佛宫寺释迦塔）	山西应县	辽	楼阁式	外观5层，暗层4层，实为9层，通高67.13米；我国楼阁式现存最古老、最高的一座木结构大塔
泉州开元双塔	福建泉州	东塔（镇国塔）始建于唐，西塔（仁寿塔）始建于五代	楼阁式	初建时均为木塔，宋代均最终改为石塔；双塔忠实地模仿了木楼阁式样，呈现出南方建筑风格
嵩岳寺塔	河南登封	北魏	密檐式	中国现存最早的砖塔

续表

塔名	位置	年代	类型	特征
西安小雁塔	陕西西安	唐	密檐式	中国早期方形密檐式砖塔的典型作品，为保存佛教大师义净从印度带回的佛经、佛像而建
崇圣寺三塔	云南大理	初建于南诏	密檐式	大理"文献名邦"的象征，云南古代历史文化的象征，中国南方最古老、最雄伟的建筑之一
妙应寺白塔	北京	元	覆钵式	中国现存年代最早、规模最大的藏传佛塔，忽必烈敕令建造，尼泊尔匠师阿尼哥主持
真觉寺塔	北京	明	金刚宝座塔	我国同类塔中年代最早、雕刻最精美的一座

⑦古典园林。

古代工匠造园，造的都是时间。每处风景，每个细节，都是蕴含深远的意味，值得我们细细品味。工匠们对细节有很高的要求，追求完美和极致，对精品有执着的坚持和追求。中国园林艺术作为一种民族精神与文化的载体，蕴含着中华民族的人文观与美学理想的追求。

中国四大园林分别为河北省承德市避暑山庄、北京市海淀区颐和园、江苏省苏州市拙政园、江苏省苏州市留园。

苏州四大名园为建于宋代的沧浪亭、建于元代的狮子林、建于明代的拙政园、建于清代的留园。

广东/岭南四大名园分别为佛山顺德清晖园、广州番禺余荫山房、东莞可园、佛山梁园。

皇家园林是专供帝王休息享乐的园林。大多利用自然山水加以改造而成，一般占地很大，少则几百公顷，大的可到几百里的幅员，规模宏大、气派宏伟、包罗万象。园内真山真水较多，建筑色彩富丽堂皇，建筑体型高大。现存皇家宫苑都是清代创建或改建的，著名的有颐和园、避暑山庄等。

颐和园原名"清漪园"，位于北京市海淀区，是清代皇家园林，也是我国目前保存最为完整、最为典型的皇家园林。

承德避暑山庄位于承德市北部，原为清代皇帝避暑和从事各种政治活动的场所，始建于清康熙年间，建成于乾隆年间，总面积为564万平方米，是中国现存最大的古典皇家园林。

私家园林是供皇家的宗室外戚、王公官吏、富商大贾等休闲园林。其特点是规模较小，常用假山假水，建筑小巧玲珑，色彩淡雅素净。现存较著名的私家园林如北京的恭王府，苏州的拙政园、留园、沧浪亭、网师园，上海的豫园等。

拙政园是苏州现存最大的古典园林，也是苏州园林的代表作。网师园是苏州园林中型古典山水宅园代表作品。网师园占地约半公顷，是苏州园林中最小的一座。个园位于江苏省扬州市广陵区东北隅，以遍植青竹而名，以春夏秋冬四季假山而胜，为国内孤例。

寄畅园又称"秦园"，位于江苏省无锡市，是江南地区山麓别墅式古典园林、无锡市唯一的明代古典园林，与瞻园、留园、拙政园并称江南四大名园。

余荫山房位于广州市番禺区，又称"余荫园"，建成于清同治年间，是四大岭南名园中保存原貌最好的古典园林。余荫山房布局精巧，它以"藏而不露"和"缩龙成寸"的手法，将画馆楼台、轩榭山石亭桥尽纳于三亩之地，布成咫尺山林，造成园中有园、景中有景、幽深广阔的绝妙佳境。

寺观园林一般只是寺观的附属部分，其中园林部分的风格更加淡雅。另外，还有相当一部分寺观地处山林名胜，本身也就是一个观赏景物。这类寺观的庭院空间和建筑处理也多使用园林手法，使整个寺庙形成一个园林环境，如四川青城山的古常道观、江苏扬州大明寺等。

公共园林是具有公共游览性质的园林。这类园林尺度大、内容多，把自然的、人造的景物融为一体，既有私家园林的幽静曲折，又是一种集锦式的园林群；既有自然美，又有园林美。较著名的园林有杭州西湖、扬州瘦西湖、昆明西山滇池等。

2. 优秀传统文化旅游资源

（1）语言文字。语言是人类交际的工具，文字是记录一切文化成果的工具。文化因语言而传承，因文字而传播，文化成熟必须有文字。语言文字是人类活动的基本工具，也是优秀传统文化最基本的元素，没有语言文字学家的贡献，我们的文化就不可能记录到现在。语言文字资源包括语言文字发现地、语言文字学家故居与陵园、语言文字学著作等，如甲骨文的发现地河南省安阳殷墟遗址，以及在我国文字学家许慎墓园建成的河南漯河许慎文化园、书圣王羲之故居和泰山摩崖石刻等。

（2）历史文化。一些著名历史事件发生地、历史文化遗迹与遗址，著名历史人物和历史学家的故居、陵园、史学专著等，都是很好的优秀传统文化资源，如三星堆遗址、良渚遗址、河南省新郑黄帝故里、平津战役纪念馆等。

（3）地理文化。古代地理学家，不畏艰辛，跋山涉水，实地丈量，亲自勘查中国的山川形势、江河湖海，留下了《山海经》《水经注》《徐霞客游记》等地理学名著。地理学家的故居、陵园、著作及他们记述的山川名胜、风土人情等，都是优秀传统文化资源，如喀斯特地貌的代表武夷山、丹霞地貌的代表张掖、徐霞客故居等。

（4）天文历算。古代天文学家的故居、陵园、著作及他们发明的计时工具、观测仪器，建立的观象台、天文台及其遗址等，都是十分难得的传统文化资源，如河南省登封市古观星台、北京古观象台等。

（5）饮食文化。古往今来，"民以食为天"，中国饮食文化源远流长，闻名世界，素有"烹饪王国"之称。菜系文化、茶文化、酒文化及相关的遗址、遗迹、名人、名著、名品都是优秀传统文化旅游资源的组成部分，如中华饮食博物馆、西湖楼外楼餐厅、中国酒文化城、普洱古茶园等。

文旅聚焦

党的二十大报告指出，坚持以文塑旅、以旅彰文，推进文化和旅游深度融合发展。文化旅游时代呈现出旅游与文化一体化共生的趋势，正所谓"无旅不文，无文不旅"。文化旅游的出现与游客需求的转变密切相关，因为寻求文化享受已成为大众旅游时代的一种风尚，人们可以通过旅游感知、体验、鉴赏和享受异地文化。从本质上说，旅游本身就是一种文化活动，这源于无论是旅游消费，还是旅游经营都具有强烈的文化性。文化和旅游相伴而生，文化是旅游的灵魂，旅游是文化的载体。

3. 民俗风情旅游资源

民俗风情旅游资源是指能够激发人们产生旅游动机，吸引人们进行旅游活动的风土人情及其载体。民俗风情旅游资源通常包括衣、食、住、行方面的生活文化、婚姻家庭和人生礼仪文化、科技工艺文化、节日文化、信仰、巫术文化，以及民间传承文化，如民间文学艺术、民间歌舞、民间游乐等。

以下是部分少数民族节日民俗：

（1）白族。

三月街：三月十四至十六日，习俗：物资交流、赛马、赛龙舟、歌舞。

绕三灵：四月二十三至二十五日，习俗：绕山、祭祖、跳霸王鞭、八角鼓舞。

火把节：六月二十五日，习俗：驱邪求吉、祈求丰收。

（2）彝族。

火把节：六月二十四至二十五日，习俗：点火把、摔跤、斗牛、歌舞。

插花/打歌节：二月初八，习俗：采集杜鹃花插于各处。

三月会：三月二十八，习俗：赶集、跳舞、青年男女盛装跳"左脚舞"。

刀杆节：二月八日，习俗：上刀山、跳嘎。

（3）纳西族。

米拉会/棒棒会：五月十五日，习俗：赛马、农具交易会。

祭天：节期不定，习俗：祈年求丰，消灾除邪。

三朵节：二月初八，习俗：赛马、跳"阿哩哩"、野餐。

七月会：七月中旬，习俗：大牲畜交易、对歌。

（4）藏族。

赛马会：五月初五，习俗：搭帐篷，野炊，宴客，赛马。

端阳节：五月初五，习俗：赛马、跳锅庄舞、弦子舞、野餐。

雪顿节：藏历六月底七月初，习俗：晒大佛、跳藏戏、过林卡。

藏历新年：藏历新年是藏族最隆重、热闹的民族节日，时间从藏历元月一日开始，一般持续15天。新年这天，天刚亮，穿着节日服装的青年男女都要互相拜年，见面要恭祝吉祥如意。盛装的藏族人会到附近的寺庙朝佛，或成群结队地上街唱歌跳舞，但不能到亲友家去做客。

（5）傣族。泼水节：傣历六七月，习俗：歌舞、赛龙舟、泼水、放升高。

（6）壮族。陇端节：三月，习俗：物资交流、青年男女对歌、社交。

（7）回族。开斋节：回历十月一，习俗：礼拜、赠"油香"等。

古尔邦节：回历十二月，习俗：团拜、宰牛羊等。

（8）瑶族。盘王节：五月二十九日，习俗：祭祖、歌舞。

（9）蒙古族。蒙古族的传统节日主要有旧历新年，蒙古语为"查干萨仁"，即白色的月。蒙古族的年节亦称"白节"或"白月"，这与奶食的洁白紧密相关，另外，还有那达慕、马奶节等。

（10）朝鲜族。其节日基本上与汉族相同，主要有春节、清明节、端午节、中秋节、老人节等。还有三个家庭的节日，即婴儿周岁生日、回甲节（六十大寿）、回婚节（结婚60周年纪念日）。每逢回甲节、回婚节时，子女、亲友、邻居都向老人祝福、祝寿。

（11）满族。满族受汉文化的影响，节日与汉族相近，重视过农历新年。正月十五过灯节，正月二十五祈求来年过"添仓节"，农历二月二是"锁龙"的日子，还有五月端午、六月六"虫王节"、八月十五日中秋节；添仓节，每年正月25日，满族农村家家讲究煮黏高粱米饭，放在仓库，用秫秸秆编织一只小马插在饭盆上，意思是马往家驮粮食，丰衣足食。第一天，再添新饭，连着添三回。也有的人家用高粱秸做两把锄头插在饭上。这个节至今在东北农村保留着；虫王节，六月天，易闹虫灾，居住在辽宁省岫岩、凤城一带的满族过去在六月初六这天，一户出一人到虫王庙朝拜，杀猪祭祀，求虫王爷免灾，保证地里的收成好。后来不搞虫王节祭祀扫活动，但家家要在这一天晾晒衣物，以防虫蛀。

（12）黎族。黎族的节日与黎族的历法有密切的关系。中华人民共和国成立前黎族的节日，在邻近汉族地区和黎汉杂居地区，大多都用农历，节日与汉族相同，如春节、清明节、端午节等。就黎族来说，过得最隆重和最普遍的节日是春节和三月三。

（13）侗族。各地侗族大多要过春节，时间也是正月初一。有些地方在10月底或11月初择日过侗年。4月8日或6月6日为祭牛节，节日时不准使用牛。另外，还有抢花炮的花炮节，吃新米的吃新节，停止生产活动，以及各姓氏自己过的姓氏节及赶歌会、姑娘节、斗牛节、花炮节等。花炮节是侗族人民最热闹的节日。

（14）土家族。土家族的传统节日中，"以赶年"最为隆重，每年农历春节，汉族过除夕，土家族是在汉人至少提前一天过，所以称为"赶年"，土家族过"小年"，也要比汉人提前一天。还有土牛毛大王节等。

4. 体育娱乐旅游资源

"旅游 + 体育"模式是指以旅游资源为依托开发体育旅游产品，即旅游性体育，如长城、黄河、五岳等，对应的体育旅游产品有登山、漂流、森林徒步等。

"体育 + 旅游"模式是指以体育资源为依托，开发体育旅游产品，即体育性旅游，一方面，以体育资源为依托开发旅游产品，以体育活动带动旅游活动的开展；另一方面，利用体育赛事、节庆活动等吸引更多的参与者与观赏者，如奥运会、世界杯足球赛等。

专项型体育旅游模式是指以某一种体育旅游产品为开发目标，将体育旅游资源开发成唯一的旅游吸引物，旅游者的旅游目的是针对吸引物而来的，如滑雪旅游、高尔夫旅游等。

组合型体育旅游模式是指将体育与生态旅游、文化旅游等形式的其他资源相互配合，开展既观光旅游又参与体育活动，如垂钓等。

附带型体育旅游模式是指在一般旅游活动中附带介绍体育知识，旅游过程中观看表演或参加体育娱乐等，如摔跤、跳板等。

拓展阅读：
2022年国庆假期
体育旅游精品线路

二、中国的世界遗产

中国的世界遗产见表3-9。

表3-9　中国的世界遗产

西北	陕西｜秦始皇陵兵马俑 甘肃｜敦煌莫高窟 青海｜可可西里 新疆｜天山	华东	江苏｜苏州古典园林 浙江｜杭州西湖文化景观 安徽｜皖南古村落：西递、宏村 　　　黄山
华中	河南｜洛阳龙门石窟 　　　安阳殷墟 　　　登封天地之中古建筑群 湖北｜武当山古建筑群 　　　神农架 湖南｜武陵源国家级名胜区		江西｜三清山风景名胜区 　　　庐山风景区 山东｜曲阜孔府、孔庙、孔林 　　　泰山 福建｜土楼 　　　鼓浪屿 　　　武夷山

续表

华北	北京｜周口店北京人遗址 天坛 颐和园 河北｜承德避暑山庄及周围寺庙 山西｜平遥古城 云冈石窟 五台山 内蒙古｜元上都遗址	西南	重庆｜大足石刻 云南｜丽江古城 红河哈尼梯田 澄江化石地 三江并流 西藏｜布达拉宫、大昭寺、罗布林卡 四川｜青城山和都江堰 黄龙国家级名胜区 九寨沟国家级名胜区 四川大熊猫栖息地 峨眉山 – 乐山风景名胜区 贵州｜梵净山风景区
华南	广东｜开平碉楼与村落 广西｜左江花山岩画 澳门｜澳门历史城区	东北	吉林 辽宁　高句丽王城王陵及贵族墓葬
跨地区	故宫｜北京、沈阳 明清皇家陵寝｜北京明十三陵、河北清东陵和清西陵、湖北明显陵、江苏明孝陵、辽宁关外三陵 中国大运河｜隋唐大运河、京杭大运河和浙东运河 丝绸之路｜起始段和天山廊道的路网：新疆、甘肃 土司遗址｜湖南永顺老司城遗址、湖北恩施唐崖土司城址、贵州遵义海龙屯 中国南方喀斯特｜云南石林、贵州荔波和重庆武隆、广西桂林、贵州施秉、重庆金佛山、广西环江		

三、中国旅游区划

中国旅游区划见表3-10。

表 3-10　中国旅游区划列表

序号	区划依据	范围	特征
1	东北旅游区	包括黑龙江、吉林、辽宁，共3省	山水脉络相连，浑然一体，气候因子相似，以冰雪、火山、森林、海滨、边境游为特色
2	黄河中下游旅游区	包括北京、天津、山东、山西、河南、河北、陕西，共5省2市	华夏文化的发祥地，名胜古迹众多，著名山岳云集，海滨风光旖旎，以北京为中心辐射至各旅游地的交通便捷，距离不远，是我国以人文景观为主并具备多种旅游资源的旅游大区
3	长江中下游旅游区	包括上海、湖南、湖北、江苏、浙江、安徽、江西，共6省1市	自然山水风光和人文景观兼优，旅游资源最密集、类型最多的旅游区。既有众多江南古镇，又有现代化大都市上海，还有大型水利工程长江三峡；既有名山如衡山、黄山、庐山、九华山、普陀山、龙虎山、井冈山等，又有江河湖海如西湖、瘦西湖、太湖、洞庭湖、鄱阳湖、千岛湖、长江、钱塘江等；既有古典园林，又有鱼米之乡。交通便捷，经济发达，发展旅游业的区位和经济具有明显优势
4	华南旅游区	包括福建、广东、海南、广西、香港、澳门、台湾，共3省1自治区2特区1地区	位于我国最南部，具有典型热带、亚热带山海风光，既有名山如武夷山、鼎湖山、阿里山等，又有丽水如漓江山水，还有别具一格的民族风情，是我国改革开放的前沿，经济发达，是著名的侨乡、海外游客的主要入境口岸区

序号	区划依据	范围	特征
5	西北旅游区	包括内蒙古、宁夏、新疆、甘肃，共3自治区1省	深居内陆，具有与众不同的景观。辽阔的草原、茫茫的沙漠、各种风蚀风积地貌、巍巍雪山、丝绸之路、石窟艺术等，均富有独特魅力。本区具有漫长的国境线，是一个开发前景广阔的旅游区
6	西南旅游区	包括重庆、四川、云南、贵州，共3省1市	岩溶景观发育典型，峡谷风光奇特，生物资源丰富，各类保护区有许多珍稀生物物种。少数民族众多，民族风情浓郁，自然生态景观和人文景观都很丰富
7	青藏旅游区	包括青海、西藏，共1省1自治区	具有"世界屋脊"之称的珠穆朗玛峰及其他高山，终年积雪皑皑，是探险科考、领略无限风光的勇敢者的探寻地。高寒草原、湖泊热泉、藏羚羊、鸟岛、盐湖等风景独特。藏族风情与宗教文化构成了本区神秘诱人的人文旅游资源，越来越成为渴望感受自然震撼和追寻神秘文化游客的向往之地。青藏铁路的修建及各项旅游设施的完善，使其成为一个充满活力的旅游区

四、国际旅游资源与区划

国际旅游资源与区划见表3-11。

表 3-11　国际旅游区划列表

旅游大区	旅游资源区
欧洲旅游资源大区	西欧旅游资源区、南欧旅游资源区、中欧旅游资源区、东欧旅游资源区、北欧旅游资源区
美洲旅游资源大区	北美旅游资源区、南美旅游资源区、加勒比海旅游资源区
亚洲旅游资源大区	东北亚旅游资源区、东南亚旅游资源区、南亚旅游资源区、西亚旅游资源区、中亚旅游资源区
非洲旅游资源大区	西北非旅游资源区、东南非旅游资源区、海岛游资源区
大洋洲旅游资源大区	澳大利亚旅游资源区、新西兰旅游资源区、其他海太平洋岛屿旅游资源区
南极洲旅游资源大区	暂不做划分

1. 欧洲旅游资源分布

在地理上，欧洲旅游资源分布习惯分为南欧、西欧、中欧、北欧和东欧五个地区。

（1）西南欧旅游区包括爱尔兰、荷兰、比利时、卢森堡、法国、英国、西班牙、葡萄牙。

众多的岛屿和漫长的海岸线：希腊爱琴海（爱琴海是世界上岛屿最多的海，所以爱琴海又有"多岛海"之称）。

多样化的山地平原风光：英格兰（足球的诞生国和足球运动全球推广者）田园风光、法国草原、苏格兰高原乡村等。

丰富的历史文化和古代遗迹：英国的大英博物馆、法国的巴黎圣母院、意大利的圣玛丽亚教堂等。

独特的民族风情和人造景观：西班牙斗牛、法国的国际电影节和葡萄酒、巴黎的埃菲尔铁塔、法国迪斯尼等。

（2）中欧旅游区包括德国、波兰、瑞士、奥地利、捷克等。

发达的商务会展旅游：瑞士的日内瓦（瑞士最国际化的城市、世纪钟表之都）、德国的莱比锡（曾是德国第一条长途铁路的终点站，后来成为中欧铁路运输中的重要枢纽。莱比锡车站已成为欧洲最大的客运车站）、德国的慕尼黑（宝马的原产地）等。

丰富的温泉度假旅游资源：布达佩斯（匈牙利首都）——欧洲最大的温泉疗养中心。

著名的世界文化艺术中心：德国——音乐之国，奥地利首都维也纳——音乐名城。

（3）东欧旅游区包括俄罗斯、白俄罗斯、乌克兰、罗马尼亚、立陶宛、爱沙尼亚等。

广袤的平原沙地和雪域风光：东欧平原又称"俄罗斯平原"，是世界最大的平原之一，东半球最大的平原。

优美的河域风光海滩胜地：欧洲最大的河流、世界最大的内流河——伏尔加河，世界最大的咸水湖——里海，世界最深的湖泊——贝加尔湖等。

众多的历史文化名城：莫斯科建城于1147年，迄今已有800多年的历史。俄罗斯首都莫斯科在希腊语中为"城堡"之意，斯拉夫语为"石匠的城寨"。现有人口900万。在欧洲，莫斯科算得上是比较古老的城市。1991年12月21日苏联解体，莫斯科成为俄罗斯联邦的首都。圣彼得堡始建于1703年，至今已有300多年的历史，市名源自耶稣的弟子圣徒彼得。1712年，圣彼得堡成为俄国首都。其后200余年，它始终是俄罗斯帝国的心脏。

（4）北欧旅游区包括瑞典、挪威、丹麦、芬兰、冰岛等。

奇特的自然风光：积雪半年，极昼极夜现象；芬兰——万湖之国；冰岛——冰火之国；挪威——滑雪之乡。

丰富的人文资源：童话世界——丹麦等。

2. 美洲旅游资源分布

美洲旅游资源分布可分为北美旅游区、南美旅游区、加勒比海旅游区。

（1）北美旅游区包括加拿大、美国、格陵兰岛、圣皮埃尔和密克隆岛、百慕大群岛。

美丽的自然风光：北美洲最高峰——麦金利山、西半球陆地最低点——死谷（低于海平面85 m）、美加边境的尼亚加拉瀑布，与南美的伊瓜苏瀑布及非洲的维多利亚瀑布合称世界三大瀑布。

大量的国家公园：该地区拥有400多个国家公园，最知名的是美国黄石国家公园。

独特的多元化文化：印第安人、因纽特人、魁北克蒙特利尔市——法裔居民为主。

著名的国际名城：赌城——拉斯维加斯、LA——"电影王国"好莱坞、引人入胜的迪斯尼乐园、纽约——自由女神像、历史名城——魁北克、郁金香城——渥太华（加拿大首都）。

（2）南美旅游区包括哥伦比亚、委内瑞拉、智利、巴西、阿根廷、秘鲁、巴拉圭等国家。

独特的地貌奇观：跨南北两半球，西部安第斯山脉（全球最长的山脉）、中部亚马孙平原（世界最大的冲积平原）、东部巴西高原（世界面积最大的高原）。

天然的动物园：科隆群岛，是世界最大的自然博物馆。

多样的水域风光：亚马孙河——世界上最长、流域面积最大、流量最大的河流；伊瓜苏瀑布——阿根廷与巴西边界上，世界上最宽的瀑布；安赫尔瀑布——世界上落差最大的瀑布。

灿烂的文化：里约热内卢——海滨名城，巴西第二大城和巴西最大海港。阿根廷——华丽高雅、热烈奔放的"探戈"舞源于阿根廷，被阿根廷人视为国粹。

（3）加勒比海旅游区连接南北美洲、沟通大西洋和太平洋。其主要包括加勒比海沿岸国家，如牙买加、海地、中美洲的墨西哥、巴拿马等。

独特的地理景观：墨西哥高原、中美洲地峡、西印度群岛、南美洲北部。

壮丽的火山奇观：墨西哥及中美地峡处于太平洋火山带、太平洋灯塔——萨尔瓦多的伊萨尔科火山、世界最大的火山口——哥斯达黎加的波阿斯火山口。

美丽的海岛海滨：美洲花园——哥斯达黎加、泉水之岛——牙买加（因岛上水草丰茂、地下水源丰富得名）、度假天堂——巴哈马、香料之岛——格林纳达（西班牙语：石榴）。

丰富的文化遗迹和民族风情：印第安文化遗址，太阳金字塔古印第安人祭祀太阳神的地方，月亮金字塔是祭祀月亮神的地方。

3. 亚洲旅游资源分布

全亚洲有49个国家和地区，地理习惯上分为东亚、东南亚、南亚、西亚、中亚和北亚六个区域。旅游业较为发达的是东亚、东南亚和南亚地区。

（1）东亚旅游区包括中国、韩国、蒙古、朝鲜和日本五个国家，是亚洲最大、人口最多的区域。

壮美的自然生态风光：玉龙雪山、四姑娘山、富士山；长江、黄河、鄱阳湖、洞庭湖、东湖等。

丰富的动植物资源：水杉（武汉市树）、银杏（钟祥娘娘寨）、大熊猫、野马、麋鹿等动物。

灿烂的人文旅游资源：日本著名的"三道"，即日本民间的茶道、花道、书道。

（2）东南亚旅游区包括越南、老挝、缅甸、柬埔寨、泰国、马来西亚、菲律宾、新加坡、印度尼西亚、文莱等国家。

海岛和海滩：除老挝外都有漫长的海岸线。

热带雨林风光：地处热带，属热带季风和热带雨林气候。

文化宗教遗迹：黄袍佛国——泰国、佛塔之国——缅甸、世界最大的佛塔——婆罗浮屠、世界上伊斯兰教徒最多的国家——印度尼西亚、亚洲唯一天主教为主的国家——菲律宾。

地质地貌奇观：印度尼西亚——火山之国、世界最完美的山锥——马荣火山。

（3）南亚旅游区包括印度、巴基斯坦、尼泊尔、不丹、锡金、斯里兰卡和马尔代夫。

高原雪域风光：恒河发源于喜马拉雅山脉，注入孟加拉湾，流域面积占印度领土1/4，自远古以来一直是印度教徒的圣河。喜马拉雅：这些山峰终年被冰雪所覆盖，藏语"喜马拉雅"即"冰雪之乡"的意思。珠穆朗玛是藏语雪山女神的意思，作为地球最高峰的珠穆朗玛峰，对于中外登山队来说，是极具吸引力的攀登目标。

热带海岛风光：马尔代夫在200个有居民的岛中，有73个度假岛屿饭店。每一座珊瑚礁都是一所豪华的度假酒店。

文化宗教圣地：世界七大建筑奇迹中的中国万里长城、约旦佩特拉古城、巴印度泰姬陵等。

4. 非洲旅游资源分布

从旅游角度来说，非洲旅游资源可分为西北非、东南非、海岛旅游区三个旅游区域。

（1）西北非旅游区包括埃及、苏丹、尼日利亚、刚果等国家。因为濒临大西洋和毗邻非洲的区位优势，是非洲旅游最发达的地区。

悠久的历史文化古迹：古埃及的金字塔是埃及古代奴隶社会的方锥形帝王陵墓，世界七大建筑奇迹之一。

美丽的海滨风光：突尼斯位于非洲北端。苏塞古城是突尼斯东部与地中海相邻的橄榄树种植区萨赫勒的首府，以其手工艺、节庆活动和热情好客而闻名。

独特的沙漠风光：撒哈拉沙漠，是世界上阳光最多的地方，也是世界上最大和自然条件最为严酷的沙漠。

（2）东南非旅游区包括肯尼亚、坦桑尼亚、南非等国家。

自然风光、野生动物：刚果河上有40多处瀑布，利文斯敦瀑布总落差约80米，水力丰富，因加河河曲处建有因加水电站，是世界大型水电站之一。

（3）海岛旅游区。

塞舌尔群岛：塞舌尔群岛由92个岛屿组成，一年只有两个季节——热季和凉季，没有冬天。这里是一座庞大的天然植物园，有500多种植物，其中80多种在世界上其他地方根本找不到。每个小岛都有自己的特点，阿尔达布拉岛也是著名的龟岛，岛上生活着数以万计的大海龟；弗雷加特岛是一个"昆虫的世界"；孔森岛是"鸟雀天堂"；伊格小岛盛产各种色彩斑斓的贝壳。

5. 大洋洲旅游资源分布

大洋洲约占地球陆地总面积的6%，是世界上最小的一个洲。有14个独立国家，其余十几个地区处在美、英、法等国家的管辖之下。在地理上划分为澳大利亚、新西兰、新几内亚、美拉尼西亚、密克罗尼西亚和波利尼西亚六区。

大洋洲旅游资源特点：美丽的海滩海岛风光、著名的世界活化石博物馆、绚丽的土著民族风情、独特的建筑艺术。

6. 南极洲旅游资源分布

特殊的自然环境：冰雪世界、地球天然冰库、火山、极光（极光在地球南北两极附近地区的高空，夜间常会出现灿烂美丽的光辉。它轻盈地飘荡，同时忽暗忽明，发出红的、蓝的、绿的、紫的光芒。这种壮丽动人的景象就叫作极光）。

独特的海洋动物：企鹅、海豹、南极须鲸等。

五、游览项目推荐原则

视频：游览项目推荐原则

1. 满足客户核心诉求点的原则

定制游中许多是家庭出游，应考虑多给其提供静谧环境、私密空间；有的出于减缓工作压力，放松心情，以求空间置换，则应侧重休闲。定制旅游者需求各异，一定要与团队旅游区别，根据定制游需求类型有的放矢地设计。

客户核心诉求点主要包括以下四点：

（1）新奇感与个性体验。旅游活动的异地性特点伴随着不同于惯常环境的差异化体验，游客希望通过空间的转移，考察、体验不同的自然、人文景观和生活，寻求新的感受。在生活中也不断充斥着好玩的、新鲜的奇异事件，大大提升了潜在游客对于行前旅游体验的预期，真实的旅游体验如果不能带来超乎平日想象的感知，就会引发游客的不满。故而，定制旅行策划要紧紧围绕游客新奇感的核心动机，在产品的新异性和独特性上做文章。例如，非标准化的景点、小众的旅游目的地、非常规的旅游要素和吸引物、个性化的住宿空间等，目的就是充分调动游客的感官体验和感性消费，使他们觉得足够刺激又好玩。

（2）逃离、放松与减压的生活方式。现代社会，人们的工作生活压力越来越大，人们需要解压，同时寻找更适宜的解压方式及途径，而旅游的特殊功能使之成为解压的最佳途径及方式，即通过短暂的离开自己的惯常环境，休息放松，回归平静的内心。明白了这一点，旅游定制师就要尽量帮助客户使其体验更流畅，更少牵绊。

定制旅行为什么越来越受追捧？也正是因为之前选择自由行的游客游前看攻略、设计行程、预订机票、酒店、景点门票等，旅途中还要费力地看游记，熟悉交通，找到感兴趣的美食餐厅和其他吸引物等，一趟旅行下来，不仅没有放松，反而感觉很累。定制旅行客户特别是具备一定消费能力的旅游者更希望个性化的深度游，他们追逐的不仅是硬件产品的升级，在理性物质消费的同时，他们的精神需求更强烈，希望当地人当导游员、设计攻略，与当地人互动交流，体验融入当地文化。因此，旅游定制师应在提供旅游目的地综合个性化解决方案上进行更多的思考。

（3）关系的发展与良性互动。一方面，游客在旅途中能否构建并实现与服务提供者、其他游客、目的地居民的良性互动关系，能否在互动中不断地认识自我、结识新朋友，是其产生愉悦感和社会认同、提升体验深度的重要表征；另一方面，通过旅游强化家庭成员和同行伙伴的关系，增进彼此的感情，尤其是在新的美丽的自然环境的浸润下和丰富体验活动的共同参与下，使家庭成员的归属感、依赖感更加强烈。这些关系的生成和维系都是旅游定制师需要深度思考的。在现有的旅游细分市场中，亲子旅游和以家庭为单位的主题旅游互动或新婚夫妇的蜜月主题旅游，首先考虑到的就是关系动机。

（4）个人成长与自我发展。自我发展是一个随着个人旅行体验丰富而发展的动机，有学者将自我发展分为个人发展和目的地卷入两类，认为经历较少的旅游者更重视内部导向的动机因素，如自我提升、怀旧、浪漫、归属和自主性等个人发展的动机，旅行经历丰富的旅游者更重视外部导向的动机因素，被称为目的地卷入，例如，体验不同的文化、当地社会参与、亲近自然等。而随着旅游经历的丰富，自我发展的动机会从内部导向逐渐走向外部导向。作家余秋雨曾说道："对于多数有资格的旅游者来说，他们的起点大多是名山大川，而终点往往是寻常生态。"随着旅游经验的积累和消费的成熟，更多的旅游者开始追求这样的旅游目标，从单纯的个人成长的内部发展动机慢慢走向人地融合的自我发展和自我实现，其本质是满足他们的情感认同。越是高端旅游产品，越要满足个人成长和自我发展的诉求。

2. 突出主题的原则

主题旅游是旅游的一种形式，作为传统旅游的升级版，是指对某项专题或某一目的地进行深入了解和体验的旅游，是各旅行社及旅游公司针对游客的不同身份、不同需求及不同的消费心理而制定的旅游路线，如心灵、亲子、游艇、自驾车、徒步、摄影、漂流、美食、滑雪等主题旅游。主题旅游已成为越来越多旅游者出行的目标。主题旅游本身就是对景区内涵的浓缩和升华，不仅字里行间凸显景区魅力，容易抓住游客，而且能使同一旅游地针对不同的主题多次组合进入旅游线路，进而增大旅游地的被感知机会，大大提高旅游地的重游率。

例如，文化和旅游部推出 10 条长江主题国家级旅游线路和《长江国际黄金旅游带精品线路路书》，分别是长江文明溯源之旅、长江世界遗产之旅、长江安澜见证之旅、长江红色基因传承之旅、长江自然生态之旅、长江风景揽胜之旅、长江乡村振兴之旅、长江非遗体验之旅、长江瑰丽地貌之旅、长江都市休闲之旅。其中，长江文明溯源之旅收录了重庆的重庆中国三峡博物馆、钓鱼城国家考古遗址公园等。长江世界遗产之旅收录了重庆的大足石刻、芙蓉江风景名胜区、金佛山风景名胜区、五里坡国家级自然保护区等。长江安澜见证之旅收录了重庆的白鹤梁水下博物馆、长寿湖旅游区、龙水湖旅游区等。长江红色基因传承之旅收录了重庆的歌乐山革命纪念馆、红岩魂广场及陈列馆、刘伯承故居及纪念馆、聂荣臻元帅陈列馆、邱少云烈士纪念馆等。长江自然生态之旅收录了重庆的小三峡——小小三峡生态旅游区、黑山谷景区、阿依河景区、酉阳桃花源景区等。长江风景揽胜之旅收录了重庆的白帝城·瞿塘峡景区、四面山景区、濯水景区等。长江乡村振兴之旅收录了重庆的巫山县竹贤乡下庄村、石柱土家族自治县中益乡华溪村、巫溪县红池坝镇茶山村等。长江非遗体验之旅收录了重庆的武陵山区（渝东南）土家族苗族文化生态保护实验区。长江都市休闲之旅收录了重庆的大九街旅游休闲街区、磁器口街区、弹子石老街、洪崖洞民俗风貌区等。

3. 合理发挥旅游线路功能的原则

游览不同的旅游景区，需要旅游者付出的体力是不同的，在有的景区，游客主要是通过乘船、坐缆车或坐下来观看各种表演等方式游览，旅游者本身处于相对静止状态之中；而在有些景区，游览要完全靠旅游者步行，或参与其中如划船、登山、滑雪、参与民族舞蹈等，在进行旅游线路设计时，应尽量使用上述两类景区交错安排，以便旅游者能够劳逸结合，获得更好的游览结果。在旅游线路设计中，必须充分考虑旅游者的心理状态和体能，并结合景观类型组合、排序等，使旅游活动安排做到劳逸结合、有张有弛。

拓展阅读：文化和旅游部发布 10 条黄河主题国家级旅游线路

要有利于充分展现旅游线路上各景区的特色。一条旅游线路上串联着若干个景区，各个景区因自身的构景特征不同而各有其不同的最佳观赏时间。一般来说，以水景为主的景区比较适合安排在清晨游览为佳，此时风平浪静，水面如镜，岸边景物，倒映水中，宁静而秀丽。若是以观赏植物为主的景点，则以下午游览为佳，午后风起，花瓣纷飞，清香飘远；以山体为主的景点，一般以傍晚游览比较好，黄昏夕阳映照，勾勒出山峰起伏的线形，在山后余晖散射的云天映衬下，更加显现出山体的雄浑气势。这就是不同景点选择的不同时间。

要有利于节省途中时间，避免走回头路。旅游者的游览活动并不仅仅限于旅游景区中，旅途中沿线的景观也是旅游观赏的对象。在游览过程中，如果出现走回头路，就意味着游人要在同一段游路上重复往返，沿路相同景观，游人要再看一遍，就意味着一种时间和金钱的浪费，是旅游者最不愿意接受的。所以，将旅游景区串联成环形旅游线路，不仅可满足游人希望尽量多地感知异国他乡信息的心理需求，还有利于节省旅途时间。

一条旅游线路上的各旅游景区，在风格、质量、品位等多方面多少都会有一些差异，如果旅游线路设计时将质量、品位高的景区安排在前，相对较差的景区安排在后，那么游客在游览时，虽然获得的第一印象颇好，但在随后的旅游过程中因前面有高质量的景区做参照，感到后面游览的景区不如最初的景区，就会产生一种得不偿失的"失望感"，进而会否定整条旅游线路。相反，若是将最好的旅游景区放在后面，游客在游览过程中，随着时间、体力和金钱的不断付出，能看到一个比一个更好的景区，自然认为该线路是一条内容丰富多彩高质量的旅游线路。

遵循体验效果递进原则，在交通合理方便的前提下，同一线路旅游点的游览顺序应由一般的旅游点逐步过渡到吸引力大的旅游点。将高质量的旅游景点放在后面，使旅游者的兴奋度一层一层地上升，在核心景点达到兴奋顶点。

例如，以澳大利亚经典十日游的日程安排为例，一般在旅游者经过 10 小时的飞行之后，首先安排墨尔本市区观光，参观教堂、艺术中心等景点。这是因为旅游者旅途劳顿，并且环境生疏，故先安排以艺术之都著称的墨尔本市内景点游览。这样体力消耗较少，也便于熟悉环境。

到悉尼参观举世闻名的悉尼歌剧院，形成旅游高潮。作为尾声，则安排堪培拉市区观光，堪培拉以宁静的"大洋洲花园之都"著称。此时旅游者的情绪有所放松，几天紧张而兴奋旅游活动之后，体力和精神都得到调整，在轻松的氛围中愉快地结束澳洲之旅。

知识点自测

1. 单选题：有效匹配产品资源需要做到：判断客户的需求，识别出客户需求的（　　　）。

    A. 核心诉求点   B. 真实性   C. 确定性   D. 成本预算

2. 单选题：下列属于中国世界文化遗产中双遗产的是（　　　）。

    A. 故宫   B. 黄山   C. 敦煌莫高窟   D. 盘山

3. 单选题：被誉为"中华第一瀑"的是（　　　）。

    A. 黄果树瀑布   B. 壶口瀑布   C. 德天瀑布   D. 吊水楼瀑布

4. 单选题：被称为"永恒之城"及巨型的露天历史博物馆的城市是（　　　）。

    A. 雅典   B. 布鲁塞尔   C. 罗马   D. 米兰

5. 单选题：南欧是指阿尔卑斯山以南的巴尔干半岛、亚平宁半岛、（　　　）和附近岛屿。

    A. 伊比利亚半岛   B. 阿拉伯半岛   C. 西奈半岛   D. 亚平宁半岛

3

任务实施

实施步骤一	了解分析客户需求，甄选旅游资源

<table>
<tr><th colspan="3">客户订单需求分析表</th></tr>
<tr><td colspan="2">出游人数</td><td>4（2大2小，女孩5岁、10岁）</td></tr>
<tr><td colspan="2">出发地</td><td>纽约</td></tr>
<tr><td colspan="2">目的地</td><td>中国世界遗产分布地</td></tr>
<tr><td colspan="2">出游时间</td><td>7月11—20日</td></tr>
<tr><td colspan="2">出游天数</td><td>10</td></tr>
<tr><td colspan="2">主题</td><td>中国魅力体验</td></tr>
<tr><td colspan="2">预算</td><td>8万元（人民币）</td></tr>
<tr><td rowspan="4">需提供的服务</td><td>餐饮</td><td>体现当地特色</td></tr>
<tr><td>住宿</td><td>舒适、宽敞</td></tr>
<tr><td>景点</td><td>中国的世界遗产、5A景区</td></tr>
<tr><td>活动</td><td>文化体验互动</td></tr>
<tr><td colspan="3">特殊需求：行程不要太紧张</td></tr>
</table>

实施步骤二	根据班级任务分工，请利用中国文化和旅游部网站的大众旅游服务板块调研，制作中国各省市地区世界文化遗产和5A景区分布图

根据客户需求，以小组为单位完成初步方案

日期	城市	景点
第一天		
第二天		
第三天		
第四天		
第五天		
第六天		
第七天		
第八天		
第九天		
第十天		

实施步骤三

实施步骤四	各组汇报后，邀请企业专家点评。小组修改方案设计 修改内容： 修改原因：

任务评价与总结

项目	评价与总结
组内任务分工	
组内表现自评	□ 积极参与，贡献大 □ 主动参与，贡献一般 □ 被动参与，贡献小
任务所需 知识总结	请回顾并列出任务所需知识信息
任务实施中 薄弱环节	
今后改进措施	

任务三　安排交通服务

📊 任务导入

工作案例	胡先生全家（爷爷、奶奶、妻子，大女儿10岁、小儿子4岁）计划暑假期间从天津前往上海、苏州、海南度假旅行，出游周期为2个星期。此次行程的交通安排你有什么建议
任务目标	能结合客户需求把握交通（机票、邮轮、火车、大巴）安排的最佳组合
任务要求	从客户的年龄层、预算水平、路程的远近、舱（铺）位体验、出发地和目的地接驳等因素为客户去着想。 注："1+X"定制旅行管家服务职业技能等级标准中列明在旅游旺季和节假日期间，要做好大交通的备选方案

📋 知识导入

任务思考	相关知识点
旅游交通有哪几个层次	旅游交通的构成
各种旅游交通方式有什么特点	旅游交通方式的特点
如何最优组合各类旅游交通方式	选择交通方式的原则

📋 知识准备

一、旅游交通的构成

　　旅游交通是指为旅游者由居住地到旅游目的地往返，以及为旅游目的地的各种旅游活动而提供的交通设施和交通工具的整体。旅游交通的服务对象是旅游者，是旅游产品的重要组成部分。由于旅游活动本身的特殊性，也使旅游交通不同于一般的交通运输，具有季节性、不可储存性和无形性的特点。

　　定制旅行策划过程中的交通服务安排是指为旅游者由客源地到目的地的往返，以及在旅游目的地各处活动而提供的交通设施和服务的总和。从游客的空间尺度及人们的旅游过程来看，可分为以下三个层次：

　　第一层次：外部交通（大交通），是指从旅游客源地到目的地所依托的中心城市之间的交通方式和等级，其空间尺度跨国或跨省，交通方式主要有航空、铁路和高速公路。例如，外国人或外省人要来天津旅游所选择航空、铁路或高速公路的方式。

　　第二层次：城市交通（涉及中小尺度的空间），是指从旅游中心城市到旅游景点（区）之间的交通方式和等级，交通方式主要有租车。例如，客人一家4口在天津游览4天，为了方便舒适，选择租了一辆7人座商务客车。

第三层次：景区（点）的内部交通（小交通），主要有徒步或特种旅游交通，如索道、游船、畜力（骑马、骑骆驼）、滑竿等。旅游者游览泰山既可以选择徒步，又可以选择乘坐索道。而游览天津五大道风景名胜区时也可以选择乘坐马车。

二、旅游交通方式的特点

（一）外部交通（大交通）

1. 航空交通特点

（1）航空交通的优势如下：

快捷——波音、空客时速都在 900 千米左右，超过其他交通方式，飞行线路短（直线），能跨越各种自然障碍，航空旅游交通能够满足旅游者"惜时如金"的心理需求。

舒适——客舱宽敞高大，噪声小，飞行平稳，娱乐设施齐全，如可调节气温、气压，配备有大屏幕投影电视和液晶屏袖珍电视、耳机，有通过卫星转播的电话和网络等。

安全——相对安全，在 600 英里[①] 以上的旅行中，航空死亡率为 0.55 人 /10 亿人千米，汽车 12.55 人 /10 亿人千米，为航空交通方式的 23 倍。

（2）航空交通的劣势如下：在于旺季票价高、附件燃油税或机场建设税等费用高、受天气条件的限制等。存在最小飞行距离的限制，只能实现从点到点的旅行，不能开展面上的旅行。

2. 适用定制需求

客户出行距离为中长途，尤其是跨洲际、跨多国等旅游线路，出行周期比较有限，对速度要求高，对交通费用预算比较充裕。

3. 航空交通知识

对于定制旅行而言，旅游定制师必须了解各类交通工具信息，需时刻关注前往各旅游目的地的机票票价动态、铁路时刻表等信息，以确保更好地进行产品定制。

航空交通知识方面，需掌握航班、班次（班期航班、加班航班和包机航班）、航班号、机票、机型、航空公司（简称航司）、登机要求等方面的内容。

4. 我国主要机场

中国八大区域性枢纽机场是指重庆江北国际机场、成都双流国际机场、武汉天河国际机场、郑州新郑国际机场、沈阳桃仙国际机场、西安咸阳国际机场、昆明长水国际机场、乌鲁木齐地窝堡国际机场这八个机场。

5. 如何选择航班

（1）航班类型。航班类型可分为定期航班和不定期航班。定期航班是指飞机定期自始发站起飞，按规定航线经经停站至终点站或直达终点站的飞行；不定期航班是根据临时需要在班期飞行以外增加的飞行。在国际航线上飞行的航班称为国际航班；在国内航线上飞行的航班称为国内航班。

（2）舱位等级。舱位等级主要可分为头等舱、商务舱、经济舱。通常，价格以头等舱最高，其次为商务舱，最低为经济舱。对于进出拥挤的座位有困难或者不能排队等候上厕所的老年人、残疾人，或者愿意使旅行较为舒适而又承担得起的人来说，头等舱或商务舱是很有吸引

---

① 1 英里 ≈ 1.61 千米。

力的；座位宽敞，旅客可以在座位之间的桌子上打牌或摊开自己的文件。经济舱的座位设在靠中间到机尾的地方，占机身的 3/4 空间或更多一些，座位安排得比较紧。

（3）直飞、经停和中转的区别。直飞和经停都是一个飞机，但直飞是直接飞到目的地。经停就是中途停留到其他地方会有部分乘客登机，然后继续飞行。但是不换飞机，继续乘坐原来的飞机，继续下一程，乘客无须重新办理行李托运。中转中途下飞机之后，需要换乘另一架飞机，如果前半程和后半程航班属于同一家航空公司可能不需要重新办理行李托运。如果后半程行程是另一家航空公司，则需要乘客重新办理行李托运。直飞或经停，只有一个航班号。中转至少有两个不同的航班号。

（4）物品规定——按照国内主流航空公司的行李规定，随身携带的行李的体积和质量限制为长、宽、高控制在 55 厘米、40 厘米、20 厘米以内，质量限制为头等舱 5 千克，可带两件；经济舱 5 kg，可以带 1 件。托运行李箱的体积及质量限制为长、宽、高控制在 100 厘米、60 厘米、40 厘米以内，质量控制在以下范围：头等舱 40 千克、商务舱 30 千克、经济舱 20 千克。按成人票价的 10% 付费的婴儿票无免费行李额。

但是各航空公司的行李规定也不尽相同。例如，中国东方航空公司的国际航班头等舱可以免费托运两件行李，每件不超过 32 千克，每件行李三边之和不超过 158 厘米。

托运行李在航班运输过程中发生损失的旅客，应当按照各航空公司公示要求时限内向航空公司提出诉求，行李丢失、破损或内物丢失可向航空公司申请赔偿。除办理声明价值的行李外，行李赔偿的最高限额为国内航线每位旅客为每千克 100 元。适用《蒙特利尔公约》的国际航线上，每位旅客的最高赔偿限额是 1 288 特别提款权，这是最大责任限额。如果旅客的物品折余价值低于最大限额，将得到按较低价值支付的赔偿。

（5）定制包机——根据高端客户需求包机出行。有专属航站楼和案件服务、自主决定飞行时刻、机上餐食活动等定制服务、拥有全程飞行管家服务等。

旅游定制师依据客户需求分析，综合客户身体状况、航班频次、出行时间、行李数量等因素推荐航班航次（表 3-12）。

拓展阅读：航空旅行常识

表 3-12　定制旅行航研推荐

常见客户需求类型	推荐建议
休闲度假	考虑到身体原因，建议推荐直飞，减少换乘；尽量白天出行，避免早晨、夜晚乘机。舱位等级推荐商务舱或经济舱
亲子研学	考虑到儿童活泼好动，建议推荐机上设施较完善的航班，如有影音娱乐频道等
蜜月婚礼	考虑到新婚二人世界，推荐专机或空中服务较好的航班或定制包机。舱位等级推荐头等舱或商务舱
政务考察	考虑到客人行程安排紧凑，推荐准点率高的航班后定制包机。舱位等级推荐头等舱或商务舱

（二）铁路交通

1. 铁路交通特点

铁路交通的优势在于相对费用低、高铁动车速度快、沿轨道行驶旅游者心理感觉安全、准时、受季节气候等自然条件的制约性小；劣势在于受地区经济和地理条件限制，如果暂时没有通高铁、动车，而是普华快车等，中长距离旅行需要乘坐的时间过长，游客容易产生疲劳，降低游览兴趣。节假日人员拥挤、订票困难。灵活性较汽车差，可达点受铁路铺设的限制。

2. 适用定制需求

客户出行距离为中短途，出行时间周期比较充裕，对速度要求不高，希望欣赏沿途风景，或者晕高、晕船等身体原因需乘坐铁路交通。

飞猪数据显示，2023年第一季度高铁票预订量同比增长104%，其中苏州、大理、东莞、绍兴、嘉兴、温州、无锡、乐山、保定、孝感等成为非省会城市中"高铁游"的热门目的地。兼顾快捷与自由度，"高铁＋租车"的组合出行方式也越来越受青睐，近3月以来，租车预订量同比增长33%，高铁站附近成为最热门的租车门店选择区域。

3. 铁路交通知识

铁路交通知识方面，需要掌握铁路列车的种类、车次、座位类型、铺位类型、车票购退改签、行李携带要求等内容。

4. 铁路主要干线

（1）六纵。

①京沪线（北京—上海）。

跨越的省区市：京、津、冀、鲁、苏、皖、沪。

经过的城市：北京、天津、德州、济南、徐州、蚌埠、南京、镇江、常州、无锡、苏州、上海。

②京九线（北京—九龙）。

跨越的省区市：京、津、冀、鲁、豫、皖、鄂、赣、粤、港。

经过的城市：北京、霸州、衡水、商丘、阜阳、麻城、九江、南昌、赣州、龙川、深圳、香港。

③京广线（北京—广州）。

跨越的省区市：京、冀、豫、鄂、湘、粤。

经过的城市：北京、石家庄、邯郸、新乡、郑州、武汉、长沙、株洲、衡阳、韶关、广州。

④太焦—焦枝—枝柳线。

北起山西太原，南经长治、焦作、洛阳、襄樊、荆门，在枝城过长江，再经怀化达柳州，全长为2 091千米。此线沟通同蒲、京包、石太、京广、陇海、湘黔、黔桂等铁路干线和长江水系，是中国中部地区同京广线平行的又一条纵贯南北的交通大动脉。

⑤包粤线（包头—湛江）。

⑥宝成—成昆线（宝鸡—成都—昆明）。

跨越的省区市：陕、甘、川、滇。

经过的城市：宝鸡、成都、攀枝花、昆明。

（2）三横。

①京包—包兰线（北京—包头—兰州）。

跨越的省区市：京、冀、晋、内蒙古、宁、甘。

经过的城市：北京、大同、集宁、呼和浩特、包头、银川、中卫、兰州。

②陇海—兰新线（连云港—兰州—乌鲁木齐）。

跨越的省区市：苏、皖、豫、陕、甘、新。

经过的城市：连云港、徐州、商丘、开封、郑州、洛阳、西安、宝鸡、兰州、乌鲁木齐、阿拉山口。

③沪昆线（沪杭—浙赣—湘黔—贵昆线）。

跨越的省区市：沪、浙、赣、湘、黔、滇。

经过的城市：上海、杭州、鹰潭、萍乡、株洲、怀化、贵阳、六盘水、昆明。

（3）三网。

东北 T 形铁路网（以哈尔滨为中心，哈大线、滨洲线、滨绥线）。

西南环形铁路网（成渝—成昆—贵昆—川黔）。

台湾环形铁路线。

拓展阅读：中国
高速铁路示意图

1）跨境铁路。中国周边邻国众多，随着地缘经济交流越来越密切，中国的高铁网也逐渐向外辐射，不仅积极帮助其他国家建高铁，同时，计划将中国大陆与邻国以铁路无缝相连。

①中国—俄罗斯 K3/K19。K3 次列车 1959 年开始运行，是中华人民共和国成立后开行的第一趟涉外列车，被称为"中华第一车"，每周三从北京站发车，每星期四经由乌兰巴托站，每星期一到达莫斯科雅罗斯拉夫尔车站，全程为 7 692 千米，运行 131 小时 31 分钟，也就是将近 6 天。徐峥导演的电影作品《囧妈》之后，直通莫斯科的国际列车火了，也让 K3 次绿皮车走进了不少观众的视野。

②中国—蒙古 K3/K23。K23 次列车在中国境内跨越北京、河北、山西、内蒙古四省市，在蒙古国境内跨越东戈壁、戈壁苏木贝尔、中央和乌兰巴托四省市，跨越的范围也可以用广字形容。

③中国—越南 Z5/T8701。从北京出发的 Z5 国际列车可以从北京出发到达河内（嘉林站），每周四/日从北京西站发车，周二/六到达河内站，也可以直接选择在广西南宁坐火车去越南河内。

T8701 次列车每天都开车，一般 14 个小时可以到达，夕发朝至，是人们旅行性价比超高的选择，直接带游客体验东南亚的热情。T8701 次列车过境是在夜间，中途需要下 2 次车，一次是在凭祥火车站，通过凭祥口岸办理出境手续，这个过程需要拿着所有行李，过安检。之后停靠越南谅山车站，办完入境手续后，更换登上越南的列车。

④中国—朝鲜 K27/K95。K27 次北京—平壤，每周三、六从平壤返程，总时长 26 小时。乘坐该列车不仅可以欣赏到朝鲜境内的别样风景，而且可以体验朝鲜的特有车厢。另外，这趟列车会在丹东停靠，然后缓缓经过钢铁结构的鸭绿江大桥。K95 次丹东—平壤的列车，因为时长较短，所以一般是每天发车，这也是大多数旅游爱好者选择的方式，5 个小时就可以到达。

⑤中国—哈萨克斯坦 K9795/K9797。K9795 次乌鲁木齐—阿拉木图，每星期一、六由乌鲁木齐开，每星期三、一到达阿拉木图。

⑥中国—西班牙中欧班列。这趟火车全程为 13 052 千米，总共经过 8 个国家，从浙江义乌出发，到达西班牙的首都，耗时近 21 天。不同于前面介绍的列车搭载的是旅客，这趟火车搭载的是货物，运输的是一些其他国家需要的货物，这是一趟货运列车。

2）海外铁路。在欧洲跨国长途或城市间进行短途旅行，搭乘火车和欧铁列车旅行更加方便，已经成为很多旅行者的穿越欧洲各个国家的首选交通。

欧洲火车通常座位宽敞舒适，上车前无须长时间等待安检，游客还能饱览火车经过地区的美丽风光——无论是穿越意大利，还是西班牙巴斯克地区绵延不绝的青山，无不尽收眼底。

列车行程的速度和价格依据不同国家情况有较大差异。西欧国家通常运营更现代化的高速列车线路，而东欧国家列车频次较低，但价格也更为低廉（表3-13）。

表3-13　欧洲各国最受欢迎的火车线路

英国最受欢迎的火车线路	西班牙最受欢迎的火车线路
巴黎—伦敦	马德里—巴塞罗那
阿姆斯特丹—伦敦	巴塞罗那—马德里
布鲁塞尔—伦敦	马德里—瓦伦西亚
爱丁堡—伦敦	瓦伦西亚—马德里
曼彻斯特—伦敦	巴塞罗那—瓦伦西亚
德国最受欢迎的火车线路	**法国最受欢迎的火车线路**
阿姆斯特丹—柏林	伦敦—巴黎
布拉格—柏林	阿姆斯特丹—巴黎
维也纳—慕尼黑	巴塞罗那—巴黎
米兰—慕尼黑	布鲁塞尔—巴黎
布拉格—慕尼黑	米兰—巴黎
瑞士最受欢迎的火车线路	**奥地利最受欢迎的火车线路**
巴黎—日内瓦	柏林—维也纳
巴黎—苏黎世	布拉格—维也纳
维也纳—苏黎世	布达佩斯—维也纳
米兰—苏黎世	慕尼黑—维也纳
米兰—卢加诺	慕尼黑—萨尔茨堡
威尼斯—苏黎世	林茨—萨尔茨堡
威尼斯—日内瓦	维也纳—萨尔茨堡
巴黎—巴塞尔	萨尔茨堡—维也纳
日内瓦—苏黎世	因斯布鲁克火车—维也纳
	格拉茨—维也纳
意大利最受欢迎的火车线路	**比荷卢最受欢迎的火车线路**
罗马—佛罗伦萨	巴黎—阿姆斯特丹
罗马—威尼斯	巴黎—布鲁塞尔
威尼斯—罗马	布鲁塞尔—阿姆斯特丹
佛罗伦萨—威尼斯	巴黎—布鲁日
佛罗伦萨—罗马	阿姆斯特丹—布鲁塞尔
威尼斯—佛罗伦萨	布鲁塞尔—布鲁日
米兰—罗马	伦敦—阿姆斯特丹
米兰—威尼斯	汉堡—阿姆斯特丹
罗马—那不勒斯	柏林—布鲁塞尔
	伦敦—布鲁塞尔

资料来源：https://www.omio.cn/trains

3）如何选择车次。

①铁路代码及含义。

G——高速铁路动车组列车，出现在2009年12月26日的武广高速铁路，比动车速度快。最高时速为300～350千米/小时。车厢座席：商务座、一等座、二等座。

D——动车组列车，出现在2007年铁路第六次大提速之后。最高时速为300～

350 千米 / 小时。车厢座席：一等座、二等座。

C——城际高速动车，一般是修建在经济较发达、人口流动很大的地区，如京津线、广深线、沈大线等。最高时速为 160 ～ 350 千米 / 小时。车厢座席：公交化。

Z——直达特快列车，出现在 2004 年 4 月 18 日铁路第五次提速之后。最高时速为 160 千米 / 小时。

T——特快旅客列车，一般只经停省会城市或当地的大型城市。最高时速为 140 千米 / 小时。

K——快速旅客列车，一般只经停地级行政中心或重要的县级行政中心。最高时速为 120 千米 / 小时。

L——临时列车，是铁路为了在节假日期间，如春节、五一劳动节等节日缓解客流高峰所带来的压力而临时加开的列车。这种列车需要乘客及时关注最新信息。

A——"临外临"列车，也就是临时决定加开的列车，比 L 字头列车更有临时性。

Y——旅游列车，主要用于旅游线路，如青藏铁路。乘坐这种旅游列车，可以遍赏沿途美景。

②携带物品。旅客携带物品由自己负责看管。旅客需妥善放置携带品，不得影响公共空间的使用和安全。每人免费携带物品的质量和规格是儿童 10 千克，外交人员 35 千克，其他旅客 20 千克。每件物品外部尺寸长、宽、高之和不超过 160 厘米，杆状物品不超过 200 厘米；但乘坐动车组列车均不超过 130 厘米；每件质量不超过 20 千克。平衡车、滑行器等轮式代步工具须使用硬质包装物妥善包装。依靠辅助器具才能行动的老、幼、病、残、孕等特殊重点旅客旅行时代步的折叠式轮椅，以及随行婴儿使用的折叠婴儿车，可免费携带并不计入上述范围。不能携带的物品详见《铁路旅客禁止、限制携带和托运物品目录》。

拓展阅读：铁路旅客禁止、限制携带和托运物品目录

托运行李每件的最大质量为 50 千克，外部尺寸长、宽、高之和最大不超过 200 厘米，最小不小于 60 厘米。行李一般随旅客所乘列车运送或提前运送。

行李可分为保价运输和不保价运输，旅客可自主选择。按保价运输时，可分件声明价格，也可按一批全部件数声明价格。按一批办理时，不得只保其中一部分。

按保价运输办理的行李全部灭失时按实际损失赔偿，但最高不超过声明价格。部分损失时，按损失部分所占的比例赔偿。分件保价的行李按所灭失该件的实际损失赔偿，最高不超过该件的声明价格。

未按保价运输的行李按实际损失赔偿，但最高连同包装质量每千克不超过 15 元。如由于铁路运输企业故意或重大过失造成的，不受上述赔偿限额的限制，按实际损失赔偿。

③改签。在铁路运输企业有运输能力的前提下，旅客可办理一次改签，按下列规定办理：

a. 开车前超过 48 小时的，可改签预售期内的列车。

b. 开车前 48 小时以内的，可改签车票载明的乘车日期以前的列车，不办理车票载明的乘车日期次日及以后列车的改签。

c. 开车后，旅客仍可改签当日其他列车。

d. 办理变更到站的改签时，应在开车前 48 小时以上，原车票已托运行李的，还应办理行李变更或取消业务。

一张车票可以办理一次改签。车票改签后，旅客取消旅行的，可以按规定退票，但开车后改签的车票不能退票。

④退票。旅客要求退票时，须在车票载明的日期、车次开车时间前办理。已办理行李托运的车票退票时，应先办理取消行李托运业务。退票核收退票费，应退票款按购票时的支付方式退还。

开车前 8 天（含）以上退票的，不收取退票费；票面乘车站开车时间前 48 小时以上的按票价 5% 计，24 小时以上、不足 48 小时的按票价 10% 计，不足 24 小时的按票价 20% 计。开车前 48 小时～8 天期间内，改签或变更到站至距开车 8 天以上的其他列车，又在距开车 8 天前退票的，仍核收 5% 的退票费。办理车票改签或"变更到站"时，新车票票价低于原车票的，退还差额，对差额部分核收退票费并执行现行退票费标准。上述计算的尾数以 5 角为单位，尾数小于 2.5 角的舍去、2.5 角及以上且小于 7.5 角的计为 5 角、7.5 角及以上的计为 1 元。退票费最低按 2 元计收。

以下情况不办理退票：

a. 车票发站开车后；

b. 开车后改签的车票；

c. 加收的票款；

d. 车补车票（因未通过或未办理学生资质核验和丢失购票时使用的有效身份证件，而办理的补票除外）。

定制师依据客户需求分析，结合行程距离，出游周期、出行预算等推荐车次（表 3-14）。

表 3-14　定制旅行铁路车次推荐

团队性质 交通选择	短线团	度假休闲团	中距离团	长距离团
去程车次	上午动车、高铁	下午动车、高铁	下午动车、高铁或晚卧	晚卧晚抵 或早卧早抵达
返程车次	下午动车、高铁	下午动车、高铁	下午动车、高铁或晚卧	午卧早抵达

【经典案例 3.3】

五一小短假（各地一般 4～5 天假期），设计长途旅行太仓促、周边溜达又觉得亏大了，到底怎么计划行程才能把这来之不易的假期性价比最大化呢？

以北京为圆心的高铁旅游地图车程涵盖 1 小时到 5 小时。

1 小时高铁圈：从北京出发 1 小时左右可以去往天津、保定、石家庄、唐山、济南等城市。

推荐车次：

G219：北京南—天津，08:00—08:35。

G309：北京西—保定东，08:23—09:11。

G403：北京西—石家庄，08:00—09:07。

G381：北京南—唐山，07:55—09:14。

G19：北京南—济南西，08:00—09:22。

G23：北京南—济南西，13:00—14:31。

2 小时高铁圈：从北京出发 2 小时左右可以去往秦皇岛、邯郸、泰安、曲阜、枣庄、安阳、郑州等城市。

推荐车次：

G387：北京南—山海关，08:25—10:29。

G71：北京西—邯郸东，07:27—09:51。

G111：北京南—泰安，08:35—10:35。

G101：北京南—曲阜东，06:43—09:13。

G107：北京南—枣庄，08:05—10:38。

G309：北京西—安阳东，08:23—11:10。

G403：北京西—郑州东，08:00—10:30。

3 小时高铁圈：从北京出发 3 小时左右可以去往青岛、潍坊、开封、徐州、南京、忻州等城市。

推荐车次：

G481：北京南—青岛西，07:25—11:12。

G801：北京西—开封北，09:15—12:24。

G469：北京南—潍坊北，08:20—11:58。

G261：北京南—徐州东，07:08—10:06。

G19：北京南—南京南，08:00—11:24。

G683：北京西—忻州西，16:58—20:39。

4 小时高铁圈：从北京出发 4 小时左右可以去往洛阳、驻马店、商丘、鞍山、镇江、合肥、西安、武汉等城市。

推荐车次：

G671：北京西—洛阳龙门，08:15—12:28。

G71：北京西—驻马店西，07:27—11:52。

G801：北京西—商丘，09:15—13:23。

G395：北京南—鞍山西，09:05—13:44。

G107：北京南—镇江南，08:05—12:37。

G355：北京南—合肥南，08:40—13:36。

G89：北京西—西安北，06:53—11:24。

G403：北京西—武汉，08:00—12:17。

5 小时高铁圈：从北京出发 5 小时左右可以去往本溪、临汾、苏州、常州、无锡、上海、杭州、湖州、黄山、六安、咸宁等城市。

推荐车次：

G395：北京南—本溪，09:05—14:55。

G605：北京西—临汾西，10:28—15:30。

G107：北京南—苏州北，08:05—13:19。

G143：北京南—常州北，07:50—12:29。

G105：北京南—无锡东，07:20—12:37。

G5：北京南—上海，07:00—11:40。

G165：北京南—杭州东，08:30—13:30。

G55：北京南—湖州，08:10—13:30。

G27：北京南—黄山北，09:45—15:18。

G261：北京南—六安，07:08—12:41。

G65：北京西—咸宁北，10:33—16:21。

资料来源：中国铁路微博官方账号。

拓展阅读：古蜀文明专列 12 日游

拓展阅读：环西部火车游

拓展阅读：国内景点 9 条高铁线

（三）水陆交通

1. 水陆交通特点

（1）优点。豪华舒适——现代远洋游船和内河豪华游船在很大程度上已超越了传统意义上单一客运功能，成为集运输、食宿、游览、娱乐、购物等多种功能于一体的水上豪华旅游交通工具。万吨级以上的巨型邮轮，在波涛汹涌的大海中仍然可以平稳行驶，为旅游者提供迥异于陆地的浪漫与幽静环境，适用于度假、游览和娱乐旅游。巨型游船庞大的运载能力和硕大的船体，为配备完善而豪华的旅游设施提供了可能，是其他交通方式所无法比拟的。

价格相对划算——水陆交通由于多利用天然水道，而且载客量较大，降低了单位运输成本，价格低廉。船票还包括途中餐饮、娱乐等众多项目，对于客人来说超值。

（2）缺点。受自然条件影响大——水陆交通方式虽然豪华舒适、价格划算，但是只能在有水道的地方才能利用，而且对水深要求高。另外，风速大、雾大、封冻都会引致停航。可见，水陆交通受自然条件的限制较大。

速度较慢——水运交通航速较慢，作为长距离客运费时较长，比较适合时间充裕的旅游者。

2. 适用定制需求

客户出行距离为中长途，尤其是需要跨越海洋的长距离旅行；出行时间周期比较充裕，对速度要求不高；希望欣赏沿途风景，注重旅途中的舒适感和体验感，交通预算比较充裕。

3. 水陆交通知识

水陆交通知识方面，需掌握轮船类型、舱位类型、船票购退改签、行李携带要求等内容。

（1）如何选择邮轮。邮轮旅行需要考虑的因素，可以按难易程度、结合关键性依次排序：航线（目的地、行程天数）—出行人（出发城市）—出行日期—邮轮—预算—舱房。

①游轮与邮轮的不同。

游轮又称游船、旅游船，是用于搭载乘客从事旅行、参观、游览活动的各类客运机动船只的统称。

游轮一般定期或不定期沿一定的水上旅游线路航行，在一个或数个观光地停泊，以便让游人参观游览。普通客轮兼用于旅游或经改装后专用于旅游均可称为游轮。游轮的种类有很多，按照内部设施和装修档次的不同可大体分为普通游轮和豪华游轮；按照航行水域的不同又可分为远洋游轮、近海沿海游轮和内河游轮。

邮轮的原意是海洋上的定线、定期航行的大型客运轮船。现在所说的邮轮，实际上是指在海洋中航行的旅游客轮。现代邮轮和原意邮轮的区别，在于两者的定位根本不同：原意邮轮的定位是将旅客运送到大洋彼岸，它的生活娱乐设施也是为了给旅客提供舒适行程和解闷；现代邮轮本身就是旅游目的地，其生活娱乐设施是海上旅游中一个重要组成部分，靠岸是为了观光或完成海上旅游行程。

国际上根据航行的区域，将邮轮分为国际邮轮、地区邮轮和海岸线邮轮。在国内，一般将在海上航行的客轮称为"邮轮"；将江河中航行的客轮称为"游轮"；小型的客轮称为"游船"。

邮轮的等级通常以排水量与载客量两个指标来衡量。其中，以载客量为主。载客量小于500人为小型邮轮；500～1 000人为中型邮轮；1 000～2 000人为大型邮轮；2 000人以上为巨型邮轮。根据邮轮的豪华程度，可将邮轮分为3星以下的经济级邮轮；3星或3+星的标准邮轮；4星的豪华级邮轮；4+或5星的赛豪华级邮轮；5+的超豪华邮轮。

②邮轮旅游与常规旅游的区别。

常规旅游大多数行程都是事先安排好的，游客只能跟着导游走，并且有些低价产品还会附加许多额外的自费景点。而邮轮旅游的岸上旅游是可以自由安排、规划行程。常规旅游行程紧凑，往往走马观花；而邮轮旅游悠闲自得的旅程安排，每天睡到自然醒的轻松惬意，游客可以随意安排自己的游乐时间。

常规旅游出于价格成本的考虑，团餐都有固定的标准。邮轮旅游一天六餐免费的海上盛宴，中餐、西餐，数不清的各国美食随时等待你的发现。

邮轮上超五星级的酒店住宿，高比例高素质的服务人员，服务细心周到，这是普通旅游团所不能比拟的。

邮轮上的设施大都免费提供，包括高尔夫、篮球场、健身房，还有歌剧院、电影院、图书馆等。而在常规旅游中，行程安排之外的娱乐活动一般都是自费进行。

（2）我国主要航线。

渤海湾：渤海航线起点为大连，终点涵盖了渤海湾所有沿海城市，包括营口、盘锦、葫芦岛、丹东等。

长江三峡：三峡航线最常见的是往返于重庆与宜昌之间，这段江域沿岸自然风光秀美，有许多耳熟能详的知名景点，如瞿塘峡、巫峡、白帝城、丰都鬼城、三峡大坝等。

舟山群岛：前往海上佛国普陀山旅游的最佳交通方式就是游轮，从宁波、上海、杭州都有航次。同时，普陀山的旅游带动舟山群岛的游轮常态化，如前往嵊泗、东极岛等。

福建区域：从厦门前往鼓浪屿、从文甲村前往湄洲岛、从厦门前往深圳是此区域常见的航线。

广西区域：桂林山水甲天下，桂林两江四湖游、桂林至阳朔是最受游客欢迎的航线。北海近几年旅游的迅猛发展也是得益于北海往返涠洲岛游轮的交通保障。

粤港澳：根据《粤港澳大湾区发展规划纲要》要求，此区域已开通香港往返澳门、珠海往返澳门等 30 多条航线。

拓展阅读：50 条国内水路旅游客运精品航线

琼州海峡：到海南，坐船出海是必选项目。蜈支洲岛往返、西岛往返、分界洲岛往返是海南行程设计必不可少的项目。为了方便上岛自驾方便，海口往返徐闻可以带车上船。到《中国国家地理》杂志评选的"醉美"海岛"西沙群岛"，可以从三亚乘坐长乐公主号。

①国际知名邮轮航线。

地中海航线：东地中海和爱琴海从来都是全球最为浪漫的旅游行程之一，也被广泛地称为"古文明之旅"。航线经过埃及、希腊、土耳其、意大利等国家，亚历山大的辉煌和古埃及的文明与爱琴海上的千百座迷人岛屿交相辉映，邮轮旅游仿佛穿梭于过去和现在之间，营造出独特的浪漫迷人氛围。

阿拉斯加航线：阿拉斯加航线是邮轮旅游中最为经典的行程，很多邮轮公司航线都涉及这片海域。每年的 5 月到 9 月是航线旅行的最佳时期。阿拉斯加航线基本上可分为内湾航道和"冰河湾航道"两种。大多数航行是从加拿大温哥华或美国西雅图启程北上，航行至哈伯冰河后再折返南下，更北可以到达苏厄德和安克雷奇等地。

东南亚航线：东南亚航线是以香港、新加坡、曼谷、马尼拉、马来西亚吉隆坡（巴生港）、马来西亚马六甲、马来西亚槟城、马来西亚兰卡威岛、马来西亚热浪岛、泰国普吉岛、泰国苏梅岛和泰国甲米等东南亚旅游城市为主要目的地，航线环绕中国南海、泰国湾、印度洋和菲律宾海。

南极航线：航线经行区域南极洲。极地航线是邮轮航线中最为特殊的一种航行目的地都是人迹罕至的两极地区，沿途风光更是任何旅行都无法替代的珍贵记忆。

南极游关键词：南极光、南极大陆南极圈、南极点、帝企鹅、海豹等。

日韩航线：日韩邮轮旅游是距离我国最近的邮轮航线之一，也是亚洲地区重要的旅游线路。由于相对行程较短停靠港口较少，而且与陆路相比并未有十分明显的经停地点优势，所以选择此线路邮轮旅游，更多会关注邮轮航行时船上设施。一些亚洲邮轮公司也针对航线特点推出一些庆典活动，加上地上旅游的美食、购物和自然风光，依然让整个行程充满乐趣。

北欧航线：北欧一般特指挪威、瑞典、芬兰、丹麦和冰岛五个国家，以及法罗群岛。此航线基本串联了所有北欧知名的大城市和港口，包括丹麦首都哥本哈根、瑞典首都斯德哥尔摩、芬兰首都赫尔辛基、挪威首都奥斯陆和爱沙尼亚首都塔林，还有俄罗斯、波兰等国家，有些航线甚至还能让游客到荷兰和拉脱维亚等国家，是一次性饱览北欧及俄罗斯风光的绝佳机会。

北欧航线最大的特点是沿途的峡湾景观，沿着奥斯陆一路北上会经过世界上最长的松恩峡湾、优美险峻的盖伦格峡湾沿途奇美的山峰、绝壁、湖泊、瀑布和冰原，都能使游客尽情领略。

南美洲航线：中南美航线也称拉丁美洲航线，是包括南美洲、墨西哥、加勒比海及西印度群岛等部分北美洲南部区域在内的相关航线的统称。在国际航运的航线分类中，通常包括南美东线、南美西线、加勒比海航线、中美洲航线等。

中南美航线是所有邮轮航线中行程难度最高的一条，航线可以环绕整个南美洲一圈，经过巴西、乌拉圭、阿根廷、智利、秘鲁等南美洲国家，正因为其行程的壮观，也为这条航线赢得了非凡的口碑和名誉。

夏威夷航线：夏威夷航线尽情领略南太平洋秀美的热带风情也是最具有热带海洋风情的

航线之一。航线不仅带游客领略美属夏威夷群岛的热带风光，更将航线扩展向更南端的塔希提岛，当地原住民兼具南美风情和原始的显著习俗，都是不容错过的旅游风景。

新澳航线：与同属太平洋海域的夏威夷航线不同，新澳航线位于南半球，是世界上为数不多的位于南半球的邮轮航线，只有当每年北半球秋冬季节来临时，才是南半球邮轮旅行升温的时期。乘坐邮轮跨越赤道之后，温暖的海风会从寒冷中重新带回温暖湿润的夏季海边，继续海洋之梦。

加勒比海航线：加勒比海航线环绕墨西哥湾和加勒比海，以迈阿密为邮轮母港，途经古巴、海地、多米尼加、牙买加和墨西哥等国家。17世纪充满传奇色彩的海盗时代为加勒比海域增添了浓郁的时代色彩，也是人们神往的度假胜地。游程为一周，可以到达8个港口，诸如迈阿密、巴巴多斯、太子港、哈瓦那、圣胡安和坎昆等。

拓展阅读：十大邮轮品牌排行榜

②舱房类型。

阳台房：有步入式阳台，可以欣赏河景，呼吸新鲜空气。

套房：一般均有步入式阳台（极少数无阳台），面积较大，房间配套设施更完备。套房客人可享受专属服务，如24小时管家服务、免费气泡酒、新鲜水果等。

内舱房：无窗，基本设施完备，是价格最低的房型。

为了满足家庭带孩子出游的需求，有些房间可允许第3人入住，通常建议两大一小或一大两小出行，选择三人房，儿童可作为第3人和家长同住。如需加床，可选择加床房型或联系客服向游轮公司申请。如果成年人3人同住，房间会非常拥挤，很不方便，建议入住两个房间更为舒适。

一般舱房内都配备：两张单人床（大部分邮轮的2张单人床可合并成大床）；独立卫浴（基本为淋浴，少数套房有浴缸）；吹风机；热水壶；洗浴用品；一次性拖鞋。具体舱房设施情况会因不同邮轮及所选舱房而有所区别，请以实际情况为准。

旅游定制师根据客户需求分析，结合航线方向、目的地港口设施设备、出游时间、出游人数、岸上游览吸引力等因素推荐。

如果客户喜欢轻松旅行、吃喝享乐，或者家庭出游，豪华邮轮很适合。单身乘客不但价格通常加倍，而且会比较无聊，所以，建议最好是2人或2人以上的家庭出游为最佳。

邮轮旅行非常适合亲子游。在邮轮上父母不用像一般的旅游那样背着孩子的玩具、食物、饮料，邮轮上都有。父母也不用忙着照顾孩子之余根本没有办法好好地得到放松，因为孩子们可以自己在邮轮上尽情玩耍，儿童俱乐部、室内外泳池、冰激凌吧及披萨屋等都是孩子们的天堂。

（四）城市交通（租车）

1. 汽车交通特点

（1）优点：灵活、方便，能深入旅游点内部，把旅游活动从点扩大到面，对自然条件适应性强，能随时停留。定制包车：专车专用，随叫随到；本地司机兼导游职责，深度体会当地人文。

（2）缺点：较航空、火车速度较慢，舒适性较差，不宜作长距离旅游，能源消耗大，运载力较小，费用较高，噪声、尾气等容易造成环境污染，与其他主流交通工具比较，安全性较差。

2. 适用定制需求

客户出行距离为中短途，尤其是家庭出游，希望有相对隐私空间，路线可以灵活调整，时间自由随停随走，或者特殊游客身体原因或需要携带特殊物品等。

3. 城市交通知识

拓展阅读：全国高速公路一览表　　拓展阅读："中国最美公路"榜单

（1）我国高速公路网。2021 年年底，中国公路总里程达到 528 万千米，路网规模已位居世界前列，特别是高速公路里程位居世界第一。

（2）常见车型：

①SUV 车型，高马力、越野性能、内部空间及富有运动感的设计得到很多年轻游客的青睐。比较受欢迎的 SUV 车型有丰田 RAV4、本田 CR-V、长安 CS75 和 Jeep 大切诺基等。RAV4 和 CR-V 的车身较小，适合小型家庭或朋友出游。而 CS75 和大切诺基的车身较大，适合人数较多和有大量行李的游客，同时，也具有更好的越野和舒适性能。

②轿车型，舒适度、驾驶性能及燃油经济性在城市旅游中比较受欢迎。例如，大众帕萨特、丰田卡罗拉、本田雅阁和别克君威等都是比较常见的轿车。在驾驶性能和燃油经济性上都表现得相当不错，并且平稳的驾驶体验和舒适的座椅让许多游客在城市旅游中更加舒适。

③商务型，7 人座、庞大的内部空间受到许多商务人士的欢迎。商务车的尺寸和操控性能比较适合小型商家或家庭活动。

④房车型，房车适合长途旅行的游客，同时，它们也可以通过改装加入一些设施来实现豪华的级别。B 型房车车内空间相对较小，但通过能力和操控能力较强。小巧的造型，含蓄不张扬的外观，适合短途出行特别是非常适合房车出游初学者。C 型房车相对于 B 型房车来说，体积比较大。与 B 型房车相比，房车内部空间更宽敞，设施齐全，床位更多。特别适合家庭旅行和长期旅居。

在推荐安排车辆时，建议预留 1～2 个位置给游客放置行李或应急，避免车厢内过于拥挤而引起游客不满。

（五）特种交通（景区内）

特种交通是指除人们常用的四种现代旅游交通方式外，为满足旅游者娱乐、游览的需要而产生的特殊交通运输方式。具体分类如下：

（1）用于景点、景区或旅游区内的专门交通工具，如观光电梯、游览车、电瓶车、游船等。例如，乌镇西栅的入门摆渡船等。

拓展阅读：羊皮筏子

（2）在景区或景点内的某些特殊地段，为了旅客安全或节省体力而设置的交通工具，如电梯、缆车、索道、渡船等。例如，黄果树瀑布扶梯、龙头山全程坐电梯爬山等。

（3）带有娱乐和体育性质，辅助老、幼、病、残旅游者游览观赏性质的旅游交通，如轿子、滑竿、马匹、骆驼等。例如，敦煌月牙泉景区的骑骆驼、云南野象谷的骑大象等。

（4）带有探险性质及在特殊需要下使用的交通工具，如帆船、热气球等。例如，杭州千岛湖景区的飞跃热气球等。

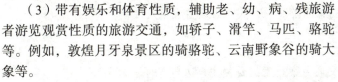 

拓展阅读：土耳其热气球之旅　　拓展阅读：自行车旅行

三、选择交通方式的原则

交通是将定制旅行方案中的其他产品资源串联起来，在定制产品设计过程中起到了桥梁作用，直接影响着整个行程的顺畅与否。旅游定制师在安排交通时，应把握以下原则。

视频：选择交通方式的原则

（一）安全第一原则

人们通过各种交通工具来到向往的旅游胜地，观光度假，放松心情，调节身体，是一件多么美好的事情。但在旅途中乘坐交通工具、在景区里观光游览时，也会面临很多安全隐患，如果不注意防范就会给游客的旅行造成严重伤害。因此，旅游定制师在为客户安排交通服务时应确保安全这一底线原则。

拓展阅读：关于进一步规范旅游客运安全带使用保障游客出行安全有关工作的通知

（二）以客户需求为原则

1. 根据不同出游目的

如果客户希望欣赏沿途风景，那么可以选择租车出行，路况好、沿途风景美，也会带来好的旅游体验和享受；如果客户出游时间有限制目的地，那么快速到达是首选，可以选择航空或高铁；如果客户对出行时间有具体要求，就需要根据客户要求选择推荐航班或车次。

2. 根据不同年龄层次

老年人对旅游交通的选择：老年人对价格比较敏感，主要反映在对旅游交通花费的选择上。老年人从心理、生理上来说都是谨慎的。长线旅游偏爱以火车，特别是旅游专列为主，至于飞机和一些有危险性的特种旅游交通工具，并不适合老年人。在行程安排上要注意节奏，与老年人的身体状况相适应，旅游线路设计时针对老年人的需求和特点进行细致的了解与分析，提供适应老年人需求的旅游交通工具和交通方式，这样的旅游线路才会受到老年人的欢迎。

中年人对旅游交通的选择：中年人大多处于事业的关键时期，承受着工作和家庭的双重压力。由于工作需要，中年人公务旅游、商务旅游的机会较多，旅途中注重舒适性，飞机、高铁、动车、高速大巴常成为他们的主要交通工具。

青年人对旅游交通的选择：青年人喜欢独立和比较灵活的旅游方式，他们的消费主要集中在当地的旅游设施上，如在当地酒吧和餐厅里消费等，用于旅游交通方面的费用比普通旅游者低。该年龄阶段的人群对旅游交通的选择特点是比较实用和灵活，他们大多具有冒险精神和耐受艰苦条件的体魄，喜欢选择特种旅游交通方式，如徒步、骑马、驼队、自行车等。

儿童对旅游交通的选择：儿童生性活泼好动，多对知识性、趣味性、娱乐性的旅游项目感兴趣，对一些特种旅游交通方式比较喜欢。但在旅游线路设计中要特别注意旅游交通安全。如果是选择骑马等危险系数较高的特种旅游交通方式，必须由成年人带领。

（三）性价比最优原则

结合目的地情况，挑选最优的交通方案。尤其要关注直达与省时。

直达：旅游交通服务应避免过多地更换交通工具增加旅游者经济、体力上的消耗。直达可以更好地确保旅游者人身和财物安全，使旅游者获得美好的第一印象，为后续旅游活动的开展奠定一个良好的开端。

省时：旅游交通服务应尽量减少旅游者的在途时间，以增加游览时间。在旅游线路的选择中，旅游者不仅考虑金钱花费，也关注时间耗费，往往会青睐耗时少的交通工具。

（四）符合客户预算原则

在确保品质的前提下压缩成本。例如，豪华游艇巡游对于中青年，尤其是对刚毕业的学生来讲费用成本确实有些难以承受。但是对于一些有一定经济基础的高端定制客户，此种交通出游非常受欢迎。

旅游定制师根据以上原则可以提供 2～3 个方案供客户挑选。注重对于不同客户有不同的选择，注重舒适度和自由度要进行平衡，还应注意各种交通方式的衔接紧凑、方便，使旅游者能方便地从家门口或附近的站点启程，尽量减少候车（机、船）时间。

对定制旅行而言，旅游定制师必须了解各类交通工具信息，需时刻关注前往各旅游目的地的机票票价动态、铁路时刻表等信息，以确保更好地产品定制。对于每一组客户而言，都有其独一无二的且只适合他们出游大交通需求的最佳安排。可以从出游的年龄层、预算水平、路程的远近、舱（铺）位体验、出发地和目的地接驳等因素为客户着想。

在推荐交通服务还需要尽可能超出客户的期望值。在满足客户核心诉求点的基础上，能从自己的专业角度帮助客户挖掘出行需求，对客户没有提到而是由定制旅行从业人员主动提出的，并且是超乎客户期望值的内容。例如，客户携带一位腿脚不便的老人一起出游，由于中途要转机且在转机机场走的路程较长，从业人员提早联系了航空公司，为客户转机的时候提供了轮椅接送的服务，该项服务不向客户收取费用，超出了客户的服务期望值，受到了客户的好评。

 ## 知识点自测

1. 单选题：近程旅游线路，一般是指（　　）千米距离内。
   A. 200　　　　　　　B. 500　　　　　　　C. 800　　　　　　　D. 1 000
2. 单选题：度假长距离团队选择铁路交通时，建议（　　）。
   A. 去程车次：上午快车（座）；返程车次：下午快车（座）
   B. 去程车次：下午快车（座）；返程车次：午卧早抵达
   C. 去程车次：晚卧晚抵或早卧早抵达；返程车次：午卧早抵达
   D. 去程上午卧铺返程上午卧铺
3. 单选题：旅行距离超过 3 000 千米，为避免路途劳累，交通建议选择（　　）。
   A. 飞机　　　　　　　B. 邮轮　　　　　　　C. 火车　　　　　　　D. 汽车
4. 单选题：安排小型旅行用车时，应预留（　　）座位。
   A. 1～2 个　　　　　B. 2～3 个　　　　　C. 3 个以上　　　　D. 无须预留
5. 单选题：合理安排点与点之间距离，行车不宜超过（　　）千米。
   A. 100　　　　　　　B. 200　　　　　　　C. 300　　　　　　　D. 400

任务实施

了解分析客户需求

客户订单需求分析表

出游人数		6（4大2小，女孩10岁，男孩4岁）
出发地		天津
目的地		上海、苏州、海南
出游时间		8月1—14日
出游天数		14
主题		休闲度假
预算		5万元
需提供的服务	餐饮	老少皆宜
	住宿	安静、舒适
	景点	适合老人体力
	活动	亲子游戏
特殊需求：行程不要太紧张		

实施步骤一

比较各种旅游交通方式的优劣

交通方式	运距（长、中、短）	运速（高、中、低）	运价（高、中、低）	舒适性（优、中、差）	游览性（优、中、差）	灵活性（优、中、差）
航空（直达）						
铁路（高铁）						
公路（租车）						
水路（豪华邮轮）						

实施步骤二

根据行程距离，请你提供交通初步安排方案

团队性质 交通安排	短线团 200千米以下	中距离团 200～1 000千米	长距离团 1 000千米以上
去程交通	示例 租车：上午出发 铁路：上午动车、高铁		
返程交通	租车：下午出发 铁路：下午动车、高铁		

实施步骤三

以小组为单位，进行旅游交通调查分析

实施步骤四	交通类型	出发地 目的地	交通方式	抵离时间 行程时间	费用
	大交通	天津—上海			
		天津—苏州			
		天津—海口			
		天津—三亚			
		上海—天津			
		苏州—天津			
		海口—天津			
		三亚—天津			
	城际交通	上海—苏州			
		上海—海口			
		上海—三亚			
		苏州—海口			
	城市交通	上海			
		苏州			
		海南			
	特殊交通	上海			
		苏州			
		海南			

请根据小组的调查结果，结合客户需求，进行旅游交通服务推荐组合

实施步骤五	交通类型	出发地 目的地	交通方式	抵离时间 行程时间	费用
	大交通				
	备选方案				
	城际交通				
	备选方案				
	城市交通	上海			
		苏州			
		海南			
	特殊交通	上海			
		苏州			
		海南			
	费用总计				

说明此旅游交通组合优势

任务评价与总结

项目	评价与总结
组内任务分工	
组内表现自评	□ 积极参与，贡献大 □ 主动参与，贡献一般 □ 被动参与，贡献小
任务所需 知识总结	请回顾并列出任务所需知识信息
任务实施中 薄弱环节	
今后改进措施	

任务四　安排住宿服务

任务导入

工作案例	张先生一家（爷爷、奶奶、妻子、女儿3岁）和朋友王先生一家（妻子、儿子6岁）一起计划春节去海南度假，你作为旅游定制师在安排住宿时有什么建议
任务目标	能挖掘客户对于住宿的需求，为客户安排最佳住宿体验及增值服务
任务要求	旅游定制师在为客户预订酒店时，不但要考虑到其出行目的、预算空间、个人喜好等方面及酒店星级、品牌、位置、价位和配套服务设施等因素，同时，还要能够关注一些细节方面的要求，如给夫妻安排大床房，老人尽量安排在一楼或有电梯直达的楼层等

知识导入

任务思考	相关知识点
住宿资源有哪些类型	住宿服务类型与特点
如何有效推荐住宿资源	住宿推荐原则

知识准备

　　住宿作为旅游行业三大支柱之一，在供给旅游服务、刺激旅游消费方面发挥着不可替代的作用。

一、住宿服务类型与特点

1.酒店类型

　　（1）按照酒店的市场定位和客源结构，酒店可分为以下六种。

　　①商务型酒店。商务型酒店以接待从事商务活动的客人为主，是为商务活动服务的。这种酒店对地理位置要求较高，要求酒店要靠近城区或商业中心区，并且客流量一般不受季节的影响而产生大的变化。商务性酒店最大的好处是设施设备齐全、服务功能比较完善。

　　②度假型酒店。度假型酒店以接待休假的客人为主，大多建在海滨、温泉、风景区附近。这种酒店经营的季节性比较强，度假型酒店要求有较完善的娱乐设备。这种度假型酒店是旅游业发展的三大支柱之一，度假型酒店与旅游是紧密相连在一起的。

　　③长住型酒店。长住型酒店为租居者提供较长时间的食宿服务。这类酒店客房多采取家庭式结构，以套房为主，房间大者可供一个家庭使用，小者有仅供一人使用的单人房间。长住型酒店既提供一般酒店的服务，又提供一般家庭的服务。

　　④会议型酒店。会议型酒店以接待会议旅客为主，除食宿娱乐外，还为会议代表提供接送站、会议资料打印、录像摄像、旅游等服务。这种酒店要求有较为完善的会议服务设施和功能齐全的娱乐设施。

⑤观光型酒店。观光型酒店主要为观光旅游者服务，多建造在旅游点，经营特点不仅要满足旅游者食住的需要，还要求有公共服务设施，来满足旅游者休息、娱乐、购物的综合需要，使旅游生活丰富多彩、得到精神上和物质上的享受。

⑥公寓式酒店。公寓式酒店吸引懒人和忙人，在公寓式酒店既能享受酒店提供的殷勤服务，又能享受居家的快乐，住户不仅有独立的卧室、客厅、卫浴间、衣帽间等，还可以在厨房里自己烹饪美味的佳肴。

（2）根据《中华人民共和国星级酒店评定标准》将酒店按等级标准进行星级划分，可分为一星级到五星级5个标准。星级以镀金五角星为符号。最低为一星级，最高为白金五星级。星级越高表示旅游饭店的档次越高。

①五星酒店，是旅游酒店的最高等级。设备十分豪华，设施更加完善，除房间设施豪华外，服务设施齐全。各种各样的餐厅，较大规模的宴会厅、会议厅、综合服务比较齐全，是社交、会议、娱乐、购物、消遣、保健等活动中心。

②四星酒店，设备豪华，综合服务设施完善，服务项目多，服务质量优良，室内环境艺术，提供优质服务。客人不仅能够得到高级的物质享受，还能够得到很好的精神享受。

③三星酒店，设备齐全，不仅提供食宿，还有会议室、游艺厅、酒吧间、咖啡厅、美容室等综合服务设施。这种属于中等水平的饭店在国际上最受欢迎，数量较多。

④二星酒店，设备一般，除具备客房、餐厅等基本设备外，还有卖品部、邮电、理发等综合服务设施，服务质量较好，属于一般旅行等级。

⑤一星酒店，设备简单，具备食、宿两个基本功能，能满足客人最简单的旅行需要。

2. 世界部分知名酒店集团及旗下品牌酒店特色

世界部分知名酒店集团及旗下品牌酒店特色见表3-15。

表3-15　世界部分知名酒店及旗下品牌特色介绍

酒店集团	旗下品牌	特色
洲际酒店集团	洲际酒店及度假村	连锁酒店
	华邑酒店及度假村	高端度假
	皇冠假日酒店	商旅
	英格迪酒店	连锁精品酒店
	假日酒店及假日度假酒店	中档休闲
	智选假日酒店	快捷酒店
万豪国际酒店集团	丽思卡尔顿酒店	高贵奢华
	宝格丽酒店及度假村	奢华新颖
	艾迪孙酒店	生活时尚
	JW万豪酒店	休闲度假
	傲途格精选酒店	特色酒店
	万丽酒店	商务酒店
	万豪酒店	旗舰连锁
	Delta酒店和度假酒店	经济连锁
	万豪行政公寓	商旅酒店
	盖洛德酒店	休闲度假
	万豪AC酒店	四星度假
	万怡酒店	商务快捷酒店

续表

酒店集团	旗下品牌	特色
喜达屋酒店集团	豪华精选酒店及度假村	豪华精选
	瑞吉酒店及度假村	精选度假
	W 酒店	高档度假
	艾美酒店	豪华现代
	威斯汀酒店及度假村	精选度假
	喜来登酒店	商务酒店
	源宿酒店	精选度假
	福朋喜来登酒店	中档商务
	雅乐轩酒店	时尚创新
希尔顿酒店	华尔道夫酒店季度假村	经典优雅
	康莱德酒店及度假村	奢华度假
	希尔顿酒店及度假村	卓越度假
	希尔顿逸林酒店及度假村	简约雅致
	希尔顿花园酒店	经济实惠
	希尔顿欢朋酒店	连锁酒店
	希尔顿欣庭酒店	高档住宅
	希尔顿惠庭酒店	三星套房
	希尔顿分时度假俱乐部	会员度假
	希尔顿尊盛酒店	高档客房
温德姆酒店集团	温德姆酒店及度假酒店	精品度假
	温德姆至尊酒店精选	豪华度假
	华美达酒店	豪华商旅
	华美达安可	商务休闲
	豪生酒店	连锁酒店
	戴斯酒店	中档商务
	迈达温德姆酒店	高档商务
	蔚经温德姆酒店	高档商务
	柏茂酒店	商务休闲
	灏沣温德姆酒店	高档商务
	爵怡温德姆酒店	商务酒店
	速 8 酒店	经济连锁
凯越国际酒店集团	柏悦酒店	精品度假
	君悦酒店	豪华度假
	凯越酒店	中档商旅
	凯越度假村	高档度假
	凯越嘉轩酒店	中档商旅
卡尔森国际酒店集团	丽笙蓝标酒店	休闲度假
	丽笙酒店	休闲度假
	丽亭酒店	商务休闲
	丽怡酒店	中档商务
	丽柏酒店	商务精品
	米索尼酒店	高档度假

酒店集团	旗下品牌	特色
雅高国际酒店集团	索菲特酒店	奢华度假
	铂尔曼酒店	高档商务
	美憬阁酒店	精品度假
	美爵酒店	商旅公寓
	诺富特酒店	中档商务
	赛贝尔酒店	中档商务
	达拉索海洋温泉酒店	休闲度假
	美居酒店	商旅休闲
	宜必思酒店	经济连锁
	阿达吉奥公寓酒店	时尚公寓
悦榕度假酒店集团	悦榕庄酒店	休闲度假
	悦椿度假村	休闲度假
	悦椿酒店	精品度假

拓展阅读：《旅游饭店星级的划分与评定》

拓展阅读：国内10大亲子酒店

拓展阅读：全球10款最浪漫酒店

3. 民宿

（1）民宿按发展类别民宿类型可分为传统民宿和现代民宿。传统民宿多以民间百姓的民居为依托改造而成。这类民宿在外观上基本保留原貌，内部进行适当的改造装修。它一般具有一定的历史年限，比较多地保存了当时当地的建筑风格和文化遗存，具有一定的历史文化价值和研究价值，是民宿中的主流。现代民宿以新建为主，一般依照当地的建筑风格辟地新建，也可移植域外名宅、名村，形成反差效应，增强吸引力。

（2）民宿按地理位置民宿类型可分为乡村民宿和城市民宿。乡村民宿分布在广大农村，具有比较浓厚的"村"味，也可以将建在城市或城郊的、按照乡村风格建设的民宿称为乡村民宿。尤其乡村振兴政策实施后，乡村民宿近年来开始盛行。同理，城市民宿坐落在城区。它可以是城中的古民居，也可以是城市居民利用自家空余房以家庭副业的形式对外接待客人的民房。城市民宿甚是吸引些追求朴素、简单、宁静生活态度的群体，也是广大游客了解一座城市的开始。

（3）民宿按服务功能民宿类型可分为单一服务型和综合服务型。单一服务型是指只提供住宿服务，此类民宿一般紧靠大型景区、旅游综合功能区和城市，因为所依托的区域旅游功能比较齐全，住宿以外的服务能够方便地得到解决；综合服务型是指除住宿外，还能满足其他服务需要，如餐饮等。有的民宿自身就是旅游吸引物，除解决吃住外，本身还有观光、休闲、养生等功能。

（4）民宿按规模民宿类型可分为居家散落型、单独打造型、小簇集群型、连片新建型。

①居家散落型。居家散落型民宿的主要功能是居家，即房屋主人还住在该处，在满足居家条件的前提下，将多余的房间整理出来做接待客人使用。其特点一是家庭味浓，与房主主人住在一起，过的是家庭化的生活；二是接地气，住的是真正的百姓家，能更好地了解当地的民

风民俗，了解、融入百姓的生活，使旅游更具体验性；三是服务家庭化，住在百姓家里，每个家庭成员都有可能是服务员；四是无规则，分散布局，星星点点散落在村庄里、街道上。

②单独打造型。一两户人家选择一个合适的地点建造几栋民宅打造成民宿。单独打造型民宿多见于交通要道旁，多以提供特色餐饮为主，兼作住宿。往往功能比较齐全，除食宿外，还应注意环境和景观的打造。

③小簇集群型。把一个村庄、一条街道或其中的一部分进行整体规划，连片打造成民宿。小簇集群型民宿主要依托的是古村古镇、民族地区。其特点是有规模、有特色，且管理比较完善。

④连片新建型。即完全在一块新的土地上，规划建设成片的民宿。连片新建型民宿有的移植国内外某一名村名镇异地打造，有的是恢复已经消失了的历史名村名镇，有的是根据某一文化主线或某一特色资源打造的特色小镇。

（5）按层级民宿类型可分为一般民宿、精品民宿、潮流民宿。

①一般民宿。一般民宿以居家民宿即传统民宿为主，其特点是原始、朴实、真实。原始即原封不动地保留建筑物的原始状态；朴实即对民宿的外观、内饰不做或少做改变，把民居的本来面貌展现给游客；真实即如实地展示建筑风貌、特色，如实地展示原始的生活状态。

②精品民宿。精品民宿主要体现在一个"精"字上。与一般民宿不同，它在保留原建筑物外观特色的基础上，对内部装饰会作较大的调整，体现一种"金包银"的状态。一是设计精，按照现代人的生活需求进行设计；二是用材精，在选材用料上讲求高档；三是特色精，体现当地的风俗，有文化底蕴。精品民宿的美感度、舒适度、享受度甚至胜过高星级宾馆。

③潮流民宿。把根据异国异地、名村名镇建设的、恢复重建的古村古镇和主题主线清晰的民宿归类为潮流民宿。一是它具有文化上的差异性，在此地可以领略体验异地、异国的风情风貌；二是它具有体系上、文化上的完整性，可以完整领略村镇的结构体系、建筑风格和文化风情风貌。潮流民宿往往是年轻人追逐潮流的目的物。

拓展阅读：旅游民宿基本要求与等级划分

拓展阅读：31家全国首批甲级民宿

4. 露营基地

露营地就是具有一定自然风光的，可供人们使用自备露营设施如帐篷、房车或营地租借的帐篷、小木屋、移动别墅、房车等外出旅行短时间或长时间居住、生活，配有运动游乐设备并安排娱乐活动、演出节目等具有公共服务设施，占有一定面积，安全性有保障的娱乐休闲小型社区。目前，国内的露营地建设所涉及的服务对象应主要以自驾车服务为主，以房车服务为辅。国外露营地服务对象房车的保有量很大。露营地通常会有几大区域，即生活区、娱乐区、商务区、运动休闲区等。

拓展阅读：首批农耕文化实践营地

拓展阅读：全球16处最美露营地

根据所处环境的不同，露营地可划分为山地型露营地、海岛型露营地、湖畔型露营地、海滨型露营地、森林型露营地、乡村型露营地六种类型。

二、住宿推荐原则

1. 位置优先

一般住宿都会选择距离旅游目的地10分钟的距离内，同时要靠近地铁和火车站，这样的地理位置可以保证游客拥有一个很强的选择弹性。

游客既可以到达后直接去住宿点休息，也可以选择在旅程结束后再回住宿点。可以留出充足的时间休息、放松，而不是花很多的时间奔波在路上，使游客出行更加便捷，也更加从容淡定。

2. 安全保障

不能一味地选择价格低廉的住宿。价格偏中上区位的住宿，相对来说周边人的混乱概率更低，安全系数更能靠得住。

3. 最佳体验

能够在预算条件下为游客提供满足其全方位的软硬件和服务需求的酒店与服务。例如，在房型安排方面，符合客情的大小双床的亲子房、多床的家庭套房、提供烹饪条件的公寓房、私家小团的别墅房等。

4. 服务超值

选择一家服务好的住宿，能够让旅行增添很多的人情温度。如果是连续入住更是如此，试想，每次出游回来后，房间都能够焕然一新，鞋子摆放整齐、没吃完喝完的食品盖上纸盖、沙发上的衣服整整齐齐。客人生日免费赠送生日蛋糕，给会员客人免费升级房型或提供免费的行政酒廊等服务。那种宾至如归的感觉会让游客体验感满满。

5. 酒店性价比

作为旅游定制师，需要结合客户需求和预算空间为其推荐预订最为合适的酒店，即性价比最高的酒店，这里的性价比指的是在同等价位下提供最适合的住宿安排：可以是交通方便的酒店，可以是开业最新的酒店，也可以是同等价位中设施（装修、房间面积等）最好的酒店。例如，同样是四星级的酒店，开元名庭和希尔顿逸林，明显后者品牌和设施方面要好于前者，其性价比相对会更高。

知识点自测

1. 单选题：根据《中华人民共和国星级酒店评定标准》，酒店评定的最高等级是（　　）。

　　A. 白金五星级　　　　　B. 五星级　　　　　C. 五钻　　　　　D. 五花

2. 单选题：可以自己烹饪美味的佳肴的酒店住宿类型为（　　）。

　　A. 会议型酒店　　　B. 度假型酒店　　　C. 长住型酒店　　　D. 经济型酒店

3. 单选题：作为旅游定制师，需要结合客户需求和预算空间为其推荐预订最为合适的酒店，即（　　）最高的酒店。

　　A. 价格　　　　　　B. 性价比　　　　　C. 评分　　　　　D. 楼层

4. 单选题：（　　）民宿，往往是年轻人追逐潮流的目的物。

　　A. 一般　　　　　　B. 精品　　　　　　C. 潮流　　　　　D. 低价

5. 单选题：客户刘先生要定制一条蜜月线路，定制旅行从业人员为其定制了普吉岛 5 日游，刘先生看完行程之后觉得线路不够丰满，主要问题在于航班直飞得都比较晚，其二是普吉岛附近没有合适的大型购物商场，小夫妻俩还想购买一些奢侈品，其三是行程较为单调，缺少一些文化底蕴。作为定制旅行从业人员，你会如何为他调整行程从而完全贴合他的这两个需求？（　　）

　　A. 安排曼谷住两晚　　　　　　　　B. 为其更换目的地

　　C. 延长普吉岛的停留时间　　　　　D. 直接替换航班，香港转机

任务实施

实施 步骤一	了解分析客户需求，甄选住宿资源 **客户订单需求分析表** （见下表）

客户订单需求分析表

出游人数		2个家庭（2老人，2对夫妻，3个小孩）
出发地		天津
目的地		海南　三亚
出游时间		1月15—22日
出游天数		8
主题		春节度假
预算		5万元
需提供 的服务	餐饮	节日宴会
	住宿	2个家庭　尽量住得靠近
	景点	邻近住宿
	活动	春节团拜
特殊需求：节日气氛浓厚		

实施 步骤二	分组讨论，查阅OTA平台收集对应出游日期住宿资源信息

三亚住宿类型	名称	位置	日均价	房型、设施
酒店				
民宿				
露营基地				
其他				

实施 步骤三	各组汇报，互评之后，确定住宿方案

日期	住宿名称	位置	房型、设施	费用
D1				
D2				
D3				
D4				
D5				
D6				
D7				
总计				

实施 步骤四	介绍住宿超值服务特色

任务评价与总结

项目	评价与总结
组内任务分工	
组内表现自评	☐ 积极参与，贡献大 ☐ 主动参与，贡献一般 ☐ 被动参与，贡献小
任务所需 知识总结	请回顾并列出任务所需知识信息
任务实施中 薄弱环节	
今后改进措施	

任务五　安排餐饮服务

任务导入

工作案例	新婚夫妻蜜月游预订了海外定制团美食之旅，围绕美食这一主题，你需要做哪些餐饮服务安排，提供哪些美食体验的增值服务
任务目标	能够高效收集各地美食信息；挖掘客户对于餐饮的需求，为客户安排最佳餐饮体验及增值服务
任务要求	旅游定制师在为客户预订餐饮服务时，不但要考虑到口味偏好、预算空间，同时，还要能够关注一些细节方面的要求，如饮食禁忌、健康状态等。在增值服务中突出饮食文化的体验

知识导入

任务思考	相关知识点
我国各地有哪些代表美食	我国美食类型与特点、名茶名酒
世界美食有哪些类型	世界美食类型与特点
向客人推荐餐饮服务需要考虑哪些因素	餐饮服务推荐原则

知识准备

　　旅游餐饮不仅可以满足旅游者在饮食方面的基本生理需求，更重要的是，可以成为旅游者旅游经历的组成部分，满足旅游者的好奇心和求异心理。

一、我国美食类型与特点

1. 菜系

　　中国传统饮食文化的菜系是指在一定区域内，由于气候、地理、历史、物产及饮食风俗的不同，经过漫长历史演变而形成的一整套自成体系的烹饪技艺和风味，并被全国各地所承认的地方菜肴。早在春秋战国时期，中国传统饮食文化中南北菜肴风味就表现出差异。到唐宋时，南食、北食各自形成体系。发展到清代初期，鲁菜、粤菜、苏菜、川菜，成为当时最有影响的地方菜，被称作"四大菜系"。到清末，浙菜、闽菜、湘菜、徽菜四大新地方菜系分化形成，共同构成中国传统饮食的"八大菜系"（表3-16）。

表3-16　八大菜系口味特点及代表菜

菜系	口味	代表菜
鲁菜	口味咸鲜为主。讲究原料质地优良，以盐提鲜，以汤壮鲜，调味讲求咸鲜纯正，突出本味。咸鲜为主火候精湛，精于制汤，善烹海味	齐鲁菜：糖醋鲤鱼、九转大肠、汤爆双脆、奶汤蒲菜； 胶东菜：肉末海参、香酥鸡、家常烧牙片鱼、崂山菇炖鸡、原壳鲍鱼、酸辣鱼丸、炸蛎黄、油爆海螺、大虾烧白菜、黄鱼炖豆腐； 孔府菜：一品寿桃、翡翠虾环、海米珍珠笋、炸鸡扇、燕窝四大件、烤牌子、菊花虾包、一品豆腐、寿字鸭羹、拔丝金枣

菜系	口味	代表菜
川菜	口味麻辣为主，菜式多样，口味清鲜醇浓并重，以善用麻辣调味（鱼香、麻辣、辣子、陈皮、椒麻、怪味、酸辣诸味）	干烧岩鲤、干烧桂鱼、廖排骨、鱼香肉丝、怪味鸡、宫保鸡丁、粉蒸牛肉、麻婆豆腐、毛肚火锅、干煸牛肉丝、夫妻肺片、灯影牛肉、担担面、赖汤圆、龙抄手等
粤菜	口味鲜香为主。选料精细，清而不淡，鲜而不俗，嫩而不生，油而不腻。擅长小炒，要求掌握火候和油温恰到好处。还兼容许多西菜做法，讲究菜的气势、档次	广府风味：白切鸡、烧鹅、烤乳猪、红烧乳鸽、蜜汁叉烧、脆皮烧肉、上汤焗龙虾、清蒸东星斑、阿一鲍鱼、鲍汁扣辽参、白灼象拔蚌、椒盐濑尿虾、蒜香骨、白灼虾、椰汁冰糖燕窝、木瓜炖雪蛤、干炒牛河； 潮汕风味：潮州卤水拼盘、潮汕牛肉火锅、卤水猪手、卤鹅肝、蚝烙、潮州打冷、芙蓉虾、沙茶牛肉、潮州牛肉丸、水晶包、豆酱鸡； 客家风味：雁南飞茶田鸭、客家酿豆腐、梅菜扣肉、盐焗鸡、猪肚包鸡、盆菜、酿苦瓜、梅菜肉饼、腌面、客家清炖猪肉汤
江苏菜	口味清淡为主。用料严谨，注重配色，讲究造型，四季有别。烹调技艺以炖、焖、煨著称；重视调汤，保持原汁，口味平和。善用蔬菜。其中淮扬菜，讲究选料和刀工，擅长制汤；苏南菜口味偏甜，注重制酱油，善用香糟、黄酒调味	金陵菜：金陵鸭、金陵鲜、金陵草等； 淮扬菜：清炖蟹粉狮子头、大煮干丝、三套鸭、文思豆腐、扬州炒饭、文楼汤包、拆烩鲢鱼头、扒烧整猪头、水晶肴肉等； 徐海菜：羊方藏鱼、霸王别姬、沛公狗肉、彭城鱼丸，地锅鸡等； 苏南菜：香菇炖鸡、咕咾肉、松鼠鳜鱼、鲃肺汤、碧螺虾仁、响油鳝糊、白汁圆菜、叫花童鸡、西瓜鸡、鸡油菜心、糖醋排骨、桃源红烧羊肉、太湖银鱼、太湖大闸蟹、阳澄湖大闸蟹
闽菜	口味鲜香为主。尤以"香""味"见长，其清鲜、和醇、荤香、不腻。三大特色，一长于红糟调味，二长于制汤，三长于使用糖醋	闽东福建菜：五大代表菜（佛跳墙，鸡汤汆海蚌，淡糟香螺片，荔枝肉，醉糟鸡）、五碗代表（太极芋泥、锅边糊、肉丸、福州鱼丸、扁肉燕）； 闽南泉州菜：海蛎煎、鱼丸、葱花螺、汤血蛤、烧肉粽、酥鸽、牛腩、炸五香、油葱果、韭菜盒、薄饼、面线糊； 闽西客家菜：白斩河田鸡、芋子饺、芋子包、白头翁粄、苎叶粄、苦斋汤、冬瓜煲、酿苦瓜、红米饭、高粱粿、麦子粄、拳头粟粄等
浙江菜	口味清淡为主。菜式小巧玲珑，清俊逸秀，菜品鲜美滑嫩，脆软清爽。运用香糟、黄酒调味。烹调技法丰富，尤为在烹制海鲜河鲜有其独到之处。口味注重清鲜脆嫩，保持原料的本色和真味。菜品形态讲究，精巧细腻，清秀雅丽。其中北部口味偏甜，西部口味偏辣，东南部口味偏咸	龙井虾仁、西湖莼菜、虾爆鳝背、西湖醋鱼、冰糖甲鱼、剔骨锅烧河鳗、苔菜小方烤、雪菜大黄鱼、腐皮包黄鱼、网油包鹅肝、荷叶粉蒸肉、黄鱼海参羹、彩熘全黄鱼等
湘菜	口味香辣为主，品种繁多。色泽上油重色浓，讲求实惠；香辣、香鲜、软嫩。重视原料互相搭配，滋味互相渗透。湘菜调味尤重香辣。相对而言，湘菜的煨功夫更胜一筹，几乎达到炉火纯青的地步。煨，在色泽变化上可分为红煨、白煨，在调味方面有清汤煨、浓汤煨和奶汤煨。小火慢炖，原汁原味	东安子鸡、剁椒鱼头、腊味合蒸、组庵鱼翅、冰糖湘莲、红椒腊牛肉、发丝牛百叶、浏阳蒸菜、干锅牛肚、平江火焙鱼、平江酱干、吉首酸肉、湘西外婆菜、换心蛋等

菜系	口味	代表菜
徽菜	口味鲜辣为主。擅长烧、炖、蒸，而爆、炒菜少，重油、重色，重火功。重火工是历来的，其独到之处集中体现于擅长烧、炖、熏、蒸类的功夫菜上，不同菜肴使用不同的控火技术，形成酥、嫩、香、鲜独特风味，其中最能体现徽式特色的是滑烧、清炖和生熏法	有火腿炖甲鱼、腌鲜鳜鱼、黄山炖鸽等上百种

2. 特色风味与小吃

（1）广西：螺蛳粉。螺蛳粉是广西壮族自治区柳州市的特色小吃之一，具有辣、爽、鲜、酸、烫等独特风味，是柳州最具地方特色的名小吃。螺蛳粉的味美还因为它有独特的汤料。汤料由螺蛳、山柰、八角、肉桂、丁香、多种辣椒等天然香料和味素配制而成。

（2）湖南：口味虾。口味虾是湖南省的一道传统名小吃，属于湘菜系。该菜品的主要食材是小龙虾，配料是干辣椒、食盐、胡椒粉，做法是通过大火烧制而成，煮熟后蘸调味汁食用味道鲜美。

（3）湖北：武昌鱼。武昌鱼是湖北极具代表的美食，它主要生长在梁子湖中，平时栖息于底部有淤泥、长有沉水植物的敞水区的中下层中。武昌鱼非常适合红烧，它的肉质细腻、口感鲜美，红烧后实在是鲜香无比。

（4）广东：叉烧。叉烧是广东著名美食之一，属于粤菜系。叉烧是广东烧味的一种。多呈红色，瘦肉做成，略甜。它是把腌制后的瘦猪肉挂在特制的叉子上，放入炉内烧烤。

（5）北京：北京烤鸭。烤鸭是具有世界声誉的北京著名菜式，由汉族人研制于明朝，在当时是宫廷食品。该菜品以色泽红艳、肉质细嫩、味道醇厚、肥而不腻的特色，被誉为"天下美味"而驰名中外，其色泽略黄，柔软淡香，夹卷其他荤素食物食用，为宴席常用菜点，更是家常风味美食。

（6）上海：生煎包。生煎包是上海的一种特色传统小吃，简称生煎，距今有上百年历史了。上海人习惯称"包子"为"馒头"，因此，在上海生煎包又称生煎馒头。上海生煎包外皮底部煎得金黄，上半部撒上芝麻、香葱。成品面白，软而松，肉馅鲜嫩，中有卤汁，咬一口满嘴汤汁，带有芝麻及葱香味，非常好吃。

（7）江西：瓦罐煨汤。瓦罐煨汤与沙县小吃、兰州拉面齐名，在全国各地都有门面，江西的瓦罐煨汤中不会添加色素、香精等添加剂，而是将食材精心慢炖数个小时制成的，味道极其鲜甘。

（8）河南：胡辣汤。胡辣汤是河南特色小吃中最有名的一种了，基本上是无论去没去过河南，都听说过胡辣汤。那么既然已经去到河南，当然就要尝尝正宗的胡辣汤了。胡辣汤是用豆腐、黑木耳、香菇、火腿丝加点香菜末等食材熬成汤，然后加上淀粉水煮浓稠做成的。与杭州的西湖牛肉羹有异曲同工之妙，都是羹汤类型的。喝一碗胡辣汤，满身的毛孔都打开了，冬天、夏天喝都很好。

（9）海南：海南清补凉。海南清补凉是一道美味可口的汉族名点，属于海南菜。作为风靡热带海南岛的特色冰爽甜品，传统的海南清补凉是以红豆（绿豆）、薏米、花生、空心粉等做成，放置冷却或加入冰块后即成为一碗正宗的海南清补凉。

（10）山东：德州扒鸡。德州扒鸡已有上百年的历史，在做"鸡"的美食上，德州扒鸡有一席之地，它具有独特的味道，金黄的表皮，吃起来骨酥肉嫩，肥而不腻。

（11）江苏：鸭血粉丝。鸭血粉丝是南京著名的风味小吃，由鸭血、鸭肠、鸭肝等加入鸭汤和粉丝制成。口感鲜香，爽口宜人。鸭肉蛋白质含量高、脂肪含量低，特别适合老年人食用。

（12）浙江：葱包桧儿。葱包桧儿是浙江省杭州市的一道风味传统小吃。用春饼包卷油条、葱、甜面酱烤制而成。桧儿即油条，浙江的方言，全称为油炸桧儿。

（13）安徽：臭桂鱼。臭桂鱼又名臭鳜鱼，是安徽省徽州地区的一道传统名菜，也是徽州菜的代表之一，鳜鱼发出的似臭非臭的气味，正是这道菜独有的风味，当你吃一口后，你会惊讶地发现它的味道如此鲜美，这就是徽州的名菜——臭桂鱼。

（14）黑龙江：小鸡炖蘑菇。小鸡炖蘑菇的主要原料是土鸡或柴鸡、蘑菇、粉条等，是一道地道的东北炖菜。小鸡炖蘑菇中的鸡肉肉质鲜美，汤味浓郁，营养丰富，深受广大消费者喜爱。

（15）吉林：人参鸡。人参是东北三宝之一，是吉林特产的名贵补品。用吉林人参与当年母鸡经加工后，再加入适量高汤，调料上屉蒸制而成。此菜上桌，只见参卧鸡中，鸡卧汤中，形体美观，肢态饱满。常吃人参鸡可提神健脑，大补元气，延缓衰老。这道菜营养又滋补，味道相当不错。

（16）辽宁：长宽猪蹄。长宽猪蹄系列产品乃祖传秘方配制，精心选料，细致加工而成。主要品种有猪蹄、猪肚、猪肘、牛肉、兔、鸡脖等熏制品，该产品是燕东一绝，风味独特，具有咸鲜味醇酥嫩脱骨，柔韧适口，冬气郁，回味无穷，老少皆宜。

（17）天津：耳朵眼炸糕。耳朵眼炸糕始创于清朝光绪年间，因店铺选址在北门外窄小的耳朵眼胡同而得名。耳朵眼炸糕是天津三绝之一，外酥里嫩，香甜软糯，黄、软、筋、香四大特点。

（18）河北：驴肉火烧。驴肉火烧源于河北省保定市，是经典的汉族美食，广泛流传于北京、天津一带。驴肉火烧是将卤好的驴肉带着汤汁，夹到火烧里面食用，驴肉肥而不腻，鲜香味美，深受大众喜爱。

（19）内蒙古：烤全羊。烤全羊是蒙古族人民膳食的一种传统地方风味肉制品，一道最富有民族特色的大菜，是该民族千百年来游牧生活中形成的传统佳肴，是蒙古族招待外宾和贵客的传统名肴。

（20）甘肃：兰州牛肉拉面。兰州牛肉拉面又称兰州清汤拉面，原为西北地区招待高级宾客的风味食品。因为味美可口，经济实惠。兰州本地人一般称兰州牛肉拉面为"牛肉面"。年轻人也称之为"牛大"或"牛大碗"，取"大碗牛肉面"之意。

（21）新疆：烤羊肉串。新疆的烤羊肉串可以说是风靡全国的一种风味小吃，色泽酱黄油亮，肉质鲜嫩软脆，味道麻辣醇香，独具特别风味。据记载，烤羊肉串在我国已有1 800多年的历史。

（22）云南：过桥米线。过桥米线是云南省滇南地区的一种特有的小吃，属滇菜系，是由汤料、佐料、生的猪里脊肉片、鸡脯肉片、乌鱼片及五成熟的猪腰片、肚头片、水发鱿鱼片制作而成。

二、名茶名酒

1. 中国十大名茶

1915年巴拿马万国博览会将碧螺春、信阳毛尖、西湖龙井、君山银针、黄山毛峰、武夷岩茶、祁门红茶、都匀毛尖、六安瓜片、安溪铁观音列为中国十大名茶（表3-17）。

表 3-17　中国十大名茶

名称	产地	分类
西湖龙井	浙江省杭州市西湖周围的群山之中	绿茶
洞庭碧螺春	江苏省苏州市吴县太湖洞庭山西山	绿茶
黄山毛峰	安徽省黄山	绿茶
庐山云雾	江西省九江市庐山	绿茶
六安瓜片	安徽省六安地区	绿茶
君山银针	湖南岳阳君山的洞庭湖	黄茶
信阳毛尖	河南信阳罗山一带	绿茶
武夷岩茶	福建武夷山	青茶
安溪铁观音	福建省安溪县	青茶
祁门红茶	安徽省西南部黄山支脉区的祁门县一带	红茶

2. 中国八大名酒

中国八大名酒是茅台酒、五粮液、古井贡酒、剑南春、泸州老窖特曲、汾酒、西凤酒、董酒。中华人民共和国成立后，我国对白酒进行过 5 次国际级评比。茅台酒、汾酒、泸州老窖特曲在历次国家评酒会上都被评为名酒，五粮液、西凤酒、董酒、古井贡酒 4 次入选，剑南春3 次入选。后来这 8 种酒一起成为约定俗成的"中国八大名酒"。

（1）茅台酒：酿酒历史可追溯到汉武帝时期，贵州省遵义市仁怀市茅台镇特产，中国国家地理标志产品。它与苏格兰威士忌、法国科涅克白兰地齐名世界三大蒸馏名酒，是中国三大名酒"茅五剑"之一，也是大曲酱香型白酒的鼻祖。

（2）五粮液：中国国家地理标志产品，川酒六朵金花之一。其多粮固态酿造历史传承逾千年，自盛唐时期的"重碧酒"即开始采用多粮酿造，当地拥有 4 000 多年的酿酒历史，产生了一个又一个美酒佳酿。

（3）古井贡酒：亳州传统名酒，浓香型白酒，有"酒中牡丹"之称，还被称为"中国八大名酒之一"。据考证，古井贡酒始于公元 196 年，当时的曹操将家乡亳州特产"九酝春酒"及酿造方法献给汉献帝，自此，该酒便成为历代皇室贡品。

（4）剑南春：因绵竹在唐代属剑南道，故称"剑南春"。它是现代中国唯一载入正史的中国名酒，也是中国至今唯一尚存的大唐名酒，其传统酿造技艺被认定为国家级非物质文化遗产。

（5）汾酒：属于清香型白酒的典型代表。它以清澈干净、幽雅纯正，有 4 000 年左右的悠久历史，是凝聚着古代中国劳动人民智慧的结晶和劳动成果。

（6）泸州老窖：源于明朝万历年间（即公元 1573 年）建造的"国宝窖池"，400 多年的历史中，这些窖池一直在年复一年地发酵。泸州老窖酒传统酿制技艺，历 23 代传人，持续传承 690 余年。

（7）西凤酒：西凤酒是产于凤酒之乡的陕西省宝鸡市凤翔区柳林镇的地方传统名酒，为中国八大名酒之一。西凤酒是中国"凤香型"白酒的典型代表。始于殷商，盛于唐宋，远在唐代就已列为珍品。

（8）董酒：董酒是我国白酒中酿造工艺非常特殊的一种酒品。风格既有大曲酒的浓郁芳香，又有小曲酒的柔绵、醇和、回甜，还有淡雅舒适的"百草香"植物芳香。

三、世界美食类型与特点

世界三大菜系是指中国菜系、法国菜系、土耳其菜系。中国（东方）菜系，包括中国、朝鲜、日本、东南亚若干国家及南亚一些国家，以中餐为代表，这是世界人口最多的一个菜系；法国菜系（西方菜系）也称西餐，包括欧洲、美洲、大洋洲等许多国家，占地面积最大，以西餐为主题；土耳其菜系包括中亚、西亚、南亚及非洲一些国家。

（1）法国菜系又可分为欧洲菜系、美洲菜系、大洋洲菜系。

①欧洲菜系。欧洲菜系主要还是由法国的烹饪技法加上欧洲其他国家本民族特色而自成一派的菜系，在欧洲版图上，除法国大餐外，还有意大利菜、希腊菜、西班牙菜及德国菜。这些菜式也多少影响了整个欧洲的饮食习惯，虽然没有他的源流法国菜那么名气大，但也相互影响着。

②美洲菜系。美洲菜系是由欧洲和印第安人的饮食文化融合而形成的一种菜系。它既有法国菜系的香甜精致，又有印第安菜的浓郁大气。

③大洋洲菜系。大洋洲菜系还是以澳大利亚、新西兰及夏威夷群岛为主，这些欧洲人的后裔，很好地将法国菜系的烹饪技法和本地的土著烹饪技法相融合，例如，当代澳大利亚的美食借用了土著居民的烹调方法，被称为"丛林食物"，包括使用当地动植物烹制出特色美食，可以满足不同口味的要求。

（2）土耳其菜系又可分为中亚菜系、中东菜系、南亚菜系。

①中亚菜系。中亚菜系主要还是流行于中亚五国，如哈萨克斯坦有拌面、烤羊肉串、马肉肠、马奶，乌兹别克斯坦有油馕、烤肉串、各种水果，吉尔吉斯斯坦有熏鱼和烤鱼，还有各式各样奶豆腐。受土耳其菜的影响颇深，不同的区别只是肉多菜少。

②中东菜系。中东菜系主要以阿拉伯菜和伊朗菜为主。阿拉伯菜肴主食以牛羊肉为主，烹调手法多样，其点心以咸甜为主，采用孜然、咖喱和沙拉等调味品，形成独特的风味。

③南亚菜系。南亚菜系最大的特色是各种香料的应用，虽然基本种类不超过20种，但其搭配比例与使用方法都非常的个人。

拓展阅读：
世界知名餐厅

四、餐饮服务推荐原则

1. 满足客户需求

按照不同客户的需求进行餐饮选择的分析。

"银发"客户需要选择适合游客自身的旅游特色餐饮，体现地方特色，甚至还要考虑餐饮的养生、生态等特点。因此，安排餐饮时，场所要安静、精致、干净，安排在高档次的特色餐厅，安排的菜品要讲究特色性、养生性。

商务客户要求餐饮高品质、高服务，对价格不敏感，旅游餐饮消费水平高，对于餐饮地点忠诚。因此，安排商务型旅游线路的旅游餐饮要素时，场所体现高档、舒适，安排菜品要讲究高质量。

户外摄影客户寻求自然景点，旅游餐饮要求绿色、生态、消费水平不高，餐饮场所要求绿色、安全、新奇，安排菜品要讲究绿色、安全、方便。

蜜月客户注重就餐环境及氛围的营造，场所要体现出固定、安静、舒适的氛围。

研学、游学客户注重食品的安全性，餐饮消费水平不一定高，但要体现本土化。

年轻客户注重体验当地特色餐食或新奇的主题餐厅，对网红打卡地情有独钟。

2. 突出差异性

不同的地域、民族特色，会造就饮食的多元化。定制游客户在餐饮方面有一定的需求标准，在安排餐饮服务时尽量体现当地饮食特色，推荐当代知名餐厅和当地特色美食。同时，兼顾营养科学搭配，多种饮食元素与风格交替安排。

3. 体现层次感

（1）基础层次——特色佳肴品尝。例如，西安德发长饺子宴、浙江湖州全鱼宴、广州蛇菜宴、北京全聚德挂炉烤鸭等，都为旅游者所青睐。

对于这种层次的旅游旅游餐饮安排，重要的是要选择特色鲜明、知名度高的地方餐饮，同时，注重空间上的连续性及旅游线路的整体性和节奏感。在品尝的同时，可安排其他与饮食相关的旅游活动来丰富旅游线路。

（2）发展层次——饮食医疗保健。例如，南京双宝楼宾馆推出的"时珍苑"药膳品尝，其药膳种类达 300 多种，菜、粥、点心都是由养生康复方面的专家精心搭配、名厨精心烹制，是中国目前为数不多的药膳系列，满足了人们在心理上更高层次的需求，受到国内外游客的广泛欢迎。

对于这种层次的旅游旅游餐饮安排，重要的是要选择具有药膳资质、餐饮质量与服务过硬的餐饮供应商。同时，科普中国药膳文化。

（3）发展层次——饮食文化体验。饮食不仅是为了满足人们的基本生活需求，还体现了社交礼仪、审美等活动文化内涵。旅游餐饮的文化性表现在餐饮器具，菜品、餐伙环境等内容上，出游时更强调对于当地餐饮文化特色的品尝和体验。

尤其是"景点式餐厅"越来越受欢迎。景点式餐厅是一种以产品、空间、文化三个角度为切口，纵深地去营造餐厅的地域方向感、场所认同感及场景体验感的餐饮形式。它主要以景区为核心，在景区内提供餐饮职能的餐厅集群，是景点与餐饮的结合体，对于景点有着不可或缺的作用，可以让游客在景点内得到更多元的体验。景点式餐厅的优势在于，它们可以将本地特色和美食都体现出来，而且脱离了过于商业化的氛围，更受游客喜爱。要于吃中讲求文化，于旅游中弘扬文化，达到以吃为方式、以精神享受为目标。

 ## 知识点自测

1. 单选题：热干面是（　　）的特色小吃。

　A. 湖南　　　　　　　　B. 江苏　　　　　　　　C. 湖北　　　　　　　　D. 天津

2. 单选题：下列菜系中，（　　）指的是上海本地风味的菜肴。

　A. 孔府菜　　　　　　　B. 淮扬菜　　　　　　　C. 本帮菜　　　　　　　D. 谭家菜

3. 单选题：年轻客户对（　　）情有独钟。

　A. 网红餐厅　　　　　　B. 米其林餐厅　　　　　C. 家乡风味　　　　　　D. 自助餐厅

4. 单选题：下列名茶中，属于黑茶类型的是（　　）。

　A. 西湖龙井　　　　　　B. 普洱茶　　　　　　　C. 大红袍　　　　　　　D. 铁观音

5. 单选题：被誉为国酒的是（　　）。

　A. 五粮液　　　　　　　B. 西凤酒　　　　　　　C. 茅台　　　　　　　　D. 董酒

 任务实施

<table>
<tr><td rowspan="11">实施
步骤一</td><td colspan="3">了解分析客户需求，甄选美食资源</td></tr>
</table>

		了解分析客户需求，甄选美食资源
实施 步骤一	**客户订单需求分析表**	
	出游人数	1 对夫妻
	出发地	天津
	目的地	北京　成都　上海　顺德　东京　哥本哈根　巴黎
	出游时间	3 月 1—15 日
	出游天数	15
	主题	蜜月之旅　美食体验
	预算	6 万元
	需提供 的服务　餐饮	当地特色
	住宿	餐厅附近
	景点	下午参观
	活动	体验美食制作
	特殊需求：深度体验	

实施步骤二　请列出中国八大菜系代表菜

菜系	代表菜（至少 3 个）
鲁菜	
川菜	
苏菜	
粤菜	
浙菜	
闽菜	
徽菜	
湘菜	

实施步骤三　请任选 5 个地区列出其特色小吃并简单介绍

地区	小吃	特色

实施 步骤四	请收集行程目的地当地知名餐厅信息			
	地区	餐厅	特色菜品	人均消费
	北京			
	成都			
	上海			
	顺德			
	哥本哈根			
	巴黎			

实施 步骤五	介绍各地餐饮有哪些增值服务

实施 步骤六	请确认方案中的餐饮服务			
	日期	早餐	中餐	晚餐
	D1			
	D2			
	D3			
	D4			
	D5			
	D6			
	D7			
	D8			
	D9			
	D10			
	D11			
	D12			
	D13			
	D14			
	D15			

任务评价与总结

项目	评价与总结
组内任务分工	
组内表现自评	□ 积极参与，贡献大 □ 主动参与，贡献一般 □ 被动参与，贡献小
任务所需 知识总结	请回顾并列出任务所需知识信息
任务实施中 薄弱环节	
今后改进措施	

任务六　安排体验活动

任务导入

工作案例	亲子旅游的特点之一就是体验性，不仅是旅游市场的大势所趋，更是为了迎合孩子的需求及满足家长互动的要求，通过体验使大人、小孩都能收获满满的成长记忆和快乐画面。如何为亲子游家庭（5～10岁儿童家庭）设计体验活动
任务目标	能够高效收集各地文旅体验活动信息；挖掘客户对于文旅体验的需求，为客户安排最佳文旅体验活动及增值服务
任务要求	旅游定制师在为客户推荐体验活动时，要兼顾到客户年龄、身体状态、预算空间，同时，还要能够关注一些细节方面的要求，如安全保障等。在增值服务中突出文旅融合、研学旅行的设计

知识导入

任务思考	相关知识点
各地文商旅综合体有哪些	文旅体验资源推荐
如何有针对性地推荐体验活动	体验活动推荐原则

知识准备

　　旅游不仅是为了游览名胜古迹，更是为了体验当地的文化和娱乐活动。如果只顾着参观景点，却忽略了当地的文旅体验活动，就会导致旅游单调枯燥。

　　旅游体验是旅游者对旅游的参与和体会过程，主要包含以下三层含义：

　　（1）旅游体验的主体是旅游者，客体是旅游活动。

　　（2）旅游体验活动与旅游活动相始终。旅游体验活动只在旅游活动之中，不在旅游活动之外。

　　（3）旅游体验由旅游体验心理和旅游体验行为复合而成，以行动为外壳，以心理为核心。旅游体验可分为旅游审美体验、旅游求知体验、旅游交往体验、旅游情感体验四个层次。

　　①旅游审美体验：围绕旅游和通过旅游来进行美的创造和美的欣赏。

　　②旅游求知体验：旅游者通过旅游增长知识，改变自己的知识结构。

　　③旅游交往体验：是一种暂时性的个人间的非正式平行往来。

　　④旅游情感体验：是旅游者对情感的认识与反映的过程。

　　旅游体验行为是旅游体验心理的外化，包括对旅游景观、旅游服务、旅游环境等对象的体验，也包括对交通、饮食、住宿、游览、购物、娱乐等环节的体验。旅游体验行为与旅游体验活动相始终，是旅游体验活动的标志。在旅游体验文化中，旅游体验行为处于表层地位。旅游体验行为是旅游者旅游行为的重要组成部分。

在旅游过程中的文旅体验活动形式多样，可以是传统文化体验，如学习书法、绘画、剪纸、制作传统工艺品等；也可以是历史文化体验，如参观博物馆、文化遗址、古建筑等；还可以是美食文化体验，如品尝当地美食、学习烹饪技巧等。另外，还有很多创新的文旅体验活动，如主题演出、互动游戏、环境艺术等。

一、文旅体验资源推荐

（一）沉浸式体验

1. 沉浸式主题乐园/公园体验

主题乐园可以说是文旅领域里，最先接触和引进高科技沉浸项目的文旅项目。主题乐园里的娱乐项目通过场景、影像、音乐、灯光、表演和科技特效来达成环绕效果，使体验者处于被环绕的环境之中，并为其提供一个主动的角色设定，从而能够全方位、多角度调动参与者的注意力，创造出一种前所未有的参与感和联系感，从本质上改变体验者与项目内容的互动方式。

法国狂人国公园经过了几十年的不断升级，最终变成了世界级的演艺主题公园，对于目前的中国沉浸式文旅项目有很强的借鉴价值。狂人国公园包括11场表演、1个景点、4个花园、11家餐厅和5家主题酒店。在这里，古罗马、中世纪、文艺复兴等重大历史节点被搬上舞台，创新演绎各种传奇故事，每一场剧目都有故事表达和情感艺术氛围，紧紧围绕法国历史人文进行挖掘，创造出丰富多彩的差异化 IP 内容，为这里赋予了持久生命力（图3-12）。

拓展阅读：沉浸式主题乐园的"开山鼻祖"——狂人国

迪士尼乐园于1955年7月开园，由华特·迪士尼创办，是世界上最具知名度和人气的主题公园，华特·迪士尼先生曾说："只要幻想存在于这个世界，迪士尼乐园就永远不会完工。"创造快乐并不是一件容易的事情，在如何创造快乐这一终极问题上，迪士尼在不断探索。观众在园内看到的、听到的、闻到的，以及如何看到，都必须被精确地考虑在内。所有游客在迪士尼乐园内获得的快乐体验可以说都是被"精心设计"的成果，其中每个细节都不容忽视。迪士尼乐园这种从细微角度出发打动游客、给游客带来惊喜的行为，贴心地考虑了用户的每一种需求，换来了

图 3-12 法国狂人国公园

高收益。真正的沉浸式体验不仅依靠产品的堆砌，投入太多成本打造高科技产品未必适合大多数景区。以实体经济为支撑的沉浸式文旅都需要这样的创新精神，在沉浸感的营造上尽善尽美，营造全方位的沉浸空间（图3-13）。

2. 沉浸式文旅商综合体体验

当商业从"交易时代"迈进"关系时代"后，意味着消费者越来越注重精神层面的获得感、满足感。这就要求现在的文旅商业综合体不再只是一个简单的交易场所，应包含原创内

容、流量吸引和人格化标签三个部分，更应该承载生活的温度。

"世界娱乐之都"拉斯维加斯，打造了一个"完全重塑的世界"——AREA15。这是全球首座专业定制化体验式零售及娱乐综合型场馆，它的每个项目涵盖了 VR、AR、MR 等多种现代科技，科技是空间重构打造沉浸感的金手指。除各式各样的新媒体艺术交互装置外，在这里万物皆可沉浸，沉浸式餐厅、酒吧、超市，沉浸式音乐节，360 度数字艺术展，彗星体验等，超乎想象的沉浸空间给游客带来超越现实的体验（图 3-14）。

图 3-13　迪士尼乐园

图 3-14　AREA15

2021 年 6 月 3 日，号称"全球最大"的哈利·波特主题实体门店已于美国纽约开幕。这间占地 21 000 平方英尺、三层高的商店，收藏了丰富的电影相关的产品和项目，还原了一个魔法的世界。全店分为 15 个不同的主题区域，展示超过 1 000 种魔法世界里的道具，同时，还有不少电影拍摄的真实道具展出，包括皇冠、面具、书籍（消失的密室）中折断的魔杖等。顾客会收到一张地图，引领他们在 15 个主题区域内参观。沉浸式数字景点始终贯穿旗舰店内，其中包括两处多人 VR 体验项目——"巫师飞行"（Wizard Take Flight）和"霍格沃茨的混乱"（Chaos at Hogwarts）。这两个项目都需要提前预订及额外收费。哈利·波特主题实体门店不仅因为它是基于大 IP 及令游客获得极佳的参与度和沉浸感，更多的是游客可以只花一张门票的钱就收获独一无二的体验（图 3-15）。

国内首个"城市自然共同体"重庆光环，以《阿凡达》电影中潘多拉星球为原型，打造西南首个购物中心室内温室植物园——沐光森林。这是一个纵跨 7 层、高 42 米，由近 300 种热带和亚热带雨林植物构成的立体垂直绿色空间。使消费者感受置身热带雨林般的别样购物体验。室内 7 万株生态植物和室外 7 万平方米城市绿色公园相互呼应，打破自然与商业之间的界限。"生命之树""溪涧山丘""悬浮森林"三大主题景观相互融合，共同构建了项目丰富的空间层次感。每个楼层拥有不同热带森林的景观，唤醒人们对大自然的向往（图 3-16）。

北外滩来福士别出心裁地将 20 世纪 90 年代的上海老虹口搬进了商场，位于 B2 层，命名为"重逢·记忆中的 90 年代上海"的城市集市，不仅使虹口区的市民们重拾旧日时光，而且引发了消费者们跨越年代的情感共鸣。整个市集完美还原了上海的老弄堂、亭子间、灶披间、怀旧食品商店等场景，仿佛一推门便闯进了 20 世纪八九十年代的上海，亲切的烟火气扑面而来（图 3-17）。

众所周知的苏州"老地标"——山塘街，如今也玩出"新花样"。一条山塘街，半座姑苏城，位于山塘街东入口的"海市山塘"是一座集中展现苏式文化生活的沉浸式江南水乡垂直街区。三个楼层加上露天顶楼引入了不同业态，将传统姑苏文化、山塘市井生活进行深度还原。

图 3-15　哈利·波特主题实体门店　　　　　　　　　图 3-16　重庆光环

　　位于吉林省会长春市红旗街的"这有山"是室内度假文旅小镇，不同于传统意义上的商业综合体，它从建筑形态、商业动线、商业模式等方面，已经突破了购物中心的束缚，带给人一种全新的立体空间中的沉浸式商业体验（图 3-18）。

图 3-17　城市集市　　　　　　　　　　　　图 3-18　山塘街

3. 沉浸式文旅街区体验

　　主题文旅街区通过场景营造、文化浸润、沉浸赋能等方式迎合了新时代大众消费升级的需求，逐渐成为城市文化旅游资源开发和城市建设中具有特殊意义的产品。

　　国内首个沉浸式唐风市井生活体验地，"长安十二时辰"位于西安曲江曼蒂广场，占地三层，24 000 平方米的商业空间内注入了电视剧《长安十二时辰》IP 和唐市井文化内容，通过品牌＋、故事＋、网络＋、体验＋、消费＋的"5＋"创意，精心打造了以"三大主题空间、六大沉浸场景"为核心的国内首个沉浸式唐风市井生活体验地。该项目依托古城西安文化底蕴，从深耕唐朝市井文化，到复刻长安的繁华过往；从专属产品开发设计到全业态一站聚合；呈现出了一个原汁原味的全唐市井生活体验空间、雅俗共赏的唐风主题休闲娱乐互动空间、琼筵笙歌的主题文化宴席沉浸空间。将影视 IP 转化为商业 IP，将文化场景转化为消费场景，实现了文旅项目新的提升。长安十二时辰主题街区是西安文商旅融合业态的全新尝试，也将成为中国沉浸式文商旅融合发展的标杆作品与集大成者（图 3-19）。江苏盐城唐渎里集大唐风情、人文古韵及娱乐美食为一体，以旅兴商的形式打造国内首个古韵盛唐与现代美食相融合的沉浸式体验街区。亭台楼榭、小桥流水，恍然间时空交错来到唐朝，精美的布景、悦耳的传唱、沉浸式唐风主题演艺活动一一上演。

4. 沉浸式展陈体验

现代科技快速发展，传统展陈方式也在不断创新，由传统的实物展示、文字介绍等方式，逐渐向着多感官、沉浸式展陈方向进行。沉浸式展陈通常会采用现代化展示技术，对特定的色彩、光影、元素进行灵活运用，建立并传达特殊的文化意识形态，从而为观展者提供全方位、立体化的沉浸式体验。

图3-19 "长安十二时辰"

Pyrmont综合度假胜地打造了世界上第一个永久性沉浸式艺术展，该艺术展采用数字编程技术，通过13米高的圆柱形装置，将光、水等元素与交互式艺术画廊相融合，呈现出梦幻而震撼的视觉画面，为人们提供一种身临其境的观展体验。

九寨沟县非遗馆共设有7个展区，其中非遗展示区专门设置了4个专区，全面展示九寨沟的传舞、南坪曲子、登嘎甘传和川西藏族山歌4项国家级非物质文化遗产。展出各项目的实物100多件，并配以图文和视频板块，展示项目包括历史渊源、传承区域、表现形态、文化价值、传承谱系及目前的保护现状。互动体验区利用AR虚拟现实增强系统，将传舞表演、南坪琵琶弹唱等非遗投放于舞台。

为了让文物"活起来"，东莞市博物馆结合文物特点，以情景结合的方式，设计了形式多样的体验活动。展期内，观众可以在"霓裳羽衣华服秀"处换装观展，在"紫禁城传统文化研习剧本游"中细赏文物、了解陶瓷文化，在"修复师"剧本游中演绎领悟文物背后的故事，在"华彩宫瓷系列高端鉴赏收藏文化讲座"中倾听皇家逸闻趣事。

5. 沉浸式演艺体验

沉浸式演艺体验可分为两类，一类是主打剧情的场景体验，以沉浸式戏剧为代表。它打破了单方面演员在舞台上表演、观众在舞台下观看的方式，而是采取了互动式的体验。另一类更注重科技的场景体验，多元化运用各种新媒体技术。

沉浸式演艺从以传统定点剧场为特点的1.0时代，到以《印象刘三姐》为代表的大型山水实景演出的2.0时代，发展到了如今以"沉浸式"体验为特点，使游客参与式互动的3.0时代。

"只有河南·戏剧幻城"位于河南省郑州市中牟县平安大道与广信街交叉口西北角，占地622亩，幻城整体是一座单边长328米、高15米的夯土城。戏剧幻城包含3大主剧场+18个小剧场。3大主剧场分别是火车站剧场（时长80分钟）、李家村剧场（时长85分钟）、幻城剧场（一个小时）。小剧场包括李家村茶铺、红庙学校、下沉岁月、俺要回家、第七机车车辆厂礼堂、前生来世、光与影、候车大厅、天子驾六遗址坑、陈羊汤（老院子）、老库房、乾台、坤台、张家大院、椅阵、我是河南人、覆斗书场等。在这21个剧目中，时间跨度是从夏商开始，既有河南在唐宋时期的繁荣，也有民国三十一年（1942年）的苦难，更有河南精神的传承。其广度从绘画、音乐、服装、诗词歌赋到农业文明。一方水土养育一方人，"只有河南·戏剧幻城"打破了历史的空间维度，以人物群像的方式展现了中原文化的广博与兼容并包，让受众更为客观地认识河南，感受到"看得见的河南力量"（图3-20）。

大型歌舞《宋城千古情》是一生必看的演出，是杭州宋城的灵魂，与拉斯维加斯的"O"秀、巴黎红磨坊并称"世界三大名秀"。用先进的声光电等科技手段和舞台机械，以出其不意的呈现方式演绎了良渚古人的艰辛、宋皇宫的辉煌、岳家军的惨烈、梁祝和白蛇许仙的千古绝唱，把丝绸、茶叶和烟雨江南表现得淋漓尽致，带给观众视觉冲击和心灵震撼。

图 3-20 "只有河南·戏剧幻城"

乐游锦江沉浸式剧游以沉浸式剧游体验为主线，串联汉服雅聚、探春采风、国潮市集、古彩戏法、RPG 互动体验、水岸演绎等特色活动，让广大游客了解天府文化、体验成都故事。

（二）非遗文化体验

 文旅聚焦

《文化和旅游部关于推动非物质文化遗产与旅游深度融合发展的通知》（以下简称《通知》）发布。《通知》明确提出："非物质文化遗产的有机融入能进一步丰富旅游景区、度假区、休闲街区、乡村旅游重点村镇、红色旅游经典景区等旅游空间的文化内涵，提升文化底蕴。对在旅游空间范围内传承的非物质文化遗产代表性项目，要加强保护传承，提升展示利用水平。鼓励从当地非物质文化遗产与旅游融合发展推荐目录中选择适合的代表性项目进旅游空间"；"要将旅游空间作为展示弘扬中华优秀传统文化的重要载体，面向国外游客讲好中国故事，提升中华文化国际传播效能。推动建设一批特色鲜明、氛围浓厚、当地群众和游客认可的非物质文化遗产特色景区"。

以"非遗+旅游"的方式，让非物质文化遗产在赓续传承中焕发新生机，那些口耳相传、代代传承的瑰宝，也会被更多的人看到。

"非遗+研学"——研学旅游是继观光旅游、休闲旅游后的一种全新的文化旅游方式。天津西青区杨柳青古镇有悠久的历史，近年来杨柳青年画研学体验游成为热点，来自全国各地学生都来体验真正的年画制作过程，当一天的"年画高手"，学生在研学中不仅了解了天津历史，而且弘扬了中国优秀传统文化，还动手制作了专属于自己的年画，深受学生欢迎。

拓展阅读：《研学旅行服务规范》

"非遗+民宿"——民宿能够伴随旅游经济异军突起，在于其满足人们功能性之上的体验性需求。非遗与民宿的结合既增强了入住旅客的文化体验，也为非遗文化开辟了活化路径。从宁波奉化雪窦寺沿着山间公路而上，不多时，便能在大山深处遇见宁波知名的花木村——三十六湾村。走进民宿，"松"的元素随处可见——五针松、黄松、雪松、罗汉松……每个房间均以松的颜色、品种命名。在顶楼，近百平方米的观景台可以让游客尽情眺望雪窦山周边的红枫绿树。民宿主人从 17 岁开始就从事五针松的种植、养护、造型、修剪、销售等工作，一直坚持了 60 年，是五针松盆景造型技艺的非遗传承人。这种形式不仅让非遗得到更好的传承，还能带动周围村民增收。

"非遗＋文创"——过去，在很多年轻人眼中，非遗的历史性对应的是"过时"，文化性对应的是"土气"。然而，当黑陶、手工纸、传统扎染、刺绣、剪纸等非遗文创产品出现在旅游商品市场时，传统手工艺与现代创意的结合折射出的文化温度，立刻受到他们的追捧。从"展品"变"产品"，一项项经过"包装"的非遗，开始"飞入寻常百姓家"。例如，面人、糖画等再现江湖，焕发了新的生机。

"非遗＋演艺"——如果传统技艺类的非遗项目多以展示和产品开发成为旅游经济增长点，那么大大小小的山水实景演出、文旅演艺和歌舞类表演等无疑是对舞蹈、音乐、服饰、节庆、习俗等非遗文化的再开发。例如，锅庄舞的创新演绎。

拓展阅读：舌尖上的"非遗"美食

"非遗＋美食"——民以食为天，舌尖上的非遗、能吃的非遗，是最受游客欢迎的体验项目。美食制作是文化夹着文化魅力的体现，亲自参与美食制作尤为是"吃货们"的必要体验。比如将当地特色的美食、酒、茶、特产等制作过程拆分并展示出来，让游客了解整个特色美食的诞生过程，并将游客可参与的部分贡献出来，让游客参与设计、制作，这种独特的旅行体验会成为珍贵的回忆，成为游客"应该"消费的理由。

"非遗＋节庆"——中国是世界上最早使用历法的国家之一，我国的元旦、春节、元宵节、端午节、重阳节、中秋节、"藏历新年""彝族年"等传统节庆更为"非遗＋旅游"奠定了融合的基础。每年从大年初一到正月十五，全国各地丰富多彩的民俗节庆活动次第展开，成为吸引游客的"打卡地"。

拓展阅读：中国十大非遗旅游好去处

（三）亲子互动体验

随着近年来自由行占据主要市场，定制化产品也越来越受到游客青睐，定制化产品的主题化细分成为一大趋势。如中青旅夏季亲子游产品不仅有艺术、名校、动植物、主题乐园等线路主题，还根据儿童不同年龄段的接受能力把亲子游分为 1～3 岁、3～6 岁、6～12 岁、12 岁以上四个阶段，设计了适合不同年龄段儿童成长规律的主题游产品（表 3-18）。

亲子定制中非常重要的就是体验活动设计，注意大小兼顾，互动不能是"观看"。

表 3-18　亲子体验活动形式

活动形式	简介	活动情感价值	案例盘点
户外亲子拓展	亲子共同参与诸如攀岩、徒步等具备一定挑战性的项目	学习与孩子坦诚相处，增进了解 改善沟通与人际交往技巧 加强亲子间信任和尊重 学会感恩、回馈、珍惜	亲子户外运动社区 Oxy-lane Village
亲子景观设计活动	亲子合作参与微型景观的手工拼装制作工作	激发孩子的想象力与创造力 培养孩子动手操作的能力 提高亲子的空间造型能力与审美水平	微景观亲子设计活动
亲子趣味运动会	共同参与趣味性运动与游戏	增进亲子间的沟通交流 在游戏中父母可以放松自我 提升孩子的运动能力	全国亲子运动会
亲子户外音乐生活节	以音乐为主题，涵盖户外露营、动物体验等活动内容的亲子互动项目	满足亲子体验自然，感受自然的需求 给予亲子充足的相处机会与时间 提高孩子的音乐艺术欣赏能力	阿姆斯特丹运河音乐节 金蜗牛亲子音乐生活节 麦咭儿童音乐节
亲子美食派对	以美食核心，包括美食烹制、美食品尝、餐后游戏等活动内容	帮助孩子了解中国美食的历史与特色 培养孩子劳动意识与节约粮食意识 增进亲子合作与交流	蘑菇辨识与美食制作

为了更好地提升亲子旅行的互动体验，选择更合适不同年龄阶段的亲子旅行目的地也十分重要。例如，学龄前儿童比较合适主题乐园等资源（表3-19、表3-20）；已经上学的青少年比较合适安排各类型主题的博物馆（表3-21）。

表3-19　中国主题公园的人气指数排名

1. 广州长隆旅游度假区（Guangzhou Chime Long Paradise）
2. 东部华侨城（East OCT）
3. 北京欢乐谷（Beijing Happy Valley）
4. 环球恐龙城（Changzhou Dinosaur Park）
5. 深圳欢乐谷（Shenzhen Happy Valley–Dry Park）
6. 上海欢乐谷（Shanghai Happy Valley–Dry Park）
7. 武汉欢乐谷（Wuhan Happy Valley）
8. 芜湖方特（Fangte Wuhu）
9. 长隆海洋王国（Chime Long Ocean Kingdom）
10. 成都欢乐谷（Chengdu Happy Valley）

表3-20　世界各国最受欢迎的亲子游公园名录

编号	名称	所属地区	面积/平方千米	核心特色	亲子服务内容
1	黄石国家公园	美国怀俄明州	7 988	世界上第一座国家公园，拥有世界上最大的火山口与森林区域	建立公众教育基地； 从游客进入公园范围内开始提供解说服务，包括解说员解说、多媒体解说、折页解说等多种形式； 针对5～12岁孩子推出"初级守护者"项目，鼓励亲子共同参与公园内徒步、科普学习等活动
2	米埔湿地公园	中国香港	5	国际重要保护湿地之一，有"香港绿肺"之誉	举办特色参与性活动，如"复活节亲子湿地游"，"与萤火虫相遇展"等，鼓励亲子共同参与； 设立解说志愿者，为游客，特别是学生游客提供湿地科普知识教育； 推出针对各年龄层孩子解说互动活动及富有趣味的解说媒介设施
3	阳明山国家公园	中国台湾	113	大屯火山群为主的火山地形景观	推出类似于"亲子营"旅游活动，增强亲子间以及与当地自然环境的情感联结； 建设生态教育中心，为学生群体提供生态环境教育场所
4	班夫国家公园	加拿大	6 666	北美洲游客最多的国家公园之一	Douglas Fir度假村配备儿童室内戏水乐园和儿童游乐区等亲子服务设施； 推出如加拿大国庆节、冬、夏季艺术节、冰雪节等系列适合亲子游的特色节庆，并在其中设计如拼字游戏、儿童游戏等活动
5	九寨沟自然保护区	中国四川	65 074	主要保护大熊猫、金丝猴等珍稀动物及其自然生态环境	不定时推出如"九寨沟亲子游"系列推广活动与游览线路
6	大堡礁海洋公园	澳大利亚昆士兰	207 000	世界最大最长的珊瑚礁群	设计满足儿童趣味需求的卡通版环境解说媒介系统； 推出亲子出游优惠价，部分科普教育展馆对5岁以下儿童免费开放； 提供儿童专用的潜水、游泳安全设施，并根据年龄段设计不同的儿童项目

表 3-21　世界各国最受欢迎的亲子博物馆名录

编号	名称	所属地区	游客人数（万人次）	概况	亲子服务内容
1	卢浮宫	法国巴黎	930	世界顶级艺术殿堂，艺术收藏品达 40 万件以上	儿童节参观免费 北翼设置幼儿博物馆 为学生设置"工作坊"，由专家教授艺术技巧 为学生群体设计"专题欣赏路线" 设置"孩子与家庭"项目，鼓励亲子互动参与交流
2	美国国立自然历史博物馆	美国华盛顿	800	世界上规模最大的自然历史博物馆之一，藏品总数超过 1.2 亿件	部分展品可触摸体验 设立儿童发现厅，鼓励亲子合作动手参与
3	中国国家博物馆	中国北京	750	世界上单体建筑面积最大的博物馆，中华文物收藏量最丰富的博物馆之一	组织面向亲子家庭的"阳光少年"活动 设置教育体验区，以青少年群体为主 节假日设计亲子类专题主题活动
4	史密森国家航空航天博物馆	美国华盛顿	700	美国航天航空专业性博物馆	以少年儿童为目标群体的航空航天动画片 以青少年为目标群体的飞行器发射模拟操作
5	大英博物馆	英国伦敦	670	历史最悠久、规模最宏伟的综合性博物馆，拥有藏品 1 300 多万件	被誉为"最好的亲子阅读图书馆"的阅览室 专为儿童设计的趣味导游器
6	大都会艺术博物馆	美国纽约	630	美国最大的艺术博物馆，300 万件展品	按照孩子年龄段不同设计不同活动 将教育功能作为所有活动的中心 由成人带领的 12 岁以下少儿免费
7	英国国家美术馆	英国伦敦	600	以绘画收藏为主的国家级美术馆	推出馆藏名画亲子课 推出创意性艺术教育课程，展出学生作品
8	梵蒂冈博物馆	梵蒂冈	550	世界上最小国家的博物馆，收藏和保存稀世文物和艺术珍品	—
9	自然历史博物馆	英国伦敦	530	欧洲最大的自然历史博物馆，藏有世界各地的 7 000 万件标本	设置地震情景体验小屋 馆内设置有数百个生态动物科学的互动式展台
10	美国自然历史博物馆	美国纽约	500	世界规模最大的自然史博物馆，美国主要自然史研究和教育中心之一	推出亲子参与的"博物馆奇妙夜"项目 设立学生实验室，鼓励学生动手参与科学研究 为 1～6 年级学生提供教学材料与内容

（四）婚庆蜜月体验

对于婚庆蜜月定制客户来说，一场令人难忘的婚礼是核心需求。婚礼对他们来说是人生最浪漫、最温馨的时刻，他们希望在这个重要时刻留下深刻记忆，作为今后幸福生活的美好开端。

1. 选择婚礼仪式举办地和蜜月旅游目的地

如果客户没有指定目的地，可根据客户需求和经济预算推荐目的地与婚礼形式，旅游定制师一定要对国内外婚庆类旅游目的地了如指掌，熟悉各种婚典形式的运作流程。

婚庆旅游要选择具有一定浪漫色彩及设施良好的旅游目的地，如国内有"蜜月岛"之称的海南岛、"亚洲婚庆旅游文化基地之都"的成都、"童话世界"的九寨沟、"浪漫之都"的大连、"蜜月秘境"的丽江、厦门鼓浪屿，国外有"情侣天堂""蜜月天堂"之称的夏威夷、"承载仙人与公主神话故事"的韩国济州岛、维纳斯的故乡塞浦路斯、"寻找爱神丘比特"的希腊雅典、"天堂之岛、诗之岛"之称的巴厘岛等，这些由于悠久的爱情历史及浪漫甜美的氛围，成为婚庆旅游消费者的首选目的地。

在国际上具有较高知名度的婚庆旅游目的地，其国际化本质不在于巨大的目的地规模和接待量，而在于良好的旅游功能和良好的基础设施做后盾，如便捷的旅游交通网络、高品质的绿化系统、完善的旅游救援服务体系等，这些直接关系到婚庆旅游者直观感受的好坏。如印度尼西亚的巴厘岛，是全印尼1万多个小岛里唯一信奉印度教的小岛，这里星级酒店云集，因其壮丽蔚蓝的大海、白色细软的沙滩、宁静惬意的水上茅屋成为特色婚礼举办的首选之地。

拓展阅读：世界10大童话蜜月旅行地

2. 设计独具特色的婚礼

如果是国内特色婚礼和海外特色婚礼，可以有集体、中式、西式、民族风格，就婚礼举办地而言可分为教堂、城堡、庄园、农场、草坪、乡村、海边、水上、水下等。

国内的著名婚庆城市三亚开发出海滨婚礼、水下婚礼、黎族风情婚礼等这些独具魅力的婚庆旅游产品，其"婚庆圣地，蜜月天堂"的旅游目的地形象深入人心。

国外如巴厘岛是一处星光闪耀的岛屿，海外婚礼的知名度较高，已举办过多场大牌明星的婚礼。在西式婚礼中，教堂婚礼颇受年轻人的喜欢，巴厘岛的每个教堂都有它的特色，如云之教堂，水之教堂、阿曼达教堂、蓝点教堂、蝴蝶教堂等。除教堂婚礼外，巴厘岛的特色婚礼还有水上婚礼、悬崖海景婚礼、草坪婚礼、沙滩婚礼、别墅婚礼、花园婚礼等。在西式婚礼中融入当地文化特色，如大溪地婚礼根据当地习俗设计了喝椰子的特色环节，牧师或婚礼主持人将会用法式的浪漫及波利尼西亚的热情，为新人致以最神圣的誓词。

在很多海外西式婚礼走俏的同时，传统的中式婚礼以古朴、礼节周全、喜庆、热烈而张扬的气氛再次受到了年轻人的推崇。在快速发展、经济繁荣、日新月异的今天，回归传统、回归历史记忆、回归民族文化越成为年轻人的心理需求，"重视传统民俗、追寻文化根源"成为现代人的新时尚。

汉族的中式婚礼和少数民族的民族风情婚礼的举办地同样可以成为定制师的策划亮点。婚礼举办地不再局限于一板一眼的室内，婚宴也不局限于当地千篇一律的宴会厅，具体建筑可以是具有内涵的人文景观场所，如古村落或者古镇的某个深宅大院、诗情画意的仿古园林、苗寨的吊脚楼、侗寨的鼓楼、草原上的蒙古包、福建的土楼、藏族的碉楼等，举办一场属于自己的与众不同的婚礼，谱写一段数十载后仍能细细回味的记忆，是新人们追求的理想婚礼。婚礼举办地的自然风光、民俗人文风情、特色的婚礼服饰是婚庆旅游产品的卖点，相信这会是未来国内蜜月旅游和国内婚礼的发展趋势。

在拥有湖光山色、美好意境的自然风光中举办婚礼，远离尘嚣，远离现代化，在广阔天地中，使自然万物共同见证生命中重要的仪式，举办一场返璞归真的婚礼是现代年轻人追求的生活方式。自然系婚礼的场景可以变化多端，呈现出独具魅力的场景。就国内而言，可以设计出丽江玉龙雪山的雪山婚礼、内蒙古阿尔山的森林婚礼、腾格里沙漠月亮湖的沙漠婚礼、鸣沙山的沙漠婚礼、蜈支洲岛的海底婚礼、九寨沟瀑布的瀑布婚礼、莫干山的高山婚礼、呼伦贝尔的草原婚礼等。

3. 量身定制蜜月旅游中的旅游行程及特色活动

除婚礼、纪念仪式活动外，还有一个很大的活动就是旅游。要根据年龄和所处人生阶段对目标群体进一步细分，如新婚夫妇、有小孩子的已婚夫妇、子女已参加工作的老龄夫妇等，这些消费人群在收入水平、消费层次、个性爱好、需求特征等方面具有很大的差异，旅游定制师要以消费者的需求为中心。根据这些差异、特点和需求安排不同的旅游活动，要充分考虑婚庆旅游者的意愿和习惯，考虑不同年龄及不同群体的身体素质和经济实力，关心他们的真实情感诉求，开发能够契合他们情感的婚庆旅游产品。这些定制的婚庆旅游产品可以最大限度地满足婚庆消费者个性化需求，又是兼具文化内涵和艺术魅力的品质旅行。

二、体验活动推荐原则

1. 因人而异

体验活动根据不同人群，在性别、心理、年龄、区域、文化等层面体现场景环境在旅游过程中的感知性、理解性、参与性。使旅游者以主人翁意识积极主动地参与的场景，体现出新鲜感、亲切感和满足感的情景，这是体验活动的价值所在。在体验过程中旅游者产生情感上的共鸣，涌现出责任感、归属感和成就感，这是体验目的所在。从旅游者动机出发，满足不同旅游者游览中身体、心理、精神上的需求，在体验中获得愉悦与满足。

2. 安全第一

旅游安全是旅游体验的最基本属性。任何体验活动都必须在保障游客人身财产安全的前提下进行。根据客户年龄、健康等状况，建议谨慎选择高空、高速、水上、潜水、探险等高风险旅游项目，并要求在专业人员指导指引下进行活动，不做可能危及自身及他人安全的举动。

拓展阅读：高风险
项目警示

3. 寓教于乐

尤其是亲子游、研学旅行的核心吸引所在。针对不同年龄阶段孩子的特点，设计符合他们心智发育需求的益智性、趣味性产品，在快乐中学习。对于内向不爱说话的孩子，鼓励孩子在旅行中接触新的事物、交新的朋友、表达自己的情绪和感受。对于比较安静不爱运动的孩子，适当安排参与露营、徒步、登山等活动，使孩子充分参与活动的各个环节，鼓励孩子完成徒步、登山等相对较艰难的户外活动，锻炼孩子的意志。对于喜爱读书但比较宅的孩子，安排参观名人故里、名胜古迹，让读万卷书与行万里路相结合，让孩子的眼界更上一层楼。

4. 情感互动

情感交融是一种相合的情感交流，往往呈现出感动、移情、共鸣三种情况。推荐的文旅体验活动尽可能让游客体验生活感受和经验丰富进而产生共鸣。例如，故乡相思的回味、古今世情的反思、道德审美的对照、亲情爱情的感染等。

5. 体验互动

体验互动不仅是旅游市场的大势所趋，更是定制游客户需求的焦点。通过体验使游客获得慢慢地回忆与感受。切记不能只观看不参与、只聆听不操作。要使游客亲身参与到实际过程之中。

知识点自测

1.单选题：定制旅行方案策划如果忽略了当地的（　　　），就会导致旅游单调枯燥。

　　A.文旅体验活动　　　　B.知名博物馆　　　　　C.主题公园　　　　　D.知名景点

2.单选题：（　　　）不仅是旅游市场的大势所趋，更是定制游客户需求的焦点。

　　A.体验互动　　　　　　B.管家服务　　　　　　C.包车接送　　　　　D.分期付款

3.单选题：（　　　）是旅游体验的最基本属性。

　　A.文化教育　　　　　　B.娱乐潮玩　　　　　　C.旅游安全　　　　　D.惊险刺激

4.单选题：在文旅体验策划中，（　　　）是亲子游、研学旅行的核心吸引所在。

　　A.课程学习　　　　　　B.寓教于乐　　　　　　C.畅玩戏水　　　　　D.挑战极限

5.单选题：全国各地学生都来天津杨柳青体验真正的年画制作过程，当一天的"年画高手"，这是（　　　）类型文旅体验项目。

　　A.非遗+研学　　　　　B.非遗+民宿　　　　　　C.非遗+节庆　　　　　D.非遗+美食

 **任务实施**

实施步骤一	了解分析客户需求，甄选文旅体验项目

客户订单需求分析表

出游人数	3 口之家（孩子 7 岁）
出发地	天津
目的地	北京　成都　上海　西安
出游时间	5 月 1—7 日
出游天数	7
主题	蜜月之旅　美食体验
预算	2 万元

需提供的服务	餐饮	安全卫生
	住宿	市区　交通便利
	景点	体现当地文化
	活动	亲子互动

特殊需求：深度体验

实施步骤二	小组收集目的地文旅体验项目信息

地区	文旅体验项目
北京	
成都	
上海	
西安	

实施步骤三 小组收集目的地研学旅行资源信息

地区	研学旅行资源
北京	
成都	
上海	
西安	

实施步骤四 确定此次亲子定制中文旅体验项目

地区	文旅体验项目
北京	
成都	
上海	
西安	

任务评价与总结

项目	评价与总结
组内任务分工	
组内表现自评	□ 积极参与，贡献大 □ 主动参与，贡献一般 □ 被动参与，贡献小
任务所需 知识总结	请回顾并列出任务所需知识信息
任务实施中 薄弱环节	
今后改进措施	

任务七　方案设计呈现

任务导入

工作案例	一对夫妻带 10 岁孩子以及双方父母出游，老人的年龄范围在 65 ～ 70 岁，喜欢摄影打卡，航班不要早晚班机，不要购物，住宿要求市区，方便晚上逛街，酒店安排以舒适型为主。行程最短应不低于 4 天（含 4 天），最长时间（包含大交通来回）不应超过 8 天（含 8 天）
任务目标	按照上述需求单为客户同时设计两条行程方案，线路必须为一条国内、一条境外，行程方案必须契合客户需求
任务要求	定制旅行方案是客户专属的定制旅行"产品使用说明书"，方案准确、精简、指向客户利益。优质的方案可增强客户的购买信心，准确地回答了客户需要的是什么、能给客户带来什么好处的问题。综合方案设计之前的任务训练，针对客户需求按照规定时间完成定制旅行策划方案。可采用 Word 文档编辑方案，并转化文件为 PDF 格式发送给客户。为了更好地展示方案中的资源信息，并配以 PPT 版本录屏介绍

知识导入

任务思考	相关知识点
方案如何命名既符合规范要求又有个性特点	方案命名
方案如何给客户最佳阅读感	方案特色凝练
方案中具体的行程资源等信息应如何披露	方案中的信息披露

知识准备

一、方案命名

（1）基本的行程方案名称的命名要求为指向动词＋客人姓名称谓＋出发城市＋目的地城市（国家）＋游玩天数＋出游主题。

> 示例："For/To/ 致张先生：天津出发至爱琴海 8 天 7 晚蜜月定制游"

对于个人客户而言，如遇客户将这次定制旅行作为特别的纪念日活动，则有可能提出特别的方案命名和设计需求；

对于公司客户而言，常常会提出将客户公司的名称、Logo 等标志性内容设计在方案之中。

（2）突出特色的副标题。巧妙地运用副标题可以进行此次方案的特色突出，直击客户需求，达到吸引阅读，提高成单率的效果。

定制线路如果是一次高山徒步之旅，那么可以考虑将"高山""徒步"等词语融入线路名字中，如"云端徒步之旅""高山探险之旅"等。如果是一次探索中国古镇之旅，那么可以考虑将"古镇""文化"等词语融入线路名字中，如"古镇文化之旅""探寻古镇之美"等。如果定制线路自然美景引人入胜，使人产生强烈的好奇心和探索欲望。可以考虑使用一些诱人的词语或句子，如"探秘神秘之地""漫步自然之美"等。

示例："For/To/ 致张先生：天津出发至爱琴海 8 天 7 晚蜜月定制游——极致浪漫海边体验"

二、方案特色凝练

案例一：

◆强大后盾：专业日本团队，十年磨一剑。
◆一手资源：日本直接操作，超高性价比。
◆境外独立：一人即可成团，境外全独立。
◆特殊预约：热门美食门票，全都能帮订。
◆贴心服务：定制师一对一服务，行中管家服务。

案例二：

资料来源：携程旅行网

方案特色可以从主题特色、资源特色、行程特色、体验特色和服务特色等方面凝练。

1. 主题特色

紧扣客户需求，围绕客户需求安排旅游各项优势资源，以主题带线路，以线路带城市，以城市带景点，以景点带食宿，形成主题鲜明的定制方案。

滑雪主题定制旅行

资料来源：携程旅行网

2. 资源特色

方案中具有的独特资源优势（包括特色酒店、用车、餐饮、导游等）。

例如，在住宿安排中，可以用"甄选酒店、高端床品、管家服务、露天泳池"等词汇概括，紧接着用简短而独特语言将住宿的特殊之处用语言描述出来。如在土耳其最有名的是卡帕多奇亚的洞穴酒店，旅游定制师可以用"卡帕多奇亚两晚连住，充分领略热气球美景"等文字。如果很多旅游定制师安排的是特色酒店和民俗，可以用"全程安排入住高端酒店或主题民宿，身处景色之中，贴近自然酣畅入梦""轻奢酒店，入住当地特色星级酒店，体验异域风情"等文字。如果是五星酒店，可以用"全程五星酒店，使每日得到身心放松，缓解旅途疲劳"等文字。

在餐饮方面，可以用"特色美食、美食体验、网红餐厅"等词汇概括，如在土耳其安排"伊斯坦布尔烤鱼餐、卡帕洞穴餐、伊朗特色羊排、中式餐"等；如在天台山安排"天台山九大碗、高山蔬菜、素斋、特色小吃"等。

在用车方面，可用"商务用车""精选房车"等文字概括，然后再用"乘坐舒适的商务用车，为您的尊贵之旅保驾护航""车况良好定期检查，安全保障、放心出行"等语言，突出安全和舒适的主要特点。

在陪同人员等方面，可用"优质司导、摄影达人、人文建筑专家、贴心管家"等词语概括，并用以下文字进行描述：负责细心、多年驾龄、摄影助手、美食达人等。

3. 行程特色

行程要科学合理连贯，围绕主题根据景点的位置和距离，确定游览时间和交通方式。同时，要留出足够的自由时间，使游客可以自由安排活动，体验当地的生活和文化。

To：张先生上海出发至北京黄金周6天5晚豪华亲子定制游

行程特色——从课本走到现实（孩子10岁，四年级，景观选择相应年级课本中的景观）

《北京》小学二年级上册

当老师讲了《北京》，北京已留在孩子们脑海里了。

《北京亮起来了》小学二年级下册

当老师讲完《北京亮起来了》，一个夜色中的北京已出现在孩子们的眼前。

《开国大典》小学五年级上册

当《开国大典》课文很长，孩子们未必能理解当时的时代背景，这时候爸爸妈妈要做好功课，充当讲解员哦。

《长城》小学四年级上册

不去看一看，哪能感受长城的雄伟。

图片来源：网络

4. 体验特色

为游客提供参与性和亲历性活动，使游客从中感悟快乐。可以借助之前有相关活动体验客户的博客、论坛、日志里记录的游记，分享给目标客户。

新加坡研学夏令营定制旅行——这个研学有点酷

特色学习之旅——国立大学硕士为孩子量身定做三天的学习课程。

名校氛围之旅——孩子走进世界著名的国立大学和南洋理工大学，体验高等学府的人文魅力，激发学习动力。

文化体验之旅——孩子不仅在大学里徜徉，还可以在环球影城、夜间动物园和博物馆，释放童真、开拓视野、探索历史文化。

5. 服务特色

有别于常规跟团游的增值服务（如生日或纪念日活动、特殊人群的贴心服务等）。以下术语仅供大家参考。

品质体验——精心挑选×××××住宿，最长车程不超过3小时，独家线路设计，尽量避开人流，为游客带来舒适体验。

时间充足——安排充足时间，享受两晚的轻奢住宿，不赶行程。

深度游玩——探寻×××××主题线路，体验穿越×××××之旅。

舒适无忧——全程七座商务车专程为游客服务，让游客轻轻松松开始旅行。

独家记忆——金牌领队记录美好瞬间，每天都有新的照片让游客美爆朋友圈，因为记录让旅程不但丰富而且充满欢笑与回味。

独家赠送——每人每件××××T恤，儿童赠送汉服，×××××好礼享不停。

免费赠送——每人赠送纪念版头巾、精美徽章，冬季赠送暖宝贴、夏季赠送定制版风扇等。

三、方案中的信息披露

大交通信息披露完整（若当日有），飞机（如航司、航班号、出发抵达时间、飞行时长、行李额度）、火车、高铁、动车的相关信息。

飞机信息要求
去/返程出行日期
航空公司信息
计划飞行时间
出发城市机场　　航班号　起飞时间　　航站楼信息　舱位等级
目的地机场　　　航班号　抵达时间　　航站楼信息　舱位等级
如有中转，请特别说明中转时间、经停地点、停留是否有安排食宿等
有无餐饮服务
证件要求
行李要求
出发集合时间要求
附：航班退改签政策、超额行李政策

示范

✈ **航班信息**

东方航空MU5639
10月15日20:35出发
10月15日23:50抵达
飞行时长约3小时15分
免费托运行李额20kg

参考航班	**20:35** 萧山国际机场T3	●————●	**23:50** 太平国际机场T2	经济舱
	MU5639			

资料来源：携程旅行网

示范

免费托运20kg/人 ┃ 退改¥148起   退改签、行李额及购票说明

① 2023年7月24日（周一）┃ 上海 → 伊宁市 ┃ ⏱ 7h30m

7月24日 14:15	SHA 虹桥国际机场 T2		✈ 南方航空
7h30m	经停 在乌鲁木齐经停1h5m		
7月24日 21:45	YIN 伊宁机场		CZ6994 ┃ 波音737 ┃ 经济舱

② 2023年7月31日（周一）┃ 伊宁市 → 上海 ┃ ⏱ 5h30m

7月31日 20:05	YIN 伊宁机场		✈ 东方航空
5h30m			
8月1日 01:35	PVG 浦东国际机场 T1		MU6236 ┃ 空客321 ┃ 经济舱

① 该航班为隔夜航班，请留意您的酒店入住日期。

上海-伊宁市

退票手续费	
成人	• 起飞前7天前：¥175/人 • 起飞前2天前：¥175/人 • 起飞前4小时前：¥350/人 • 起飞前4小时后：¥700/人

同舱改期费 ⑦	
成人	• 起飞前7天前：免费改期 • 起飞前2天前：¥175/人 • 起飞前4小时前：¥175/人 • 起飞前4小时后：¥350/人

资料来源：携程旅行网

常见错误案例：

上海—贵阳　计划飞行 8 个小时。

该航班——时间不明确、中转没有注明详细信息。

火车信息要求
去 / 返程出行日期
出发地　　车次　出发时间　　火车站信息　座位等级
目的地　　车次　抵达时间　　火车站信息　座位等级
有无餐饮服务
证件要求
行李要求
出发集合时间要求
附：火车退改签政策、超额行李政策

示范

07月19日 周三	复兴号 ›	07月19日 周三
17:01	经停信息	**17:31**
北京南站 ◉	C2063 ▣	◉ 天津站

资料来源：携程旅行网

用车信息要求
座位数：注明如"× 座车"
车辆型号：注明如"丰田阿尔法"
费用包含：注明如"费用包含：过桥、过路费，油费，司机餐费，接送机"
超时 / 超公里数计费规则：注明如"用车超时 / 公里数，按照 × × 元 / 小时或 × × 元 / 公里额外收费"
每日用车时长：交通行驶时长建议写"× × 小时 × × 分钟"

示范

座位数：9 座车。
车辆型号：丰田阿尔法。
费用包含：过桥、过路费，油费，司机餐费，接送机。
超时 / 超公里数计费规则：用车超时 / 公里数，按照 200 元 / 小时额外收费。
每日用车时长：8 小时。

常见错误案例：
座位数：大巴 / 中巴 / 小车（没有披露具体座位数）。
车辆型号：商务车（没有披露具体型号）。
费用包含：未注明。
每日用车时长：未注明。
超时 / 超公里数计费规则：未注明。

1. 每日日程安排的标题

在总体行程的主题特色规划下，每日行程也可以突出每日的小主题。客户可以清晰了解每日行程概况与行程特色。

> "跟着诗词游南京，探访古都金陵、筑梦百年名校——南京人文历史研学营"五日游
> 第一天：金陵烟雨，六朝如梦鸟空啼；
> 第二天：十朝盛况，南朝四百八十寺；
> 第三天：南京民俗，飞入寻常百姓家；
> 第四天：近代风云，钟山风雨起苍黄；
> 第五天：励学敦行，少年强则中国强。
> 这些对称的排比语言，精确提炼了每天的主题，为行程和方案画龙点睛，注入灵魂。

另一种简洁、便利的日程标题命名方式为：
第 × 天 + 行程 1+ 行程 2+……+ 行程 N。

示例： 第二天　大阪环球影城—大阪城—道顿崛。

或第 × 天 + 目的地 1+ 目的地 2+……+ 目的地 N。

示例： 第五天　上海—大阪—京都。

或第 × 天 + 目的地 + 体验内容 + 游玩天数。

示例： 第七天　箱根温泉体验一日游。

---

2. 每日行程具体信息

每日行程需要包括当日所有行程信息，这些信息既要全面，也要注意语言运用的精准，完整的日程安排包括：

（1）每日活动总览信息要求。

景点：上午 ×××景区、下午 ×××景区，是否含有门票。

用餐：是否包含早餐、中餐、晚餐。

住宿：酒店名称。

用车：租车或自驾。

导游：定制旅行服务管家、景点专业讲解。

景点：上午神农架自然保护区、下午大九湖国家湿地公园。
　　用餐：早餐、中餐、晚餐。
　　住宿：神农架康帝君兰酒店。
　　用车：全程 37 座金龙旅游巴士、景区环保车。
　　导游：定制旅行服务管家、景点专业讲解。

　　（2）景点具体信息。景点及活动描述完整，包括票价、特殊人群票价政策、景点 / 活动描述、景区内 / 活动注意事项、景区内交通等。
　　景点名称：建议写全称
　　建议游玩时间：根据客户实际情况规划时间避免高峰拥挤。
　　参观方式：根据客户实际情况可推荐缆车、观光车等。
　　景点介绍：根据客户偏好突出重点。

　　景点名称：故宫博物院。
　　建议游玩时间：下午，游览 3 个小时，避免上午人群过于拥挤。
　　参观方式：有专业导游带领深度游览。
　　景点介绍：还珠格格真实存在吗？此次故宫之旅带你去探秘。在故宫你可以了解这些伟大的宫殿是如何搭建的？了解在这里曾经发生过哪些故事？（此次为小学生研学定制）。

　　（3）酒店信息。酒店信息披露完整（若当日有），包括名称、位置、装修时间 / 开业、具体房型、含早、特殊情况。
　　酒店名称：填写酒店全名（以便客户将来导航搜索）。
　　酒店位置：尽可能详尽到门牌号。
　　酒店星级 / 携程钻级：× 星级酒店 / 携程 × 钻。
　　酒店具体房型：填写具体房型，如大床房 / 标间 / 亲子房。
　　是否含早餐：注明含早 / 含双早 / 不含早。
　　特殊情况：加床是否收费、停车是否收费、海外酒店是否有中文前台等。
　　如需安排第三方平台民宿资源，方案中附上民宿资源的相关链接。

　　香港四季酒店位于香港中环地区国际金融中心，2012 年装修，行政海景房，含双早。加床 500 元 / 间夜、儿童加早餐 200 元 / 人，酒店有儿童娱乐设施和免费停车场。

常见错误案例：

酒店名称及地址：酒店位于 ××× 山上/景区/市中心（没有披露完整名称及详细地址）

酒店星级/携程钻级：经济型/高档型/豪华型（没有具体等级）。

酒店房型：无/房型待定（没有确定房型信息）。

是否含早餐：酒店内设有餐厅（没有是否包含早餐）。

（4）餐厅信息。餐厅信息披露完整，包括餐厅名称、位置、营业时间、人均价格、餐厅特色。

餐厅名称：建议全称（尤其注意有多家分店情况要注明具体分店名称）。

餐厅位置：尽可能详尽到门牌号。

营业时间：具体明确。

人均消费：以近期市场消费水平为建议。

餐厅特色：根据客户需求有针对性地介绍。

示范

餐厅名称：Mamakids 亲子餐厅。

餐厅位置：天津市南京路 108 号伊势丹 8 层。

营业时间：午餐 11:00—14:00、晚餐 16:30—20:30。

人均消费：人均 138 ～ 149 元。

餐厅特色：作为一家亲子餐厅，它在儿童区的设计比较讨人喜欢，娃娃机、沙坑池、汽车玩具区、琳琅满目的迪士尼正版服装、美美梳妆台、ins 网红风格小舞台、小厨房咖啡屋，小朋友来过绝对会爱上。当然大朋友也可以过来吃点中西结合的各式美食，然后拍几组童真满满的写真照片。

另外，购物场所信息和娱乐活动信息等也可以参照上述要求。

四、视觉设计中的图片、视频来源及其使用规范

1. 矢量图与位图

（1）矢量图是通过组成图形的一些基本元素，如点、线、面、边框、填充色等信息通过计算的方式来显示图形的。一般来说，矢量图表示的是几何图形，文件相对较小，并且放大缩小不会失真。

（2）位图又称像素图或栅格图，它是通过记录图像中每个点的颜色、深度、透明度等信息来存储和显示图像。一张位图就好比一幅大的拼图，只不过每个拼块都是一个纯色的像素点。位图的优点是利于显示色彩层次丰富的写实图像；缺点则是文件较大，放大和缩小图像会失真。常用的图片格式有 jpg、png、gif 三种，这些都是位图。

2. 图片来源

国内有一些图片库的网站，国外也有一些图片库的网站，如果想用图片，可以去购买相应的版权，购买后得到授权再使用。

自己拍、自己用。根据法律规定，一般情况下谁拍的照片归谁所有。

定制旅行服务企业已购买版权的图片。本企业的旅游定制师在企业授权后可以使用，但应在方案最后标注"该方案图片均来源于 ×× 企业"。

3. 使用规范

当下载网上的图片，如果仅仅是为了个人学习、研究，或为了评论某一作品、说明某一问题，或为了报道时事新闻，在媒体中不可避免地再现或引用已经发表的作品，那么就属于合理使用的范畴，可以不经图片作者的许可。但是需要说明图片作者、作品名称。

如果下载图片后，用于商业用途，那么必须取得图片作者的许可，并依照约定或《中华人民共和国著作权法》有关规定支付原作者一定费用，才可以予以使用，否则将构成著作权侵权。

4. 视频素材来源与使用

旅游定制师在选用视频素材时，需要注意结合客人选择观看视频的设备、软件来设置视频的格式，常见的视频格式有 mp4、avi、rmvb 等。除将视频保存在设备上进行展示外，旅游定制师还可以通过选择云存储的形式进行视频分享，如百度云。通过云存储分享视频的优点是不占用设备的存储空间，只要有网络即可随时随地查看，分享速度快。旅游定制师在下载视频素材时，还应注意视频的质量。视频分辨率表示视频的画幅，应注意的是，并非分辨率越高，视频播放效果就会越好，视频分辨率应与播放设备的画幅大小保持一致。

旅游定制师在制作方案中需要使用视频时，可以选择将主要景点的视频进行拼接剪辑，生成一个详细而完整的行程介绍视频。但是需要注意的是，在视频中定制师可以选择性介绍景点信息，避免提前向客人介绍过多而带来的行程期待感降低。

五、排版技巧

1. 技巧 1——创造排版的层次感，让页面结构更加清晰

正文字体：调整字体大小，直到感觉看起来非常舒服为止。

标题字体：通常将正文字体放大到 180% ～ 200%。

副标题字体：副标题字体通常为正文字体的 130% ～ 150%。

2. 技巧 2——控制纵向间距，使排版更易读

通过调整行间距和段间距，让用户更容易扫读文字。段间距让用户能够更好地识别内容块和意群，行间距控制好则可以让大脑更轻松识别文字内容——这也符合我们的阅读习惯。

3. 技巧 3——调整每行文本，确保阅读体验

调整每行文本的长度，让用户更好地阅读。太长的行难以阅读，太短的话单独每行倒是容易阅读，但是需要视线频繁地左右扫视。英文文本每行理想的字符数是 65 ～ 75，作为阅读的参考标准，应该以正文的行宽作为参考，而不是标题和副标题的长度。

拓展阅读：
学生作品展示

拓展阅读：携程
定制师大赛获奖
作品展示

知识点自测

1. 单选题：基本的行程方案名称的命名要求为指向动词＋客人姓名称谓＋出发城市＋目的地城市（国家）＋（　　　）＋出游主题。

　　A. 出游天数　　　　　　B. 交通方式　　　　　　C. 价格优惠　　　　　D. 酒店名称

2. 单选题：方案命名时，巧妙地运用（　　　）可以使此次方案的特色突出，直击客户需求，达到吸引阅读、提高成单率的效果。

　　A. 重点标记符合　　　　B. 字体字号变化　　　　C. 副标题　　　　　　D. 颜色变化

3. 单选题：根据法律规定，一般情况下谁拍的照片归（　　　）所有。

　　A. 拍摄者本人　　　　　B. 拍摄者所在公司　　　C. 全社会　　　　　　D. 照片主人公

4. 单选题：一般来说，（　　　）表示的是几何图形，文件相对较小，并且放大、缩小不会失真。

　　A. 矢量图　　　　　　　B. 位图　　　　　　　　C. 截图　　　　　　　D. 手机图片

5. 单选题：在排版时，建议标题字体放大到正文字体的（　　　）。

　　A. 150%～180%　　　B. 180%～200%　　　C. 200%～300%　　　D. 300%～400%

任务实施

实施步骤一	了解分析客户需求 **客户订单需求分析表** <table><tr><td>出游人数</td><td colspan="2">7（65～70 岁 4 位老人，1 对夫妻，10 岁男孩）</td></tr><tr><td>出发地</td><td colspan="2">天津</td></tr><tr><td>目的地</td><td colspan="2">国内自拟　境外自拟</td></tr><tr><td>出游时间</td><td colspan="2">自拟</td></tr><tr><td>出游天数</td><td colspan="2">4～8 天</td></tr><tr><td>主题</td><td colspan="2">休闲</td></tr><tr><td rowspan="4">需提供的服务</td><td>餐饮</td><td>卫生　老少皆宜</td></tr><tr><td>住宿</td><td>市区商业区　舒适性酒店</td></tr><tr><td>景点</td><td>不宜消耗过多体力</td></tr><tr><td>活动</td><td>喜欢摄影</td></tr><tr><td colspan="3">特殊需求：航班不要早晚班机，不要购物</td></tr></table>
实施步骤二	小组讨论后，分工收集资料，完成国内线路方案。提交 PDF 版本和录屏介绍视频
实施步骤三	小组讨论后，分工收集资料，完成出境线路方案。提交 PPT 版本和录屏介绍视频
实施步骤四	各小组汇报两条线路的方案，邀请企业专家点评。小组修改方案

任务评价与总结

项目	评价与总结
组内任务分工	
组内表现自评	□ 积极参与，贡献大 □ 主动参与，贡献一般 □ 被动参与，贡献小
任务所需 知识总结	请回顾并列出任务所需知识信息
任务实施中 薄弱环节	
今后改进措施	

项目四　定制旅行方案签单

 **学习目标**

➤ 知识目标

1. 掌握行程方案成本的构成。
2. 掌握方案成本核算方法。
3. 掌握定制旅行方案报价的影响因素。
4. 掌握定制旅行方案报价策略。
5. 掌握定制旅行方案报价异议处理方法。
6. 掌握客户签单沟通过程的销售策略技巧。

➤ 技能目标

1. 能根据行程方案构成产品资源，检查资源搭配的合理性，确定出行成本。
2. 能准确对比两种不同组合之间的成本差异，并可分析出成本差异的原因。
3. 能根据历史销售数据，就淡旺季的酒店、机票的成本进行准确估算，以确保实际采购价格与估算相差不大，保证订单的利润率。
4. 能按照定制旅行产品报价规范，进行方案报价。
5. 能清晰地为客户阐明不同的报价组合定制产品的优势，并引导客户做出决策。
6. 能对客户提出的异议正确地理解，耐心调整行程与价格报价。
7. 能有针对性地与客户沟通，有效进行销售，解答客户疑问。

➤ 素质目标

1. 培养严谨、务实、精益求精的工匠精神。
2. 践行"游客为本，服务至诚"旅游行业核心价值观。
3. 培养正确的劳动价值观，掌握扎实的劳动技能，养成良好的劳动习惯。

➤ 考证目标

对应"1+X"定制旅行管家服务职业技能等级标准中行程成本核算与报价能力要求。

<h1 style="text-align:center">任务一　成本核算</h1>

任务导入

工作案例	旅游定制师策划 6 人海拉尔、满洲里的定制旅行，要求住四星级酒店，往返飞机，行程为 4 天，根据线路行程和各个旅游要素的成本价格，请你为其核算成本
任务目标	能根据现有的酒店、机票、门票等产品资源进行成本核算，保证订单报价的准确性
任务要求	机票会区别不同舱位及儿童票、婴儿票等价格，包车费用的计价问题（包括和不包括的费用），酒店每晚计价时间和超时退房计价等

知识导入

任务思考	相关知识点
定制旅行产品的成本包括哪些内容	定制旅行方案成本的构成
怎样控制定制旅行产品成本	定制旅行方案成本的差异
预定周期较长，无法查到确定价格，如何核算成本	定制旅行方案成本的估算

知识准备

一、定制旅行方案成本的构成

视频：成本核算

定制旅行方案成本包含支出成本（预订资源的各项成本）、隐形成本（人工费用、房屋租赁费用、办公用品费用、水电等相关成本）、利润三个方面。通常，要求旅游定制师采用分类报价的方式进行展示，即拆分每一项资源的相关费用，最终再给出总的报价。报价形式没有限制，要求清晰且明确，见表 4-1。

表 4-1　定制旅行方案成本的构成

序号	类别	资源费用	说明	计价方式
1	外部成本	大交通费	主要指乘坐飞机、火车、轮船为交通工具的机、车、船票费，包括机票的航空发展基金、燃油附加税。报价时应说明儿童票价及舱位等级	按人计价
2		城市交通费	主要指租车费和司机服务费。费用一般根据车辆的车座数、车辆等级、使用距离计算	按订单计价

续表

序号	类别	资源费用	说明	计价方式
3	外部成本	住宿费	指行程中的住宿费用。一般按标间计价，计价时需增加单间差价和加床价	按标间计价
4		餐费	指行程中由旅行社安排的就餐费用。由于目前星级酒店房价中均包含早餐费用，因此餐费中一般不包含早餐费用	按人计价
5		景点门票费	指行程中所有收费景区的门票及专营运载的环保车等费用，对于索道费、登塔费和小景点门票费等景区内单独收取费用需单独报价，并说明不同身份游客的优惠减免票价	按人计价
6		其他费用	除上述需支付给其他旅游资源供应商的费用，如签证服务费、旅游意外保险费、借用会议室费用、观看演出、比赛的门票费、潜水或滑雪等运动项目的器材借用费等	按人计价
7	内部成本	定制旅行管家费用	指定制旅行管家带团费用和行程中向导可能产生的房费、餐费、大交通费等费用	按订单计价
8		定制师费用	指定制旅行过程中旅游定制师提供相关服务的劳务费用	按订单计价

成本核算需要特别注意：由于涉及在境外资源平台代订或境外资源直接采购，通常都需要使用当地货币进行支付结算。例如，在法国旅行过程中，预订巴黎罗浮宫博物馆的门票和讲解服务，该费用就需要与境外的供应商使用欧元进行结算。作为旅游定制师，应该对我国银行的主要兑换外币（如美元、欧元、日元、港币等）的汇率有基本的兑换价格概念。

【经典案例4.1】

行程概览

时间	地点	酒店	景点	拍摄素材
初遇奥克兰	奥克兰	So/Auckland	天空塔	奥克兰夜景
初遇奥克兰	奥克兰	So/Auckland	伊甸山豪拉基湾海洋公园	城市及火山全景、海洋野生动物
自然之像	大屏障岛	捕鲸者度假屋	大屏蔽岛	狂野丛林、海岛风情
自然之像	大屏障岛	捕鲸者度假屋	大屏蔽岛	海底世界/海钓丰收、浩瀚星空
自然之像	奥克兰（沃克沃斯）	Central Lake Hamilton	绵羊世界	牧场物语
光影之约	怀卡托、罗托鲁瓦	罗托鲁瓦湖角胡椒酒店	汉密尔顿热气球、霍比屯	热气球俯拍、中土掠影
文化之旅	罗托鲁瓦	So/Auckland	毛利风情村、地热公园	毛利风土、地热喷泉
购物之旅	奥克兰	—	皇后街、T Galleria、Aotea Gifts、卡朗加哈普路	自由选择

成本预算		
往返含税机票 价格 31 896 元	5 316 元/人 ×6 人 =31 896 元	报价不包含： 1. 各类小费； 2. 单房差成加床费用； 3. 行李超重费； 4. 表中未提及的餐费； 5. 司机、导游每日工作时间为 10 小时，超出工作时间及最大行驶公里数需另行支付司导的加费及行驶费； 6. 因客人违约、自身过错、自身疾病导致的人身财产损失而额外支付； 7. 上述费用包含中未提及的其他项目
往返大屏幕岛 飞机费用 6 240 元	1 040 元/人 ×6 人 =6 240 元	
包车 21 974 元 （司 + 导）	接机 奥克兰机场 –So/Auckland 680 元	
	司 + 导 伊甸山 – 豪拉基湾海洋公司 2 530 元（≤100 千米）	
	司 + 导 So/Auckland– 机场送机、大屏障岛 3 210 元（680+2 530 元）	
	司 + 导 大屏障岛 2 530 元	
	司 + 导 奥克兰机场 – 绵羊世界 – 汉密尔顿 3 198 元（≤400 千米）	
	司 + 导 怀卡托热气球 – 霍比屯 3 198（≤400 千米）	
	司 + 导 毛利风情村 –So/Auckland 3 98 元（≤400 千米）	
	司 + 导 购物、So/Auckland– 机场送机 2 530 元（≤100 千米）	
	汉密尔顿 + 罗托鲁瓦司导两晚住宿费补贴 450 元/晚 ×2 晚 =900 元	
酒店 31 443 元	So/Auckland 2 222 元/间（双床房）×3 间 ×3 晚 =19 998 元	
	罗托鲁瓦胡椒酒店 4 580 元/套 ×1 晚 =4 580 元	
	捕鲸者假屋 整间别墅 ×2 晚 =3 641 元	
	Central Lake Hamilton 三卧室公寓 ×1 晚 =3 224 元	
签证费 6 000 元	1 000 元/人 ×6 人 =6 000 元	
保险费 1 980 元	380 元/人 ×6 人 =1 980 元	
租赁卫星电话、 电话卡 300 元	50 元/人 ×6 人 =300 元	成本总价 131 021 元
特色餐费 7 254 元（3 顿）	Eorbit 360° Dining 344 元/人 ×6 人 =2 064 元	
	Harbourside Ocean Bar Grill 165 元/人 ×6 人 =990 元	
	Sid at the French café 700 元/人 ×6 人 =4 200 元	
游览费用 23 934 元	观鲸观海豚游船 777 元/人 ×6 人 4 554 元	
	大屏障岛潜水 / 海豹 880 元/人 ×6=5 280 元	
	怀卡托热气球 1 700 元/人 ×6=10 200 元	
	绵羊世界牧场 145 元/人 ×6 人 =870 元	
	毛利文化村 185 元/人 ×6 人 =1 110 元	
	霍比屯 320 元/人 ×6 人 =1 920 元	

二、定制旅行方案成本的差异

相同或同等级的软硬件及旅游资源等，在采购的时候所体现的不同费用支出，一般来说，这些费用的差别较大，使人能够明显感觉到成本支出的变化。例如，直达和中转航班的差异，多间标准间和独栋别墅的差异，知名餐厅包厢名厨料理和用餐自理的用餐差异，目的地小交通包车和公共交通的差异等。

成本差异的原因主要与方案中所匹配资源的价位影响要素有关系，例如，与机票价格有关的航班时间、航司名称、机型、是否中转等要素，与房价有关的酒店房型、建造日期、房间大小、周边景观、地理位置等要素。

出行季节方面造成的成本差异，例如，春天是日本樱花季，但是夏天却是赴日旅游的淡季，因此，同样春天樱花季和夏天淡季前往大阪旅游，樱花季的各种成本（机票、酒店，用餐等）就会比夏天明显高出一截。

客户构成情况也会造成成本差异。客户中有婴儿、老年人或特殊职业人员，都会产生成本采购上的差异。

在首呼过后，需要判断客户对价格的敏感度，给出符合客户需求的行程方案和报价区间，同时，旅游定制师需要依据客户的决策和成本差异产生的原因给出专业的建议与方案。

三、定制旅行方案成本的估算

定制旅行往往是提前预订，与实际旅行产生的费用往往存在差异。因为旅游定制师在平台上往往无法查询到预售价格，只能按照之前的销售内容和资源的可控性及其他因素（季节性等）来判断资源的采购价格，例如，客户准备三个月之后出行，但各种OTA上看到的机票酒店预售价格一般都是三个月之内的，这时从业人员就需要按照之前年份相同时间的历史销售数据进行估算，以保证最终预测出来销售价格能有订单利润空间。

例如，机票价格的波动是受多种因素影响的。影响机票价格的主要因素有以下几个方面：

（1）季节因素。旅游旺季和淡季的机票价格相差较大，旺季机票价格往往较高。

（2）航空公司运营成本。航空公司的运营成本包括燃油成本、维护成本、人工成本等，这些成本的波动会直接影响机票价格。

（3）航线热度。航线的热度也会影响机票价格。例如，一些热门旅游城市的机票价格常常比其他城市的机票价格高。

（4）政策因素。政策因素也会对机票价格产生影响。例如，一些对外国游客的签证政策有所调整，也可能导致机票价格的波动。

如何节省机票费用？

（1）提前预订。提前预订机票可以享受较大的优惠。

（2）选择淡季出行。淡季机票价格较低，可以选择淡季出行。

（3）选择航班时间。一些航班时间较不受欢迎，机票价格也较低。

（4）选择低价航空公司。一些低价航空公司的机票价格较低。

未来机票价格的走势预测是一项复杂的工作，需要考虑多种因素。根据目前的市场情况，未来机票价格的走势预测如下：

（1）短期内，机票价格不会降低。随着国内旅游市场繁荣，消费者对于旅游的需求逐渐增加，机票价格将保持一段时间高涨。

（2）中期内，机票价格可能出现波动。但是暑期结束，机票价格的波动也可能会有所下降。

（3）长期内，机票价格可能会趋于平稳。随着国内旅游市场的进一步发展和航空公司的运营成本的优化，机票价格也有望逐渐趋于平稳。

知识点自测

1. 单选题：由于目前星级酒店房价中多包含（　　）费用，因此餐费中一般不包含此项费用。

　　A. 早餐　　　　　　　　B. 中餐　　　　　　　　C. 晚餐　　　　　　　　D. 夜宵

2. 单选题：春天去日本大阪和秋天去日本大阪相比价格会高出不少，造成涨价的主要原因在于（　　）。

　　A. 汇率　　　　　　　　B. 季节　　　　　　　　C. 人工成本　　　　　　D. 酒店

3. 单选题：由于涉及在境外资源平台代订或境外资源直接采购，通常都需要使用（　　）进行支付结算。

　　A. 人民币　　　　　　　B. 美元　　　　　　　　C. 当地货币　　　　　　D. 任意货币

4. 多选题：不同的资源搭配选择会导致成本的差异，合理的组合能有效地控制成本，以下可以有效降低成本的资源组合是（　　）。

　　A. 采用中转 + 高铁的方式替代直飞

　　B. 酒店安排在景区外面

　　C. 降低客户用餐标准

　　D. 减少部分景点

5. 单选题：OTA 上看到的机票酒店预售价格一般都是（　　）个月之内的，这时旅游定制师就需要按照之前年份相同时间的历史销售数据进行估算，以保证最终预测出来的销售价格能有订单利润空间。

　　A. 一　　　　　　　　　B. 三　　　　　　　　　C. 六　　　　　　　　　D. 十二

 任务实施

海拉尔、满洲里四日游		
日期	线路	住宿
D1	天津早乘飞机飞往海拉尔	海拉尔
D2	海拉尔—呼伦贝尔草原—国门景区—满洲里　　用餐：早、中 早餐后出发，赴呼伦贝尔草原（已含，15元/人在景区游览150分钟左右）；午餐可品尝特色风味——手扒肉（已含）。下午赴满洲里，游览国门（已含，50元/人）景区，游览结束后入住酒店休息，晚餐不含。客人可自费欣赏纯正的俄罗斯歌舞并品尝可口的俄式大餐（自费188/248元/人）	满洲里
D3	满洲里—呼伦湖—海拉尔　　用餐：早、中 早餐后乘车赴呼伦湖（已含，20元/人）；午餐品尝呼伦湖特色鱼宴（已含）。游览后乘车返回海拉尔，参观民族博物馆（此为赠送项目，游客可根据个人情况选择，游览45分钟左右）。游览结束后返回酒店入住	海拉尔
D4	乘飞机返回天津，结束愉快行程	
备注（成本价）	早餐15元/餐人，风味餐150元/人；酒店四星320元/间/夜；7座商务车800元/台/天；接送机200元/次（含导服费）；导补150元/天；往返机票1 060元（不含税，其中民航发展基金50元/人，燃油附加费60元/人），儿童机票往返530元/人；儿童不含座、导游、门票，半餐，无单独床位	

请根据以上信息，计算该线路中成人和儿童的成本费用

如果客人对住宿有严格要求，需要提升到五星级酒店，每间房增至580元/间/夜。那此行程中成人的成本会增加多少

客户预订出发日期为6个月之后，目前机票和酒店价格查询不到，请你预估此次行程的成本，并说明理由

任务评价与总结

项目	评价与总结
组内任务分工	
组内表现自评	□ 积极参与，贡献大 □ 主动参与，贡献一般 □ 被动参与，贡献小
任务所需 知识总结	请回顾并列出任务所需知识信息
任务实施中 薄弱环节	
今后改进措施	

任务二　报价策略

任务导入

工作案例	请延续项目三 任务七的方案内容，对各组的两条线路进行报价
任务目标	总报价需要包含旅游活动的全部要素，在报价单明显位置体现，同时单项资源需要分类报价
任务要求	列出每一项产品费用及服务费，方便客户清晰地了解产品价格明细。报价要保证利润空间。处理异议时，要注意沟通和解决的效率，避免反复打扰客户，报价的调整应控制在 1 次

知识导入

任务思考	相关知识点
在报价时需要考虑哪些因素	定制旅行方案报价的影响因素
在报价时要列明哪些价格信息	定制旅行方案报价流程与规范
在报价时要注意哪些细节	定制旅行方案报价技巧
如何处理客人对报价的异议	价格异议的处理

知识准备

一、定制旅行方案报价的影响因素

1. 旅游产品（核心资源）成本

旅游产品成本是构成定制旅行产品价值和价格的主要组成部分。在确定定制旅行产品的价格时，要使总成本得到补偿，价格不能低于平均成本费用。当旅游产品的售价大于产品成本时，旅游企业就可能形成盈利；反之，旅游企业的销售收入不能弥补其劳动消耗，旅游企业的生产将出现亏损。显然，旅游产品的成本是旅游企业核算盈亏的临界点，它是影响定制旅行产品价格最直接、最基本的因素。

2. 旅游产品供求关系

旅游产品供求关系是指在市场经济中决定旅游产品的买方和卖方两种基本力量变化方向的基本关系。当旅游产品的供求关系发生变化时，旅游产品的价格也要发生变化。一般来说，在旅游旺季时，旅游产品的价格呈现上涨的趋势；在旅游淡季时，旅游产品的价格呈现下降的趋势。另外，旅游热线、旅游温冷线的旅游产品的价格迥异，也是由供求关系的影响形成的。因此，对旅游温冷线和在旅游淡季对旅游产品的实行价格折扣、在旅游旺季浮动产品的价格，都是供求关系调整产品价格的表现。

3. 旅游产品市场竞争状况

旅游产品市场竞争状况是指旅游产品竞争的激烈程度。旅游产品市场的竞争越激烈，对旅游产品的价格影响就越大。目前，定制旅行市场需求增长明显，但有信誉、有规模的定制旅行服务企业并不是很多。以携程为领军的旅游企业的定制旅行价格明显高于跟团游价格。

4. 旅游产品的需求弹性

旅游产品的需求弹性不仅受到产品供求关系的制约，而且受到产品需求弹性的影响。定制旅行不仅能提高旅游产品的满意度，还能提高用户黏度。定制化旅游能够满足不同旅游者的不同需求，提供更专业、贴心的服务。这种服务模式可以使旅游者有更好的体验，因此，在下次旅游时可能会优先考虑定制化旅游，从而提高企业的用户黏度和多元化收入。

5. 客户心理因素

心理因素是人们对客观存在的社会现实的主观感受和心理反映。当消费者的心理表现为外部消费活动时，便促进人的消费行为。这种行为在一定程度上是旅游经济活动和消费者行为的调节器，也影响旅游产品价格的形成与变动。对旅游产品的价格起较强影响的心理因素有以下三种。

（1）价格预期心理。价格预期心理是指在经济运行过程中，消费者群体或消费者个人对未来一定时期内价格水平变动趋势和变动幅度的一种心理估测。这种主观推测如果形成一种消费者群体的价格预期心理趋势，那将会较大地影响旅游市场中旅游价格和预期价格的变动水平。

（2）价格观望心理。价格观望心理是价格预期心理的又一种表现形式，一般产生于市场行为比较活跃时期，是指消费者对价格水平变动趋势和变动量的观察等待，以期达到自己希望达到水平后，才采取消费行动，从而取得较为理想的对比效果。

（3）价格攀比心理。价格攀比心理是指不同消费者之间的攀比和定制旅行服务企业之间的攀比。消费者之间的攀比心理会导致盲目争购，超前消费乃至诱发和加重消费膨胀态势，成为推动价格上涨的重要因素。定制旅行服务企业之间出现的价格攀比会直接导致价格的盲目跌涨，进而冲击消费者在正常时期的消费心理判断能力，使旅游市场出现不应有的盲目波动。

6. 汇率变动

汇率是指国际间货币比价的变动状况。入境旅游是外国旅游者流入旅游目的地消费旅游产品的"出口贸易"，因而，汇率变动对旅游产品价格的变动有显著的影响。汇率变动的影响主要通过旅游产品的报价形式反映出来。若目的地国以本国货币对外报价，当该国的货币贬值幅度大于国际旅游价格提升幅度时，那么用外币换算的旅游实际收入呈现下降趋势，这样对于外国旅游者有利，必然引起前往该目的地国旅游者人数的增加。

7. 通货膨胀

通货膨胀是指在流通领域中的货币供应量超过了货币需求而引起的货币贬值、物价上涨等现象。旅游目的地的通货膨胀会带来旅游企业旅游产品的生产与经营成本费用上涨，而且由于市场上单位货币的购买力下降，旅游企业必须提高旅游产品的价格，并使价格的提升幅度大于通货膨胀率，才能保证减少亏损。由于通货膨胀导致某地区旅游产品的价格的大幅度上升，在客观上会损害消费者的利益，以及破坏旅游地的形象。

8. 政府宏观管理

政府对旅游市场产品价格的宏观管理主要通过行政、法律手段来进行调节。为维护市场秩序、规范市场行为，政府往往会通过对旅游产品的价格干预来反对不正当竞争或者牟取暴利的旅游价格，既维护消费者的利益，也维护旅游企业的正常利益和效益。例如，政府对娱乐业乱收费的整治，以及对旅游开发的税收政策，都属于政府宏观管理的范畴。

二、定制旅行方案报价流程与规范

1. 定制旅行方案报价流程

定制旅行方案报价流程如图 4-1 所示。

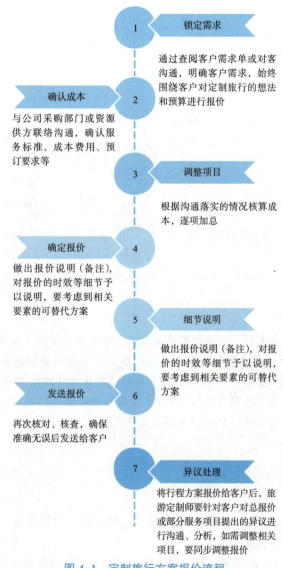

1 锁定需求
通过查阅客户需求单或对客沟通，明确客户需求，始终围绕客户对定制旅行的想法和预算进行报价

确认成本 2
与公司采购部门或资源供方联络沟通，确认服务标准、成本费用、预订要求等

3 调整项目
根据沟通落实的情况核算成本，逐项加总

确定报价 4
做出报价说明（备注），对报价的时效等细节予以说明，要考虑到相关要素的可替代方案

5 细节说明
做出报价说明（备注），对报价的时效等细节予以说明，要考虑到相关要素的可替代方案

发送报价 6
再次核对、核查，确保准确无误后发送给客户

7 异议处理
将行程方案报价给客户后，旅游定制师要针对客户对总报价或部分服务项目提出的异议进行沟通、分析，如需调整相关项目，要同步调整报价

图 4-1　定制旅行方案报价流程

2. 定制旅行方案报价规范

方案报价需要包含旅游活动的全部要素（交通、住宿、餐饮、门票、娱乐休闲、保险、服务费等），同时，单项资源需要分类报价。在报价单明显位置体现总报价，如有境外项目费用，

注意统一结算货币（表4-2）。

表4-2　定制旅行方案报价示范

大类	项目	价格	总价
交通	上海－巴厘岛往返公务舱机票	2 590 元（往返）×2 人	5 180 元
	机场接送（舒适5座）机场－家（往返）	240 元 ×2（往返）	480 元
	机场接送（豪华5座）巴厘岛机场－巴厘岛兰碧尼豪华别墅水疗酒店（往返）	300 元 ×2（往返）	600 元
	包车（豪华5座）	634 元 ×2	1 268 元
住宿	巴厘岛兰碧尼豪华别墅水疗酒店	1 720 元 / 晚 ×3 晚	5 160 元
门票	森林瀑布	20 元 / 成人 ×2	40 元
	网红大秋千	165 元 / 成人 ×2	330 元
	乌布皇宫	20 元 / ×2	40 元
餐费	烛光晚餐	1 000 元 /2 人 ×1 晚	1 000 元
	特色餐厅、网红餐厅	800 元 / 人 ×2	1 600 元
保险	旅游意外保险	20 元 / 天 / 人 ×2×4	160 元
服务费	摄影师跟拍	1 000 元 ×3 天	3 000 元
定制师服务费	行程设计、资源预订、行程关怀	2 000 元	2 000 元
总计			20 858 元

◉ **温馨提示**

　　机票、酒店、餐饮服务以出游实际发生的费用为准。报价中不包含购物产生的费用。

　　服务费是定制旅行利润的重要组成部分，一般是按照每人每天核算或根据定制旅行的总团费按比例加成。收取服务费的标准根据旅游目的地的远近（程）、客户类型、操作复杂程度进行针对性核算。不同的定制旅行机构（平台）对服务费收取的标准有大致范围的规定，当前大部分旅游定制师按照总团费的10%进行服务费报价。

三、定制旅行方案报价技巧

1. 总价吸引

　　在确定总价的时候，可适当使用尾数定价、整数定价、声望定价等心理定价策略，也可减免个别项目的费用以表示服务诚意。

　　例如，总价1 025元，旅游定制师可以调整其中项目尽量将总价控制在990～999元。这样，三位数报价就会比四位数报价更有优势，会给客人一种价格优势的冲击。

2. 分项明确

　　各分项产品资源的费用都是和接待标准相适应的，正所谓"一分价钱一分货"，因此，在标明报价所含服务项目费用的同时，要明确该项目的标准。

例如，豪华五星级酒店每晚住宿 1 500 元（含双早、机场免费接送、24 小时管家服务等）。

3. 提醒时效

定制旅行分项产品资源的采购和确认、出境游的证照办理往往都有时限或工作日的要求，因此在报价的同时要明确报价的有效期。在出境的定制旅行报价中要注意换算汇率并关注汇率变化，因为很多酒店、用车等可能是外币标价。除此之外，还要注意容易发生变动、容易引起纠纷的项目，核算成本时要牢记这些容易忽略的细节。

例如，天津直飞纽约 9 月 25 日 8:30—11:40+1 经济舱　价格 3 020 美元。

重点提醒：此价格为今日查询价格，以确定订单出票价格为准！

4. 区分单位

报价时要特别注意分项产品资源价格的单位，旅游定制师获取的产品资源的成本单位是不同的。例如，机票是每人报价（元 / 人），酒店是每间夜报价（元 / 间·夜），用车是每辆报价（元 / 辆·天），景区门票是每人报价（元 / 人），导游服务是整团报价（元 / 团·天）。要区分定制旅行项目是整团费用、人均费用或其他，即要区分"元"和"元 / 人"，计算总报价时每人报价要注意乘以人数，计算人均费用时整团费用要注意除以旅行人数。安排住宿时可能会出现单人入住一间房的情况，这时候就要记得加入单房差的费用。

四、价格异议的处理

1. 产生价格异议的原因

（1）旅游定制师对客户的心理预算把握不准确，产品价格超出客户的实际购买力。在需求分析时没有真正挖掘客户心理需求，匹配资源过程中没有贴近客户心理需求。只求总价不超过预算或者以为一味满足客户需求没有给出专业建议，没有精选性价比最高的产品，或在分项成本上没有精细化把控。例如，客户需求航班只要上午出发，但是旅游定制师在查询航班时发现某指定日期上午只有商务舱，直接将商务舱价格纳入报价，超出客户的实际购买力。

（2）客户被其他对标产品（竞品）价格影响，对现有产品价格接受程度低。客户下单后，可能有 2 ～ 3 位旅游定制师同时抢单，为客户进行定制方案策划及报价。但是报价有所差异。某位旅游定制师在方案呈现中的特色阐述不到位，行程介绍不详细，导致客户没有了解方案的优势与特色，只能以价格评判。例如，两位旅游定制师同时为客户的云南 4 日定制游报价，分别是 6 880 元和 7 680 元。由于后者没有标注全程豪华酒店，错失客户。

（3）对方案涉及的产品资源不了解。定制旅行的产品资源与跟团游有很多不同，导致很多产品资源价格与 OTA 平台上的跟团游价格有很大出入。旅游定制师在方案中信息介绍不完整、不详细，也没有向客户进行解释说明。例如，跟团游的城市交通方式往往是大巴车，人均价格较低。但是定制旅行城市交通往往是租车，车型大都是 5 ～ 7 座，行程灵活，每天用车时间自由，但人均价格稍高。

2. 价格异议的处理

（1）重新定位客户需求，调整报价。重新梳理客户心理需求与期望，分析挖掘深层心理需求，重新定位，匹配优势资源，调整报价。

旅游定制师沟通话术示范实战演练（一）

遇到客户预算比较吃紧坦言价格太高，不想考虑了！

倾听——李小姐，现在安排有些超预算，是吗？主要是在用车这部分成本比较高还是哪里呢？

共情——嗯，理解，带一大家子出去玩确实开销大，您已经很为家人考虑了。

澄清——我们这次出行天数多，考虑到舒适性和性价比。

陈述——您考虑一下这个方案：把全程包车改成半自由行的形式，为您安排往返接送机，景点间距离比较长的两天安排包车，剩下市区活动，安排景点附近酒店，到时候交通有问题，我们也会为您服务。

要求——李小姐，您看如果这样可以，我们再调整方案报价，您方便的时候确认一下。

其中，最为关键的三大步骤策略是理性分析—感性认同—共情说服。

（2）锁定竞品，对比分析。竞品分析主要从行程合理性、核心资源品质、供应商资质等维度来展开。除了产品相关信息的分析，我们还要渗透"用户思维"，考虑产品对消费者的影响。例如，在产品性能维度，我们要考虑产品最适合客户需求的性能是什么。

在对比分析中，我们主要考虑这样几个问题：我们的产品有什么优势和不足；我们的产品在价格上有什么优势和不足；在客户的认知和购买上，我们的产品有什么优势和不足。

（3）强调产品优势与价值，具象客户利益。多维度详解与阐述产品的优势，让客户明确自己具体能得到的收获。具体可以从以下几个方面入手：

①帮助客户省钱——客户最关心的实际利益。

②帮助客户节约时间——时间就是金钱，效率就是生命，产品能帮助客户节约时间，客户肯定就会喜欢。

③安全感——相对保守型客户对安全特别关注。

④地位的象征——尤其稀缺、稀少资源是客户身份地位的表现。

⑤健康理念——产品可以帮助客户改善健康的问题。

⑥便利性、舒适性——减少排队时间等利好是客户的希望。

旅游定制师沟通话术示范实战演练（二）

精选9座商务车资深华人司机。

座位舒适，可以说走就走还能带你尽情吃喝玩乐。

降低拉车的疲惫感。

深度游览行程有保障。

上次客人去也是这样的行程，你可以参考一下评价反馈。

拓展阅读：报价单

知识点自测

1. 单选题：当目的地国家的货币贬值幅度大于国际旅游价格提升幅度时，那么用外币换算的旅游实际收入呈现下降趋势，这样对于外国旅游者（　　　），必然引起前往该目的地国旅游者人数的（　　　）。

　　A. 不利，减少　　　　　　　　　　　　B. 有利，增加

　　C. 没有影响，没有变化　　　　　　　　D. 有利，减少

2. 单选题：在进行报价时，无须分拆报价的是（　　　）。

　　A. 机票　　　　　　B. 用餐　　　　　　C. 保险　　　　　　D. 住宿

3. 多选题：在正常报价中需要包含旅游活动的全部要素，同时单项资源需要分类报价，总价需要在报价单顶部体现，以下需要在分类报价中体现的要素主要包括（　　　）。

　　A. 餐饮费用　　　　　　B. 个人所得税　　　　　　C. 保险费用　　　　　　D. 导游服务费

4. 单选题：在和客人沟通的过程中，客人表示需要再考虑，这个时候作为旅游定制师，你应该（　　　）。

　　A. 放弃客户不理睬

　　B. 降价吸引客人

　　C. 通过进一步交流，阐明产品优势

　　D. 直接换领一个产品推荐

5. 单选题：客人抱怨线路价格比较高，这时候，作为旅游定制师不应该做的是（　　　）。

　　A. 寻找决策者

　　B. 解释收费的合理性

　　C. 批评客人不了解市场价格

　　D. 阐明产品优势与特点

任务实施

实施步骤一	请比较分析以下 3 个报价单呈现形式的各自优势与不足（拓展阅读 4.1） 报价单 1： 报价单 2： 报价单 3：
实施步骤二	各组延续项目三 任务七的方案内容，对两条线路进行报价，撰写报价单

实施步骤三

各小组汇报报价单，小组互评互查

报价项目	易错点	存在疏忽点	修改方案
大交通	机票算往返，是否加税金、提醒退改费用、行李要求等； 火车票是否添加手续费、提醒退改费用； 国际邮轮是否提醒港务税、舱位升级费用等		
住宿	是否含早餐、服务费； 加床的费用； 是否存在单房差； 提醒退房时间、延迟费用； 是否有个性化服务（鲜花、果盘等）		
用车	是否包含接送机／站的费用； 是否列明用车时长、公里数的规定； 是否包含进城费（古城维护费、西欧进城卫生环保费等）； 是否包含过路／桥费、存车费； 是否包含司机住宿、用餐补助、小费； 有无行李舱／行李舱的大小		
用餐	是否含餐，宜附菜单明细； 是否标准特色餐（风味餐、海鲜餐等）的差价		
景点	是否提示特殊人群（老人、儿童等）的减免，相关证件的减免； 是否提示可能存在小交通、小门票等，不入内参观的景点（外观等）		
保险	是否推荐购买旅游人身意外伤害保险； 是否标注国际旅行保险（办理相关国家签证时必须购买）； 是否提示部分国家对年龄偏大游客的险种、保额有更高的要求； 若行程涉及一些高风险运动，是否购买高风险运动保险		
定制服务费	是否添加定制服务费、比例是否符合要求、单位标注是否准确		

实施步骤四	邀请企业专业点评
实施步骤五	形成完整的方案（包含行程信息、报价等内容）

任务评价与总结

项目	评价与总结
组内任务分工	
组内表现自评	☐ 积极参与，贡献大 ☐ 主动参与，贡献一般 ☐ 被动参与，贡献小
任务所需 知识总结	请回顾并列出任务所需知识信息
任务实施中 薄弱环节	
今后改进措施	

任务三　签单技巧

任务导入

工作案例	当你完成方案报价后，客户却在犹豫不决迟迟没有签单。这时，作为旅游定制师，面对客户的犹豫或顾虑，你应该怎么与客户沟通，才能成功签单
任务目标	能够针对客户的疑虑，高效解决，进一步展示产品特色与优势或给出解决方案，成功签单
任务要求	首版方案发送当天跟进1次； 首次跟进后未明确拒绝后3天内再次跟进

知识导入

任务思考	相关知识点
为什么要跟单	跟单的重要性
怎样做才是有效跟单	跟单的注意事项
签单有哪些销售技巧	签单销售技巧

知识准备

一、跟单的重要性

旅游定制师提交方案后，与客户进行持续沟通，并根据客户需求不断修正方案直至订单成交或客户明确取消交易。

实践证明，首次沟通就能签单成功的比例只有5%，而95%的签单都是由于持续跟单不断与客户沟通才取得签单成功。

二、跟单的注意事项

1. 主动及时跟单

主动及时跟单才算最终签单的关键！因此，旅游定制师要避免被动消极跟单，不能担心打扰客户就一味等着客户主动联系，以致延误最佳沟通机会。

每一两天问一下客户"考虑得怎么样了"，意义不大还招人烦，觉得旅游定制师肤浅和势利。在定时跟进时，应以客户的旅行信息为切入点，更显专业，也更有效。

> **实例：**
> 发出方案后，别问看得怎么样了。而是等一天以后，主动跟客户说，我给您设计了几条旅游线路，不同的出发日，不同的好处，您有时间的话，我给您详细介绍……

2. 不要过早放弃

如果客户迟迟犹豫不决或总是提出很多棘手的问题，旅游定制师更不要过早放弃客户。而是要分析客户的深层核心需求，及时调整方案、及时沟通，有效解决客户提出的问题，打消客户的疑虑。

3. 精准区分客户

在跟单过程中，旅游定制师应尽早精准区分客户类别，以便高效、合理制订跟单计划。对于重要且紧急的客户应主动及时跟单进行销售；对于重要但不紧急的客户应主动与客户约定跟单时间进行销售。

跟单的最终目的就是促成签单，提高旅游定制师的成单率（这是考核旅游定制师的重要绩效指标）。只有成单率提高了，旅游定制师的收入才能有所增加，旅游企业的利润也能得以保障。

三、签单销售技巧

1. 展现专业能力

客户其实大部分对目的地都不熟悉，他们希望找到一个专业的人，帮助他们设计旅游线路。因此，在初次跟单交流的 30 分钟里，旅游定制师必须充分展现出专业能力。客户一旦信任你的专业能力，签单也就水到渠成了。

专业能力具体体现在以下几个方面：

（1）在给客户介绍产品时，一定预先准备好目的地的路线图。介绍时使用路线图，不但能让旅游定制师表达得更清晰，还可以让客户对线路的印象更直观立体。

（2）主动说一些易于理解的目的地的"坑点"，并告诉客户旅游定制师会帮助他们完美避免。大多数客户在恍然大悟的同时，都会觉得你很专业，更加信任你。

实例： 市场上大多的澳大利亚产品是在大洋路参加一日游，根本就没有欣赏到这条世界最美自驾公路的魅力，又累又赶。不妨主动告诉客户这个不好的体验，再说明你一定会帮助他安排大洋路的两天旅程，安排好海景住宿，最大限度享受大洋路。这样既能显得你很专业，又能获取客户的信任。

（3）向客户描绘一些目的地具体的场景细节，让他们产生画面感，从而觉得旅游定制师很专业。每个目的地细节不用多，记得 2～3 个就可以了。

实例： 抵达特卡波湖，我们先沿着湖边散步，感受大自然的魅力。来到晚上，我们的重头戏就开始了，乘坐车辆前往约翰山，开到山顶，一下车，眼前数以千万计的星星在面前闪烁，曾经关于星空最美好的想象都无法形容此刻的感受。

（4）讲几个容易理解的小故事，把目的地和事物串联起来，特别能给客户留下深刻的印象，让他觉得你很专业、很渊博。

实例： 麦考利夫人座椅其实并不是一把椅子，而是一个被雕刻成椅子形状的露天岩石，是为了纪念卖考利夫人由工匠于 1810 年雕刻而成。在 17 世纪，麦考利总督每五年要回英国一次，由于路途遥远，当时海上交通又不发达，往返一次竟然需要 28 个月。孤独的麦考利夫人每天到这里来画悉尼海港的景色，思念盼望丈夫归来，静静等待船队的回航。这里有非常浪漫的爱情故事，您一定要来看看。

（5）客户都希望对自己的旅行有自己的想法，但常常又提不出实际意见。作为旅游定制师，千万不要一直问"您想要什么""您想怎么玩"，客户会想："我要是知道我还找你啊……"但也不能不给客户留空间，这会让客户觉得不舒服。聪明的做法是直接给客户几个成熟的选择，并指出其中的优劣，最后从自己的角度提出选择建议。这样会让客户觉得你很专业，九成就会跟着你的建议走。

实例： 当客户纠结看大堡礁到底去哪个城市看的时候，其实哪个城市都可以。不如直接给出选择：要么去凯恩斯看大堡礁，还能游玩热带雨林；要么去圣灵群岛看心形礁，沙滩更美。但是圣灵群岛是富人区，花费更多，还是建议选凯恩斯吧，这样，客人大概率会做单的选择。

2. 找准核心诉求

对于旅游定制师来说，设计出一个满意的路线时，客户也常常不会马上成交，为什么呢？大多是因为客户还有本身最担心的问题没有解决，也是旅游定制师没有找到客户的痛点——核心诉求。常见的亲子客户核心诉求如下：

（1）旅行的安排适合孩子吗？

父母既担心孩子不喜欢、没兴趣，又担心孩子光玩了没收获、没成长。因此，给亲子游客户最好的安排是寓教于乐，长见识与满足兴趣相结合。

实例： 如客户要带孩子去新西兰，旅游定制师得主动给他介绍，每天的行程中都会安排一些孩子感兴趣的要素，如滑板车、迷宫世界、羊驼农庄等景点；还会安排博物馆、艺术馆、国际中心等景点，帮助儿童了解历史、文化、艺术、科技。娱乐与教育穿插结合，孩童不抵触，同时也能增长见识。

（2）酒店是否适合带孩子住？

父母肯定希望跟孩子一起住，但 3 个人睡一张床吗？带 2 个孩子又怎么办？床够大吗？房间面积够大吗？在酒店问题上，多花些时间跟亲子客户沟通，绝对是值得的，会显得你专业又贴心。

实例： 对于带孩子去新西兰的客户，旅游定制师主动跟客户沟通，说新西兰的酒店，儿童几乎都要加钱，假如一家三口都睡一张床，我们也能联系酒店，儿童免费入住；给客户推荐房间够大、可以加床的酒店，也可以选择有特色的度假屋，房间大，性价比高，装修环境等也会很好，这样能让客人觉得你真的是在为他着想。

（3）旅途的交通衔接方便吗？

孩子精力值飘忽不定，该安静的时候可能像上了发条按不住，该蹦的时候可能昏昏欲睡拖不走。在旅行的衔接环节就更让人担心，既担心打扰到他人，又担心要拖着大包小包加孩子一起折腾，还担心孩子不配合耽误了行程。

实例： 如果遇到去新西兰的亲子游客户，主动告诉他，旅游定制师会帮助他们租好车，一下飞机就可以直接自驾。全程拥有相对独立的空间，不会打扰到他人，取放行李也非常方便，一路想走就走、想停就停，完全不用担心误事。客户听完这些，一定会觉得你想得非常周到。

常见的蜜月客户核心诉求：

（1）有没有浪漫的场景？

旅行途中如果有足够体现浪漫要素的场景，可以让情侣产生浓厚的旅行期待。把浪漫元素安排好，能让客户对你的信任度直线上升。

实例： 旅游定制师特别安排了来到悉尼情人港，参加黄昏船游，随着摇摇荡荡的游船出港，一边欣赏雄伟的海港大桥和灯光灿烂的悉尼歌剧院，一边享受二人世界龙虾烛光晚餐，配上香甜红酒、惬意浪漫的夜景晚餐，一定会感到无比浪漫。

（2）有没有可以两个人一起参加的活动，可以留下难忘回忆的？

旅行中两个人一起参加活动，可以让情侣创造共同回忆，增加旅行的仪式感。为他们安排几项共同活动，能让客户觉得你很懂他，自然愿意把旅行交给你。

实例： 主动告诉客户，皇后镇的卡瓦劳大桥可以安排两个人绑在一起玩蹦极，这比单独蹦更具有仪式感和纪念意义。这样既能让客户觉得旅游定制师是在为他们考虑，也会让他们对旅行充满期待。

（3）有没有美美地拍照点，能拍摄出好照片发朋友圈？

客户旅行，如果不能拍照发朋友圈，会觉得白去了。所以，如果你提前为他们指出行程美美地拍照点，并准备好美美地网红照，就能让他们更加欲罢不能。

实例： 主动告诉客户，西澳的粉红湖是一个绝佳的拍摄地点，远处的海是湛蓝的，近处的粉湖又是完完全全的少女粉，视觉被红蓝色块的对比强烈冲击，美得太虚幻、美得太不真实了。一定要带上白色的连衣裙来拍照，发到朋友圈，一定会收获超多赞的。这时候配合以前客户的图片放出来，客户马上被感动了。

（4）有没有合适的、性价比高的购物安排？

客户不是拒绝旅途中购物，而是拒绝不合理、"坑人"的购物安排。因此，为客户推荐一个位置方便、性价比高的商场，客户也会在心里为定制旅行加分。

实例： 主动告诉客户，去墨尔本购物时，旅游定制师会告诉他哪家超市购买绵羊油便宜，哪家购买 Gucci 更好，当旅游定制师能帮助客户省更多钱的时候，客户也就更信任旅游定制师！

常见的长辈客户核心诉求：

（1）长辈的体力能不能支撑？

老人家的体力不如年轻人，又担心给儿女增加负担，所以累了也不开口。这时候，你就要提前为客户及其父母考虑好，行程节奏放缓，能用车尽量不走路。你成全了客户的孝心和老人家的自尊心，客户也会觉得你很贴心。

> **实例：** 主动告诉客户，皇后镇虽然很适合高空俯瞰，但考虑到长辈不适合跳伞、滑翔伞等极限活动，因此，旅游定制师安排了缆车和天际晚餐。一家人悠闲地坐着缆车到达高处的景观餐厅，一边吃晚餐，一边俯瞰皇后镇的夜景。两全其美的安排，客户一定会采纳。

（2）景点是不是都看了？

长辈可能只来这个国家一次，那么行程安排就要多安排经典景点，并让行程丰富多样，尽量不留遗憾。

> **实例：** 主动告诉客户，长辈是第一次去新西兰旅行，南北岛一起玩是最好的，北岛的地热城市和毛利文化，南岛的自然风光和绝美星空。南北岛十余天的安排，一次旅行都看过，新西兰不留遗憾。

（3）长辈能不能吃惯？

长辈出游很难长时间吃西餐，如果旅游定制师能帮助客户拿出好的解决方案，客户会很信任你。

> **实例：** 主动告诉客户，新西兰的自驾游，旅游定制师会帮助他们多安排带厨房的汽车旅馆，并标注行程中可能路过的超市（特别是亚洲超市），方便客户自行买菜做饭，确保长辈吃得香、心情好！

常见的朋友（闺蜜）出游核心诉求：

（1）会不会习惯和喜好不一致，有分歧和矛盾？

年轻人对旅行都有自己的要求和想法，多人结伴旅行时，一天的行程不可能包容所有的需求。提前整理好客户需求，让客户做减法，促进一个合理且都能照顾到的行程，会让你和客户的沟通更高效。

> **实例：** 当 A 要去 123、B 要去 145、C 要去 235 时，综合意见，主动告诉客户选择 135 更为合理，且能照顾到每个人的需求。客户也会满意这样的安排。

（2）费用上会不会算不清，麻烦又烦心？

涉及多人出行，人数或组合不同，都涉及付款的不同。作为旅游定制师，你需要为客户算好每一笔账，给客户减负，客户也会觉得你很体贴。

> **实例：** 报价时主动告诉客户，成人多少钱，孩童多少钱；或两口之家多少钱，三口之家多少钱，单人多少钱。费用上明明白白，客户签单也更爽快。

（3）多人行动，会不会协调起来很费劲，不听指挥耽误行程？

多人结伴出游，不可能时时刻刻捆在一块儿，但也不能太分散耽误行程。如果你能提前为客户协调好，客户也会不吝赞许。

实例： 主动告诉客户，考虑到每个人可能需要自由活动，因此旅游定制师专门为他们安排了自由时间，共同行程一起去，自由时间再自由安排，行程灵活，也不需要时时刻刻协调所有人。

 知识点自测

1.单选题：张女士带孩子去黄山玩，她问了旅游定制师一个问题：小孩子爬会不会太累？请问这句话的潜台词是（　　　）。

　　A.这个地方好玩吗

　　B.带小孩子会不会太累，大人、小孩都玩不好

　　C.小孩的价格是不是很贵

　　D.小孩子还需要门票吗

2.单选题：顾客想带父母前往三亚旅行，向旅游定制师提出问题：12月去三亚人会不会多？以下不是其潜在的意思是（　　　）。

　　A.12月三亚适合旅行吗

　　B.12月三亚的价格是不是比较高

　　C.三亚带老人玩合适吗

　　D.三亚酒店会不会涨价

3.单选题：如果我们想给客户设计一场黎族婚礼仪式，可以安排他们前往（　　　）。

　　A.三亚　　　　　　　B.丽江　　　　　　　C.西双版纳　　　　　　D.天津

4.单选题：情侣定制蜜月旅行，旅游定制师要抓住最核心的需求点为（　　　）。

　　A.美食　　　　　　　B.浪漫　　　　　　　C.性价比　　　　　　D.寓教于乐

5.单选题：想要在客户有需要时，能提供自己品牌与竞争对手的产品设计之间的优缺点对比，需要掌握（　　　）。

　　A.企业知识　　　　　B.行业知识　　　　　C.人性知识　　　　　D.金融知识

❓ 任务实施

实施 步骤一	当客人嫌弃你的报价比别家高时，你应该如何回答 小组讨论后，代表回答，学生互评、教师点评
实施 步骤二	客人感觉旅游定制师报的价格超出自己的预算，你应该如何回答 小组讨论后，代表回答，学生互评、教师点评
实施 步骤三	客人横向对比团队价格（与其他同目的地的跟团游进行比价）并嫌贵，你应该如何回答 小组讨论后，代表回答，学生互评、教师点评
实施 步骤四	客人在沟通时旅游定制师提出为客人包车，客人之前从未体验过该服务，旅游定制师该如何应对 小组讨论后，代表回答，学生互评、教师点评
实施 步骤五	客人在沟通中感觉旅游定制师不专业，旅游定制师该如何应对 小组讨论后，代表回答，学生互评、教师点评

任务评价与总结

项目	评价与总结
组内任务分工	
组内表现自评	□ 积极参与，贡献大 □ 主动参与，贡献一般 □ 被动参与，贡献小
任务所需 知识总结	请回顾并列出任务所需知识信息
任务实施中 薄弱环节	
今后改进措施	

项目五　定制旅行客户关怀

 **学习目标**

> **知识目标**

1. 了解定制旅行智慧技术和在旅行中的应用。
2. 了解定制旅行服务的退款操作与发票开具的要求。
3. 了解定制旅行客户满意度的影响因素和评价指标。
4. 掌握处理客户投诉的原则、流程、原因。
5. 了解突发事故的原因。

> **技能目标**

1. 运用智慧技术为游客提供个性化的定制旅行服务。
2. 根据客户需求，掌握退款操作和发票开具的流程。
3. 掌握客户满意度分析处理的方法。
4. 能够兼顾客户和企业的双方利益，给出合理的措施，掌握处理投诉的补救方法。
5. 能够制订应对突发事故的有效处理措施。

> **素质目标**

1. 关注行业技术的更新，探索新的工作方式，培养创新思维。
2. 树立可持续的旅游发展观，形成全新的旅游发展理念。
3. 关心客户，耐心倾听客户反馈，用心服务客户，践行"游客为本，服务至诚"旅游行业核心价值观。
4. 满足客户的深层次需求，实现以人为本，以和为贵，弘扬中国文化精神。
5. 树立旅游安全责任意识。

> **考证目标**

1. 对应"1+X"定制旅行管家服务职业技能等级标准中的能力要求。
2. 对应全国导游资格考试的能力要求。

任务一　定制旅行智慧服务

任务导入

工作案例	赵女士在几年前的蜜月旅行时，在 L 旅游网上选择了个性化定制游。旅游定制师小刘通过询问赵女士的行程预算、出行人数、酒店等级、喜欢的游玩项目等，为赵女士策划了一次难忘的蜜月旅行。2023 年，赵女士一家三口想进行一次为期 5 天的家庭出游，由于在 L 旅游网上良好的定制旅行策划体验，又一次联系了该网站的旅游定制师小刘，在网站上进行在线询问。 　　小刘询问了赵女士的旅行目的、天数和出行人数，还没等赵女士说出自己意向目的地时，小刘便率先向赵女士推荐了心仪的海边旅行。赵女士很惊讶，旅游网上定制师竟然还记得自己的喜好，小刘说："虽然我记得赵女士您之前使用过我们的定制旅行服务，但具体的项目我有点记不清了，能够快速为您推荐合适的旅游项目，多亏了这套智慧定制旅行的平台。刚才，我在网站信息库中，输入了您的姓名和手机，以前的订单及喜好分析就自动显示出来了。上次您的蜜月游，是在马尔代夫。系统结合当下热门旅行景点和同类型客户的数据，通过云计算、大数据等技术，为您优先推荐了同类型的海滨旅行。"赵女士说："这个系统真贴心呀，哪些海滨城市可以玩 5 天？大概有哪些景点，可以简单介绍一下吗？"信息系统通过人工智能技术，捕捉到了赵女士的问题，在屏幕上显示了秦皇岛、青岛、厦门、三亚，以及简要的景点介绍。赵女士对于 L 旅游网上的智慧信息系统连连称赞。小刘说："正是有了这个智慧平台的帮助，我才可以做到更快速地响应，为您提供更好的定制服务。" 　　听了小刘的介绍，赵女士一家想在这次旅程中，体验智慧服务，请你结合智慧技术，为其设计三亚 5 天的智慧定制旅行
任务目标	了解智慧技术，灵活使用智慧技术和手机应用，结合客户需求在旅行中提升客户的智慧体验
任务要求	模拟旅游定制师，结合智慧技术，协助客户进行智慧餐饮、入住、交通、游览、购物的智慧服务，为客户提供新颖、便捷的智慧定制旅行

知识导入

任务思考	相关知识点
定制旅行智慧服务是什么	定制旅行智慧服务的基本概念
智慧服务用到什么技术	智慧定制旅行的主要技术
如何在定制旅行中使用智慧服务	定制旅行的智慧应用

知识准备

一、定制旅行智慧服务的基本概念

　　定制旅行智慧服务是将智慧数字化技术应用到定制旅行的各个场景中，帮助政府部门、旅游企业、旅行客户实现数字赋能，实现智慧化升级，提升服务质量和效率。通过多种信息技术的应用，智慧定制旅行可以为政府主管

拓展阅读：定制旅行智慧服务的应用体系

部门提供决策依据，提高政府的工作效率；为旅行企业提供精准的旅游信息，帮助企业制定营销策略；为定制旅行客户提供各种旅游信息和服务，包括智慧定制路线、虚拟现实和加强现实体验等个性化服务。

 文旅聚焦

　　党的二十大报告指出，加快建设网络强国、数字中国。习近平总书记深刻指出，加快数字中国建设，就是要适应我国发展新的历史方位，全面贯彻新发展理念，以信息化培育新动能，用新动能推动新发展，以新发展创造新辉煌。2023 年 3 月，中共中央、国务院印发了《数字中国建设整体布局规划》，从党和国家事业发展全局和战略高度，提出了新时代数字中国建设的整体战略，明确了数字中国建设的指导思想、主要目标、重点任务和保障措施。建设数字中国是数字时代推进中国式现代化的重要引擎，是构筑国家竞争新优势的有力支撑。

二、智慧定制旅行的主要技术

（一）大数据

1. 大数据的概念

　　大数据（Big Data）是指规模巨大、复杂度高及在一定时间内产生速度较快的数据集合。大数据的处理需要使用一系列技术和工具，包括数据挖掘、机器学习、人工智能、云计算和分布式计算等，以便从中提取有价值的信息和知识。

视频：定制旅行
智慧服务

2. 大数据的特征

　　大数据的特征被归纳为 4V+1O，即规模大（Volume）、价值密度低（Value）、速度快（Velocity）、类型多（Variety）、数据在线（Online）。

　　（1）规模大（Volume）。在互联网时代，下载安装软件时，需要同意软件收集个人使用数据的权限，否则将无法使用该软件。在这样一个信息时代，大数据就是采用合法手段，在合理时间内，管理和处理用户的个人使用习惯和信息，然后将这些信息整合成庞大的数据集合。大数据采用分布式存储技术，将大量数据分散存储在不同的服务器上，从而实现对数据的分布式处理和分析。大数据采集、存储、计算的体量都非常大，计量单位有 P（1000 个 T）、E（100 万个 T）、Z（10 亿个 T）。

　　（2）价值密度低（Value）。价值密度的高低和数据总量的大小成反比。大数据的价值密度低是指相对于整个数据集的规模和量级，其中蕴含的有价值信息的比例相对较低。在海量数据中寻找有价值的信息很困难。

　　大数据的低价值密度可能会导致数据噪声干扰多、数据处理成本大、分析更复杂、决策不准确的问题。大数据中包含大量无关紧要的数据，这些数据会干扰对真正有价值信息的分析。大数据集合的规模庞大，需要投入大量时间和资源来处理、存储和分析，但其中很多数据可能并不会为分析带来明显的价值。

　　解决大数据的低价值密度问题需要采取适当的数据预处理、清洗和分析策略，以便从数据中识别和提取出真正有用的信息，尽可能地挖掘数据背后的价值。

（3）速度快（Velocity）。在大数据时代，数据的产生速度变得越来越快，传统的数据处理方法已经无法满足实时性和高速性的需求，需要更加高效的算法和技术来处理这些数据。大数据处理系统能够以高速率接收、存储、处理和分析数据。在数据源不断产生新数据的情况下，能够实时进行处理。

（4）类型多（Variety）。大数据不仅来自传统的企业内部数据，还包括社交媒体、传感器、移动设备、物联网等各种新型数据源。大数据可以处理的数据类型很多，包括结构化数据、半结构化数据、非结构化数据等。以定制旅行网站为例，结构化数据可以是数据库中的表格数据，比如定制旅行的交易记录、客户信息等。半结构化数据并非严格按照表格形式，具有一定的结构，比如 XML、JSON 等格式。XML（可扩展标记语言）文件包含标签和属性，比如定制旅行网站上新闻文章的标签。非结构化数据没有明确的机构，比如在定制旅行网站上发布的游记图片、剪辑的视频、社交媒体文字等。这些数据的形式不同，处理方法也各不相同。因此，大数据的处理需要对不同类型的数据进行分类和处理，以提取有效信息。

（5）数据在线（Online）。相比于传统数据存储在硬盘里，大数据通常是实时生成、产生和传输的数据。数据不断地从不同来源和渠道流入系统，使得数据集一直在更新和变化。由于大数据在线产生，需要使用实时数据处理技术来捕捉、分析和处理数据。这种在线性质使大数据能够更好地反映现实世界的变化，支持实时决策、洞察发现和应用创新。

3. 大数据的类型

我国大数据技术经过十年的发展，数据类型非常丰富。在定制旅行中，可以运用分析的大数据有很多。移动通信运营商的数据，可以对客户进行时空分布和游览轨迹的分析。定制旅行在线平台的数据有许多订单交易和用户信息的数据，可以用来刻画客户画像、分析市场需求、制定产品销售等。游客在分享平台上的记录数据，比如抖音视频、小红书游记、微信朋友圈图片、论坛文字评论等，可以用来分析平台旅行服务的舆情等。交通预订平台、酒店平台、景区网站等旅行合作供应商的数据、线上支付平台的消费数据、搜索引擎的游览数据等，可以用来分析旅游目的地的喜好、客流量、消费水平等。

大数据为定制旅行带来新的商业机会和创新，大数据从不同维度对定制旅行市场、游客管理、行业监管等方面提供了重要支持。由于大数据中蕴含着大量的个人信息和商业机密，保护数据安全和隐私成了一个重要的挑战。在大数据的处理中，只记录提供群体数据和数据轮廓，不涉及游客单体数据和任何数据绝对值方面的信息。

（二）云计算

1. 云计算的概念

云计算（Cloud Computing）是一种基于互联网的计算方式，通过分布式计算、并行计算、效用计算、网络存储、虚拟化、负载均衡、热备份冗余等传统计算机和网络技术发展融合的产物。

云计算的核心思想是将计算任务分布在大量的分布式计算机上，而非本地计算机中。云计算是一种将数据和应用程序从个人服务器转移到远程数据中心的计算方式，能够提供计算资源和服务的统一管理与调度，使客户可以随时随地访问他们的数据和应用程序。云计算的本质是资源共享。

云计算的服务模式有三种，分别为 IaaS（基础设施）、PaaS（平台）、SaaS（应用软件）。云计算的特征为规模巨大、可扩展性高、虚拟化技术、按

拓展阅读：云计算
的分类

需部署、低成本。

2. 云计算的特征

（1）规模巨大。云拥有庞大的规模和超强的计算能力。Google 的云计算已经拥有超过 100 万台服务器，而 Amazon、IBM、微软、Yahoo 等也拥有数十万台服务器。企业私有云通常拥有数百甚至上千台服务器。

（2）可扩展性高。"云"的规模可以动态伸缩，满足应用和用户规模增长的需要。

（3）虚拟化技术。虚拟化突破了时间、空间的界限，资源并非来自一个有形的实体库，而是在云计算的信息库中。所请求的资源来自"云"，即一个虚拟的、动态的资源池。云计算通过虚拟平台对相应终端操作完成数据备份、迁移和扩展等，可以有效地进行服务，并且实现一些自动化的配置，允许用户在任何位置、使用各种终端来获取应用服务。

（4）按需部署。"云"是一个很大的资源池，可以根据需求进行不同的操作，比如快速提供计算能力和资源。因为不同的应用需要不同的数据资源库，所以需要很强的计算能力来安排这些资源，这样才能满足各种需要。

（5）低成本。资源能够被云计算通过网络按需提供。云端的资源全是虚拟化的资源，可以在几分钟以内就能远程联系到一台虚拟机。只需提供很少的管理工作，或与服务供应商进行很少的交互，就可以为客户快速提供服务。云计算支持按需付费，只在使用的时候产生费用，不用的时候关闭就可以节约成本。

3. 大数据与云计算的联系

大数据与云计算在技术体系结构上，都是以分布式存储和分布式计算为基础，所以两者之间的联系也比较紧密，大数据必然无法用单台的计算机进行处理，必须采用分布式架构，所以要依托云计算的分布式处理、分布式数据库和云存储、虚拟化技术。大数据是云计算的应用案例之一，云计算是大数据的实现工具之一。云计算作为计算资源的底层，支撑着上层的大数据处理。

但在定制旅行的应用方向上两者有所不同，大数据技术主要用于收集、存储和分析旅游数据，通过对旅游数据的分析，可以为旅游企业提供个性化的旅游行程服务。云计算技术主要用于为旅游企业提供智能化的预订、咨询服务，通过对旅游数据的实时分析，可以为旅游企业提供快速响应的服务。云计算技术可以为旅游企业提供便捷的数据处理和存储能力，提高旅游企业的业务效率和用户体验。

4. 云计算在定制旅行中的应用

云计算可以提供计算资源和存储容量，将各个景点、酒店、餐厅等旅游业务的信息整合到云端数据库中。然后，通过互联网和移动设备，能够向游客提供实时的旅游信息。云计算可以实现智慧管理和资源分配。通过分析游客在不同旅游景点的游玩时间、客流量、消费行为等信息，可以调整景点的资源配置，减少游客排队时间和拥堵。云计算可以提供数据分析服务。旅游企业可以为客户提供个性化的旅游服务，可以根据自己的需求自由地选择旅游路线、酒店住宿等服务，使客户能够方便地享受旅游服务。

（三）5G 技术

1. 5G 技术的概念

5G 技术是第五代移动通信技术，是一种新一代的无线通信技术，旨在提供更快的数据传输速度、更低的延迟和更高的连接容量，以满足日益增长的移动通信需求。5G 技术通过采用新的频段、调制技术、天线配置和网络架构，提供更出色的性能与体验。

2. 5G 技术的特点

5G 技术的特点是高速率、泛在网络、低功耗、低时延、万物互联。

（1）高速率。5G 技术可以实现比 4G 更高的数据传输速度，理论上可达到几个 Gbps（千兆每秒）。比如，一部 2GB 大小的电影，在 4G 网络下需要 10 分钟左右才可以下载完成，在 5G 网络下只需要十几秒，转眼间就可以观看。5G 网络下，用户能够超级快地下载和上传海量数据，几乎感受不到等待的时间。

（2）泛在网络。在如今智慧时代，生活中许多业务都需要有好的网络信号。5G 的泛在网络特点就是让网络信号广泛覆盖和深度覆盖。

3G 和 4G 时代，采用的是宏基站发送信号。宏基站像一个大喇叭一样，可以将信号传送得很远，但在距离宏基站较远的地方，手机可能会找不到信号。比如，在偏远的山区很容易遇到没有信号的情况。宏基站虽然发送信号的功率很强，但体积也很大，所以不能密集部署。5G 时代的到来，微基站会逐渐建立起来，这些像小喇叭一样的小型基站，可以放在更多空间，填补宏基站覆盖不到的地方，使网络覆盖面更加广泛，几乎不用担心信号不足的问题。

进入 5G 时代，网络可以更加深入覆盖。虽然在生活中大部分场景都可以使用 4G 网络，但 5G 时代我们需要在更多地方获得高质量的网络覆盖。比如，地下停车场、卫生间、电梯间大多信号不佳。未来更多的设备需要联网，比如无人驾驶汽车、智能马桶、智能电梯等，如果在这些地方没有网络，就会无法使用，给生活造成困扰。5G 的泛在网络使信号可以更高质量的覆盖。

（3）低功耗。5G 的低功耗模式允许设备在不需要传输数据时进入休眠状态，以减少能量消耗。当设备需要进行数据传输时，它会被唤醒，完成通信后再次进入休眠状态。这种休眠和唤醒的方法可以大幅度地减少能源的使用。5G 引入了更为先进的通信协议，使设备之间的通信更加高效。这不仅减少了通信所需的能量，还提升了通信的速度和稳定性。

（4）低时延。5G 的低时延是指它能够在非常短的时间内传送数据。3G 可以用于基本的数据传输和轻量级互联网应用，但存在较高的时延，不适合实时互动。4G 网络在传输速度和时延方面明显提高，引入了低时延的特性，但时延也有几十毫秒。5G 网络时延下降到 1～10 毫秒，有着显著的突破，可用于极高速的数据传输，支持更多的实时交互和互联设备，应用于高速数据传输。

（5）万物互联。在智慧时代下，5G 的万物互联特性，使得物品都由智能网络连接起来。每个人和物品都被赋予了数字身份，拥有独特的智能编码，能够通过 5G 网络传送信息，分享数据，共同合作完成各种任务。

3. 5G 技术在定制旅行中如何应用

在数字化时代下，智慧定制旅行的体验离不开 5G 的快速发展。定制旅行客户可以借助 5G 网络享受丰富的智慧旅行信息、实时导航、实时语言翻译、远程分享和互动、高质量的多媒体资源等服务。

5G 的泛在网络特性，使景区的网络连接效果更好。比如，在高山和峡谷，原来 3G 和 4G 的网络信号不佳，定制旅行中一些喜爱探险的游客会喜欢在这类景区旅行。通过 5G 网络的更加广泛覆盖和万物互联特性，景区可以部署更多的传感器，景区的环境实现万物互联，通过网络进行自然环境、空气质量、山川河流的地貌变化的监测，提前向游客提供智慧出行信息。

　　5G 的泛在网络特性，还可以支持客户实时导航定位服务。定制旅行客户可以通过手机应用获取准确的导航指引、交通状况，基于位置获取餐厅、购物、景点等个性化推荐，更轻松地智慧探索旅游目的地。

　　5G 的低时延特性，可以使客户体验实时语言翻译。通过在线翻译软件，游客可以克服语言障碍，与当地人实时交流，当游客说话时，手机会立刻翻译成当地语言，然后播放出来让当地人听。当地人回答时，手机也会实时翻译成游客能听懂的语言。游客与当地人就可以流畅对话，方便游客更好地了解当地文化和风俗。

　　5G 的高速率特点，可以使定制客户体验远程分享和互动。游客在看到美景的时候，与家人和朋友进行实时的高清视频通话，即时分享旅行体验，拉近与亲友的联系。如果在旅途中遇到问题，定制客户可以借助 5G 网络与定制旅行服务人员实现在线语音沟通，就像随身携带一个在线智囊团，体验更加个性化的服务。

　　5G 的低功耗和低时延，可以使游客享受高质量的多媒体资源。5G 支持高清晰度的视频传输，8K 分辨率的视频内容可以在几十秒内下载，而无需长时间的缓冲等待。定制旅行游客可以在线快速浏览景区的高清视频、高清晰度的美景图片，享受更高质量的旅行多媒体娱乐体验。

　　5G 的高速率可以提升智慧旅行的虚拟现实体验。虚拟现实内容需要在 150Mbps 以上的宽带才能实现高清传输，因此旅行中的虚拟现实内容可以借助 5G 网络实现发展。

（四）物联网

1. 物联网的概念

　　物联网（Internet of Things）是通过装置在各类物体上的射频识别、传感器、二维码等，经过接口与无线网络相连，从而给物体赋予"智能"，实现物品之间相互共享信息，实现人与物体之间的收集数据等功能。这种将物体连接起来的新型智慧化网络就是物联网。物品通过互联网连接起来，进而运行特定的程序，达到远程控制或实现物与物的直接通信，实现更智能、高效的交互功能，创造了一个可以实时监测、控制和优化各种物理系统的网络。

拓展阅读：物联网的架构与特点

　　物联网的体系架构从上至下依次为应用层、网络层、感知层。

　　物联网的特点是全面感知、可靠传输、智能处理。

2. 物联网在定制旅行中的应用：RFID 技术智慧票务

　　射频识别技术（Radio Frequency Identification，RFID 技术），又称为无线射频识别技术，俗称电子标签，是利用射频信号对静态或移动的待识别物体进行自动识别，一般由标签、阅读器和天线组成。

　　现在在很多景区都开展了智慧票务系统，定制旅行中客户购买这类景区门票时，可以得到一张内嵌 RFID 技术芯片的门票。RFID 技术门票可以在景区的闸口和商店内的 RFID 技术读卡设备进行识别，就可以读取信息，在景区内可以实现检票和消费功能的一票通行。RFID 技术门票不仅可以用于检票，也方便了票务统计，避免逃票和串票的现象发生。RFID 技术门票可以充值，刷卡即可消费。

（五）人工智能

1. 人工智能的概念

人工智能（Artificial Intelligence，AI）是一种使机器能够表现出类似人类智能的能力和行为的技术与方法。人工智能使计算机系统能够执行需要智力的任务，以及模仿人类的感知、推理、学习、解决问题和适应环境的能力。人工智能是为了模仿人类的认知能力而构建的科技综合体，它的终极目的就是像人类一样思考及自动执行任务。

2. 人工智能的特点

（1）学习能力。人工智能系统具有学习能力，可以从大量的数据中自动学习和提取模式。通过机器学习和深度学习技术，AI可以逐渐改进自己的性能，无需人类明确编程。

拓展阅读：中国的
定制旅行 AI——
携程问道

（2）适应性。人工智能系统可以适应不同的环境和任务。它们可以根据不同情境和要求调整自己的行为，实现灵活的问题解决和决策能力。

（3）自主性。一些人工智能系统具有一定程度的自主性，能够在没有人类干预的情况下执行任务。这种自主性在强化学习等领域中非常明显。

（4）推理和决策。人工智能系统可以进行推理和决策，根据已有的信息和规则进行逻辑推断，以解决问题和做出决策。

（5）感知和交互。计算机视觉和自然语言处理等技术使人工智能系统能够感知和理解人类的语言、图像和声音，实现与人类的自然交互。

3. 人工智能在定制旅行中的应用

人工智能的应用包括问题求解、逻辑推理与定理证明、自然语言处理、智能信息检索技术、专家系统，这些在定制旅行中有所应用。

问题求解是通过开发算法和技术来解决各种类型的问题，这个可以涵盖从简单的数学问题到复杂的优化问题，如路径规划和资源分配等。人工智能可以帮助找到最优或接近最优的解决方案，甚至可以处理难以用传统方法解决的问题。在定制旅行中，根据游客的偏好、时间限制和预算，问题求解可以帮助生成最佳的行程安排，确保最大限度地充分利用时间和资源。

人工智能的逻辑推理与定理证明是指利用计算机程序和算法来进行逻辑思考、推理和证明数学定理等任务的过程。将逻辑和数学规则形式化地表示，并通过计算机自动化地进行推理和证明。例如，在定制旅行中，当游客希望参观多个景点、餐馆和活动时，逻辑推理可以帮助确定最佳的游览顺序，以最大限度地减少行程中的时间浪费和交通成本。

人工智能的自然语言处理涉及让计算机能够理解、分析和生成人类语言。这包括文本分析、语义理解、机器翻译、情感分析等应用。在定制旅行中，人工智能的自然语言处理有许多应用，可以帮助游客更轻松地与信息进行交互、获取有关旅行目的地的信息，并提供个性化的建议。在建立智慧旅游的景区，可以使用自然语言搭建问答系统，人工智能智慧回答游客关于目的地、景点、交通、餐饮等方面的问题。此外，还可以用于实时语音翻译，帮助游客与当地人交流，克服语言障碍。

人工智能的智能信息检索技术涉及开发搜索引擎和信息检索系统，可以更智能地理解用户的查询意图，并返回与之相关的信息。这包括语义搜索、信息推荐等技术。在定制旅行中，游客不仅可以通过智能信息检索技术，获取即时的信息，如公共交通的时间表、导航指示和实时的交通状况，更好地规划行程，还可以获取当地活动和节日庆典等的信息，更好地了解当地文化。

人工智能的专家系统是一种模仿领域专家的决策和问题求解能力的计算机程序。专家系统主要利用存储在知识库中的专业知识来提供问题解答和建议，广泛应用于医疗诊断、技术支持等领域。在定制旅行中，专家系统基于游客的口味和饮食偏好，专家系统可以推荐当地的餐馆、美食和特色菜肴。根据游客的交通偏好和要求，提供关于交通工具选择、路线规划和导航建议。在定制旅行中，专家系统可以根据旅行者的兴趣、偏好、预算和时间限制，为游客和旅游定制师提供有针对性的专业建议，从而提升旅行的质量和体验。

（六）虚拟现实和增强现实

1. 虚拟现实的概念

虚拟现实（Virtual Reality，VR）是由美国 VPL 公司创始人拉尼尔在 20 世纪 80 年代提出的，是一种通过计算机技术和交互设备模拟创造出的完全虚构的环境或场景，使客户感觉好像身临其境。这种技术能够使客户融入一个虚拟的世界，与其中的物体、环境及其他虚拟元素进行互动。

拓展阅读：虚拟现实技术　拓展阅读：虚拟现实技术的特点

虚拟现实技术涵盖了模拟环境、感知、自然技能、传感设备等方面。

虚拟现实在不同领域、不同学科的特点是不同的，一般认为虚拟现实具有沉浸性、交互性、多感知性等普遍特点，还有动作性、自主性、实时性等非普遍特点。

2. 增强现实的概念

增强现实（Augmented Reality，AR）是一种技术，它通过在真实世界中叠加虚拟元素，通过显示设备（如智能手机、头戴式显示器等），将实际环境与数字信息相结合，使用户能够同时感知和互动真实世界和虚拟内容。与虚拟现实不同，增强现实并不是创造一个完全虚拟的环境，而是在现实世界的基础上添加虚拟元素，丰富现实世界的感知。

拓展阅读：增强现实技术的特点

增强现实的特点是真实世界与虚拟信息集成性、实时交互性、环境感知和无缝融合等。

3. 虚拟现实和增强现实在定制旅行中的应用

（1）虚拟现实选择目的地。虚拟现实为旅游带来了全新的体验。借助虚拟现实技术，游客能够在舒适的环境中，透过头戴式显示器或虚拟现实眼镜，领略遥远目的地的迷人景致，仿佛身临其境。在定制旅行策划的初期阶段，游客即可体验远处地点的旅游风采，身临其境地穿梭于虚拟环境中，在时间和空间的交错中，探索每个角落、每条街道和每家餐厅，参观遗址、亲近美景和欣赏名胜，感受到几近真实的存在。这样的虚拟旅行体验，使游客能够事先感知目的地的美景，激发浓厚兴趣，更加向往实际旅程。在定制旅行规划之初，游客漫步于虚拟环境中，自由地游览各个景点，领略每个地方的独特魅力，同时，还能深入了解目的地的文化、历史和风俗，为即将到来的旅行做好充分准备。

虚拟现实技术也赋予了游客实现旅行愿望的机会。受时间、预算或身体状况的限制，有

5

些游客无法到当地旅行，也能在虚拟旅行中找到满足感。游客可以沉浸于虚拟的风景中，感受远方的美丽，体验世界各地的文化，置身其中体验虚拟旅游的魅力。

（2）虚拟现实历史重现。在旅行中，一些博物馆和历史古迹结合虚拟现实技术。游客可以跨越时空，参观历史古迹时可以在虚拟时空里重现历史事件。例如，古代战役和历史时期的生活场景等，游客可以在虚拟环境中亲身体验历史的发展过程。博物馆和古迹通过虚拟现实导览，游客在虚拟眼镜或头戴式显示器中参观，并听取详细的解说。如果在其中加入互动式体验，结合多媒体元素，如音频、视频、动画等，使游客在虚拟环境中参与历史事件的模拟，可以在保护博物馆珍贵文物的同时，使游客更深入地了解文化传统和历史知识，丰富身临其境的深入游览体验。

（3）增强现实在婚礼体验的应用。巴厘岛库塔度假村喜来登酒店充分利用增强现实技术，为情侣提供独特的婚礼体验。通过增强现实，成功地将现实与虚拟融合，为新人们打造了一个更具个性和互动性的婚礼。利用 AR 技术，新人们可以在现实环境中使用手机或 AR 眼镜，预览不同婚礼场地的布置效果。他们可以实时看到酒店的宴会厅、花园、海滩等场地是如何装饰和摆放的，选择不同的婚礼装饰方案，如座位布置、鲜花摆放、灯光效果等。他们可以实时看到每种方案的效果，根据个人喜好进行调整和选择。借助 AR 技术，新人们可以感受虚拟的婚礼场景和布置，更加准确地做出决策，创造出独特而难忘的体验。

（4）增强现实在旅游景区的应用。增强现实在博物馆、文化遗址等地方，通过叠加历史照片和重建场景，看到景点在不同历史时期的样貌，感受时间的变迁。还可以通过与展品互动的体验，如游客参与户外冒险、寻宝游戏等，增加游览的娱乐性。一些景区的购物商铺也引入了增强现实，游客可以试穿服装、佩戴饰品，更好地做出购物决策。

三、定制旅行的智慧应用

（一）定制旅行餐饮的智慧服务

1. 智慧餐饮服务的概念

民以食为天，餐饮是定制旅行客户的重要需求内容。不同于旅行团千篇一律的团餐，在定制旅行中，客户可以选择风味独特的美味餐食，品尝旅游目的地的美食。很多游客更是将当地的知名美食店铺列入旅游必去打卡点，美食直接指向他们的旅游路线。这时，游客会想要打卡这家美食店铺，而顺便去这家店铺周围的景区转转，就把那个景区列入行程之中。大部分的时候，游客在旅游当地想要去游览一些知名景点，在景区游览之后，会在景区周边顺便吃饭。游客会向景区人员打听当地有什么特色美食，然后拿出手机搜索周围餐饮商家。无论是为了美食顺便去景区游玩，还是为了景区顺便在周边吃饭，都将餐饮项目列入了定制旅行的行程之中。还有一些餐饮店铺由于自身的智慧化发展较好，游客怀着猎奇新鲜的心理，也想去体验一番，这使得餐厅摇身一变也成了一个旅游景点。这些都说明了餐饮在定制旅行行程中的重要性。旅游定制师在行前设计行程时，需要充分把餐饮需求考虑进行程的设计中。

定制旅行中的智慧餐饮服务是利用云计算、物联网和无线网络技术，通过餐饮商家的自助点餐系统、预订排号系统、菜单翻译、服务呼叫、收银支付等，进行餐饮的信息化服务。旅游定制师可以运用智慧技术和数据分析，将数字化手段与餐饮服务相结合，提供更加智能、高效、个性化的旅行餐饮服务。

2. 大数据技术个性化推荐

旅游定制师可以在了解客户餐饮需求时，通过游客过往行程中的用餐历史，以及游客在注册时填写的基本信息，来为游客智能推荐本次定制行程中的适合餐饮菜系。游客在定制旅行平台注册时，一般会填写性别、年龄、地域、家庭等信息，通过大数据技术，可以将某一类游客的历史用餐信息进行收集分析，对不同群体的喜好菜系进行分析及推荐。例如，中老年人的餐饮更注重养生，口味偏清淡、低糖少盐，来自沿海地区的游客一般喜好品尝海鲜鱼虾等食材，川渝、湘赣地区的游客口味偏辣，家庭出游的客户由于有小孩，饮食一般偏油、偏甜。另外，在定制旅游平台上，还可以采集游客的饮食偏好，包括素食、无麸质饮食、乳糖不耐受饮品、食物过敏、喜好口味、禁忌等信息，这样通过大数据手段，以及结合旅游当地特色餐饮商家信息，旅游定制师在为游客制定餐饮项目时，可以有的放矢地推荐，更加符合客户的需求。

3. GPS 定位餐饮店铺

由于定制旅行的自由度较高，很多游客在行程制定时，并没有决定好餐饮的地点，而是选择到达旅游景区之后，到了吃饭的时间根据行程的进度，随机决定用餐地点。针对这类客户，旅游定制师的服务有很大的挑战性，因此可以在行前了解客户的喜好口味，并收集景区当地的特色美食，做好行前准备工作。在行程之中，旅游定制师可以通过定制旅行网站的 App 或微信等工具与客户保持线上密切沟通，借助景区的智能导览、智慧地图、二维码等技术，为游客提供随时随地的远程服务。

拓展阅读：智慧餐饮的应用：GPS定位餐饮店铺

拓展阅读：新泰全域旅游智慧导览地图

4. 智慧美食攻略

民以食为天，定制旅行的客户喜欢探索当地的特色美食，那么旅游定制师可以通过手机的智能软件，为客户制定智能美食攻略。相比跟团游中旅行社与餐饮店铺联系订餐的模式，旅游定制师采用智慧技术与平台，更加高效地为客户提供美食攻略和选择。

线上制作美食攻略，旅游定制师可以在网络上搜索旅游当地的相关美食文章或在美食软件上寻找用户的评价，然后将美食和店铺信息分门别类整理，并且在地图软件中搜索每个店铺的位置，为客户进行组合美食攻略。另外，旅游定制师可以探索新兴的美食小程序，如蜂食记、觅食蜂等，更智慧地提供定制美食攻略。

拓展阅读：蜂食记

5. 智慧餐饮服务

在定制旅行中，游客可以自由选择用餐的形式和地点。近年来，餐饮业的数字化发展，促进了旅游定制师远程提供智慧化餐饮服务，为游客在旅途中的用餐提供了便利。吃作为旅游中的首要因素，在定制旅行中更要注意吃饱、吃好、吃干净。随着线上数字化的发展，旅游需求和用餐模式也在发生改变，许多旅游景区也在进行智慧化餐饮的转型，引进智慧餐饮系统，为游客提供更加舒适的用餐体验。游客可以通过 App 进行预订座位、自助点餐、服务呼叫、线上收银等智慧餐饮服务。

拓展阅读：智慧餐饮服务

拓展阅读：美食推荐类 App

（二）定制旅行住宿的智慧服务

1. RFID 技术在住宿中的应用

RFID 技术也被运用到门禁系统的应用中。酒店住宿应用 RFID 技术射频识别技术可以替代传统的锁具，配套的感应卡可替代传统的钥匙，提高人们住宿的安全性、便捷性、便利性，也方便了酒店的内部管理。

游客在旅行开始前，可以通过邮寄门禁卡或授权的电子钥匙提前拿到住宿的钥匙，省去了到达酒店后办理入住、领取钥匙的不便。通过 RFID 技术系统，酒店可以提前设置好房间的入住时间和离宿时间，这样就可以避免游客在旅行结束后继续住在酒店，方便旅游定制师远程管理，大大节省了酒店的人力、游客的时间和旅游定制师的管理资源。

拓展阅读：智慧住宿服务的概念

2. 虚拟现实智慧住宿

在传统的线上订房过程中，定制旅行客户无法清楚地了解酒店内外环境、即将入住房间的设施等信息，展示图片与房间的真实性也不得而知。随着科技的普及和智能化的不断推进，越来越多的客户不再满足于传统的酒店预订方式。使用虚拟现实（VR）技术来预订酒店房间已经成为行业的主要趋势。目前，酒店行业也都加入全景展示的功能，通过虚拟现实的技术，使游客有机会在线上查看酒店房间，体验入住酒店的设施和周边环境。

酒店通过虚拟现实技术可以全面地展示出酒店的自身优势，同时，也便利了游客。通过这种体验，客户可以清楚地看到房间的每个细节，避免了可能出现的图片与实际房间不符的情况。游客也可以通过该技术更加直观地体验酒店，可根据自身需求在不同的酒店中做出选择。这种以 VR 为基础的预订方式为客户提供了更直观、更准确的酒店体验，可以更加理智地做出预订决策。

拓展阅读：虚拟现实智慧住宿

3. 人脸识别入住

人脸识别、指纹识别等生物识别技术是一种通过生物认证技术来辨认身份信息的技术，通过计算机对人脸图像预处理和分析，可以提取有效信息，最早在证件检验、银行加密系统、安全系统中应用，目前随着技术成熟，已经应用于各种各样的生活场景中，最常见的包括员工上下班打卡、门禁系统开启等。

酒店住宿可以将人脸识别技术与射频识别技术相结合，一方面，可以提前通过证件中的人脸信息记录入住游客的生物信息，增加门禁开启方式；另一方面，可以通过人脸识别和射频识别双认证，增加旅游住房的安全性。

4. 智慧设施

物联网的应用可以让酒店内的所有家居用品基于互联网达到互通互联的目的，实现人和物不受时间与空间限制的交互。酒店内的设施在引入互联网技术后可实现小到灯光、窗帘，大到门禁、电视、空调均通过互联网智能控制。

拓展阅读：大连云朵智慧酒店　　拓展阅读：住宿的未来智慧发展

（三）定制旅行交通的智慧服务

1. 交通监控与管理技术

通过监控摄像头、传感器的硬件设备的安装，实时监测、更新景区内车船的流量、路况、车位使用情况，将这些信息反馈给景区管理者或游客，可以方便景区管理者根据实时情况及时做出景区内交通指挥，提高交通调度效率，增加景区交通通畅度，游客获得景区停车车位使用情况，方便游客提前做出游玩安排，选择最佳交通工具，减少景区排队时间成本。

整合了电子支付和智能停车管理的景区可以实现游客快捷支付停车费或扫描移动支付。智能停车系统可自动识别车牌号，记录停车时间，引导游客到剩余车位，减少游客车辆进出停车场的时间，提高停车效率。

拓展阅读：智慧交通服务的概念

2. 智能导航

智慧景区通过提供景区内道路交通使用情况及旅游的游玩顺序，可以给游客提供智能导航和路径规划。GPS 技术可以定位游客的位置，并提供实时导航功能，帮助游客找到各个景点、服务设施和设备租赁点。

智能导航不仅可以让游客选择游玩最佳路线，还可以让游客轻松到达目的地，减少迷路和不必要路线的行走，节约游客时间。

3. 无人车辆

无人接驳车、无人观光车在封闭环境、线路固定的景区利用现有人工智能和传感器的技术就可以实现。无人接驳车、无人观光车可以按照景区既定观光路线行进，也可以根据交通情况适当调整路线，供游客乘坐、观光或者是景区内各景点间的通行，让游客没有了驾驶疲劳和压力，也成了景区特色，减少了景区内私家车尾气的排放，方便建设绿色环保景区。

同样，景区内还可投入无人移动零售车，游客可通过招收、小程序预约等多种方式购买商品，可实现货找游客，而非游客找货，解决了游客在游玩口渴时找不到饮料等问题，为游客提供更加便捷的智慧体验。

拓展阅读：定制旅行游览的智慧服务

（四）定制旅行游览的智慧服务

1. RFID 技术智慧旅游

RFID 技术是一种通过射频信号自动识别目标并获取数据的技术，目前这种技术在景区的游览中应用相当广泛。

2. 加强现实

加强现实技术可以提高景区的沉浸感，结合现实世界和虚拟世界，打破传统旅游体验的边界，带给游客全新的感官体验。2018 年，大唐不夜城步行街改造提升后开街就引起了很多关注，通过数字化建设、街区智慧化，大唐不夜城推出了 AR 导览体验项目，游客通过 AR 沉浸式体验盛唐文化。大英博物馆通过 AR 技术带游客"穿越"回古代，大英博物馆通过 AR 滤镜，将虚拟信息叠加在显示世界上，向游客揭示文武背后的历史故事，允许游客与历史人物、神话生物等虚拟角色互动，使游客置身其中，既能进行历史教育，也可以传播文化魅力。四川阿坝黄龙景区也通过 AR 技术，将数字导览、互动游戏、智能讲解相结合，通过微信小程序，游客可以在 700 平方米的景区内进行导航定位、查询景点信息，每个景点都有独特的 AR 体验，带给游客视觉震撼，提高游览的趣味性。加强现实还可以缓解景区客流压力，保护景区文物，传播历史文化。

（五）定制旅行购物的智慧服务

1. 增强现实和虚拟现实智慧购物

通过增强现实和虚拟现实技术可以为游客选购商品提供诸多便利。

拓展阅读：智慧购物的概念

增强现实技术借助相机影像角度和位置的实时计算，在屏幕上将虚拟物品和现实世界重叠融合并进行交互，最终在屏幕上呈现出增强场景图片。随着现在智能手机的普及，越来越多的商家将这项技术利用到购物中。目前，最普遍的应用场景是线上智能试妆、智能试戴、智能穿搭。当游客在游玩中看到自己感兴趣的化妆品、首饰、手表，但又担心商品不符合自己预期必须前往线下试妆的苦恼时，增强现实技术让游客通过自己的智能手机就可以体验到商品，如手表，游客只需开启摄像头对准自己的手腕，选择不同款式的手表，即可看到不同手表在自己手腕上的穿戴效果。这项技术使游客摆脱了空间约束，同时，也为游客节省前往实体店的时间，使游客安排更多时间在游玩上。

虚拟现实技术的应用将传统的 O2O 购物体验转变成沉浸式购物体验。将虚拟现实场景融入线上购物中，使游客可以进行云逛店，让线上购物也可以像线下购物一样，身临其境地在商场中选择琳琅满目的商品。

2. RFID 技术智慧购物

RFID 技术在商品标签中也应用广泛，一张标签中可以包含大量的信息。可实现商品从物流、产品防伪、产品信息、产品安全的全方位管控。应用了 RFID 技术的商品在物流中就可以实现自动采集信息、货物追踪、自动入库、自动出库等步骤，记录商品入库位置，更好实现保质期较短商品的监控。无源 RFID 技术卡片正在逐步替代商品标签，一张卡片即可包含商品价格、折扣、商品产地和产品成分等信息。购物中心、商场内通常会陈列大量高价值商品应用了 RFID 技术之后，可以与门禁系统结合，实现商品的安全监控。

3. 人工智能智慧购物

人工智能电子机器人近几年也被应用到购物中心或商场中，通过智能机器人提供导购、线路问询、品牌问询等功能，给商场提供科技感。另外，智能机器人还可以进行语音购买商品。智能机器人存有商场的地图，可引导游客快速到达想要浏览的店铺或引导游客快速找到想要购买的商品。带有语音系统的购物机器人可以与消费者进行互动，使消费者通过语音购买商品。

4. 大数据技术智慧购物

利用大数据分析和人工智能技术对收集的客户数据、商户逗留时间、购买金额等，为之后的定制旅行线路设计提供支持。不同性别、居住地、年龄段的游客购物需求都有很大区别，利用大数据可以很好地统计出不同游客的需求，进而形成使游客更加满意的旅游产品。

5. 景区的智慧无人购物

通过运用传感器、摄像头、计算机等设备和人工智能、大数据、无线射频等技术，无人购物可实现游客刷脸或扫描二维码进行快速购物，整个购物过程无人工干预，为游客提供便利、快速、自助的购物体验。大多数的无人商品只需要游客在进入超市时扫描二维码或刷脸即可，进入超市后

拓展阅读：智慧便利店入驻大唐芙蓉园

游客可以自主选择货架上的商品，选好商品后可直接将商品带出超市，系统自动进行结算，无须游客排队结账，另外，因为无须人工，无人超市可实现 24 小时全天候服务，不受时间限制。

6. 数字化文创产品

数字化文创产品指的是融合了科技和艺术，使人们感受到数字技术带来的新文化和艺术体验的产品。旅游定制师可以结合景区的智慧化建设和商品，为客户推荐数字化产品，感受科技的魅力。数字化文创产品可以是数字游戏、互动娱乐、影视、动漫、音乐、表演、立体影像等各种领域和形态的数字产品。

拓展阅读：数字化文创产品掀起文创新浪潮

（六）定制旅行娱乐的智慧服务

1. 虚拟现实游戏

虚拟现实游戏是一种利用虚拟现实技术创造出的游戏体验。在智慧景区中，虚拟现实游戏可以使游客体验到身临其境的游戏场景，感受到真实的游戏乐趣。利用人机交互、虚拟现实等技术手段，为游客提供更加智能化、互动性的体验，使游客更加深入地了解景区的自然、人文资源等。

拓展阅读：定制旅行娱乐项目的智慧化

2. 加强现实娱乐游览

在传统的展览方式中，通常存在游客和作品之间的交流可能会有玻璃等阻挡，无法近距离欣赏景观，然而 AR 技术的景区游览为游客提供更好的互动方式。AR 互动景区充分运用先进的 AR 技术，将平凡的景点转变为令人惊喜的探险之旅。在 AR 景区，每个角落都可能隐藏虚拟的惊喜。只需通过手机扫描，即可在现实世界中发现隐藏的虚拟角色或物品，引发游客的好奇心，提高他们的参与度和互动性。另外，每位游客都可以根据个人兴趣和偏好选择不同的 AR 体验路径，从而形成独特的旅游体验。

拓展阅读：大唐不夜城数字化 +AR

拓展阅读：加强现实景区剧本杀游戏

拓展阅读：小布镇用"AR 剧本杀"讲好景区红色故事

知识点自测

1. 单选题：（　　）将数据和应用程序从个人服务器转移到远程数据中心的计算方式，能够提供计算资源和服务的统一管理和调度，使客户可以随时随地访问他们的数据和应用程序。这种技术的本质是资源共享。

　　A. 云计算　　　　　　　　B. 大数据　　　　　　　　C. 物联网　　　　　　　　D. 5G

2. 单选题：（　　）主要用于为旅游企业提供智能化的预订、咨询服务，通过对旅游数据的实时分析，可以为旅游企业提供快速响应的服务，为旅游企业提供便捷的数据处理和存储能力，提高旅游企业的业务效率和用户体验。

　　A. 云计算　　　　　　　B. 大数据　　　　　　C. 5G　　　　　　D. AR

　　3. 单选题：（　　　）俗称电子标签，是利用射频信号对静态或移动的待识别物体进行自动识别，一般由标签、阅读器和天线组成。

　　A. 5G　　　　　　　　　B. RFID　　　　　　C. Bluetooth　　　　D. Wi-Fi

　　4. 单选题：在博物馆、文化遗址等地方，通过叠加历史照片和重建场景，看到景点在不同历史时期的样貌，感受时间的变迁。这是采用了（　　　）技术。

　　A. 没有使用技术　　　B. 虚拟现实　　　　　C. 大数据　　　　　D. 增强现实

　　5. 判断题：大数据技术的价值密度的高低和数据总量的大小成反比。（　　　）

任务实施

实施 步骤一	小刘为赵女士提供介绍服务时使用了哪些智慧技术 自己思考，小组讨论
实施 步骤二	在定制旅行策划时，可以使用哪些智慧技术提升服务 小组讨论，代表回答
实施 步骤三	调研三亚的旅行资料，结合智慧技术和应用，为赵女士一家设计三亚五日行程 小组合作设计
实施 步骤四	在旅行过程中，旅游定制师可以运用哪些智慧技术和智慧应用为赵女士一家提供智慧餐饮、住宿、交通、游览、购物等服务项目，请在行程设计中写明哪些服务可以运用何种智慧技术和应用 小组讨论，形成报告
实施 步骤五	运用智慧软件，角色扮演旅游定制师小刘和赵女士一家，模拟行程 小组讨论修改，学生互评、教师点评

📊 任务评价与总结

项目	评价与总结
组内任务分工	
组内表现自评	☐ 积极参与，贡献大 ☐ 主动参与，贡献一般 ☐ 被动参与，贡献小
任务所需 知识总结	请回顾并列出任务所需知识信息
任务实施中 薄弱环节	
今后改进措施	

任务二　定制旅行退款与发票操作

任务导入

工作案例	游客程女士一行两人通过网站购买"宏村加黄山的三日游"定制旅行套餐，共花费1 960元，其前期多次向客服确认是否可以出行，客服均表示可以，后因特殊原因，程女士一行仅参加了一日自由游便结束行程。其与网站旅游定制师沟通退款，却表示只能退未出行的费用。程女士认为不合理，要求全额退款。你作为旅游定制师，你将如何处理？如何为客户退款，并开具发票
任务目标	根据客户需求，按照公司流程，为客户办理退款和开具发票
任务要求	模拟旅游定制师和客户关于退款事宜的沟通和操作

知识导入

任务思考	相关知识点
定制旅行如何退款	退款操作
定制旅行如何开发票	开具发票

知识准备

一、退款操作

（一）退款项目

1. 酒店住宿费用

不同的预订平台及不同的酒店住宿预订退款政策都不同。一般来说，遇到不可抗力因素需要退款的，酒店会全力配合退款，并且不会扣除任何费用。

如果是非不可抗力因素，就需要看清楚预订平台和酒店的退款要求。对于现在用户较多的美团和携程平台，都会有明确规定的取消预订说明。对于可取消的酒店，需要看清楚具体规定的取消时间，如果在规定的时间内取消订单，酒店也会正常退款，但如果超出了规定时间，就需要扣除一定的费用了；对于不可取消预订的酒店，想要取消预订退款就需要进一步和酒店沟通。

2. 机票

机票与酒店住宿相同，也具有时效性的特点，所以，机票退款也需要根据预订平台和航空公司的规定进行。在预订机票时，预订平台和航空公司都会特别标注机票的退改签要求。

以中国国际航空公司为例，根据其在官网公布的退票手续费标准，不同的舱位等级、舱位等级代码、航班起飞前时间，退票手续费也都是不同的。头等舱代码F在起飞前14天之前是可以免费退票的，在航班起飞时间前14天至48小时收取5%机票票面价格的手续费，航班起飞前 48 小时至 4 小时收取 5% 机票票面价格的手续费，航班起飞前 4 小时（不含）至航班起飞后收取 10% 机票票面价格的手续费；而经济舱，舱位等级是 T/L/P/N/K 的，航班起飞前 14 天之前退票就要收取 40% 机票票面价格的手续费，在航班起飞时间前 14 天至 48 小时收取 60% 机票票面价格的手续费，航班起飞前 48 小时至 4 小时收取 90% 机票票面价格的手续费，航班起飞前 4 小时（不含）至航班起飞后收取 100% 机票票面价格的手续费；Y 舱位等级代码的经济舱是经济舱中手续费最低的，除航班起飞前 4 小时（不含）至航班起飞后收取 15% 机票票面价格的手续费外，其他收费标准均与 F 代码的头等舱标准一致。其他航空公司也有类似的规定。

因此，在退票时要核对机票的舱位等级、等级代码、起飞前时间等信息，这之间的手续费差别也是很大的。

3. 火车票

火车票可采用售票窗口退票和互联网退票两种方式。两种方式的退票费收取标准相同。火车票收取退票费的标准主要是根据开车前的时间。开车前 8 天（含）以上退票的，不收取退票费；票面乘车站开车时间前 48 小时以上的按票价 5% 计，24 小时以上、不足 48 小时的按票价的 10% 计，不足 24 小时的按票价的 20% 计。

（二）退款

1. 退款流程

（1）了解退款政策。旅游定制师需要了解供应商和合作伙伴的退款政策，不同的供应商可能有不同的规定，包括取消期限、退款金额、退款处理时间等，清晰地了解退款条件。

（2）核实取消原因和预订细节。与客户详细沟通，了解为什么要取消或寻求退款，判断是否符合退款政策中的取消条件。如果取消是由于突发事件（如疾病、紧急情况或天气问题）而非客户个人原因，可能有更多的灵活性来处理退款。旅游定制师要与客户沟通核实预订细节，包括订单号、日期、付款方式等。

（3）联系供应商。旅游定制师了解客户的取消原因并核实了预订细节，可以与相应的供应商或服务提供商联系，以便他们可以开始处理退款请求。旅游定制师应积极保持与供应商的沟通，并询问他们的处理进度和预计退款日期，同时告知客户。

（4）检查退款。在供应商完成退款处理后，旅游定制师应提醒客户检查付款账户或信用卡账单，有时银行处理可能需要一些时间。旅游定制师如果已经与客户约定退款时间的，需要按照客户需求，按时退款，并及时通知客户在账户查收。如果没有与客户约定退款时间，一般需要在返程之后的两个工作日内为客户办理退款，退款一般会在三至七日内退回银行卡或第三方支付账户。

（5）记录和反馈。旅游定制师需要将退款的详细记录，包括退款请求的日期、与供应商的通信记录及退款金额，记录在平台上。在处理退款问题后，与客户保持联系，听取他们的反馈，并根据经验改进服务，以提供更好的旅行定制体验。

2. 退款参考用语

旅游定制师需要做好与客户的沟通工作，提供完善的退款服务，并及时提醒客户查收账款。以下沟通用语可供参考：

"您好，××× 项目（写明具体地点的旅游 / 酒店 / 交通项目名称）的金额为 ××× 元，将会在星期 ×× / ×× 月 ×× 日前为您退款，预计到账的时间是 ×× 个工作日，具体以您支付渠道的退款时间为准，如果到时候没有收到退款，您可以随时联系我。谢谢！"

旅游定制师需要与客户和供应商之间协作并沟通，确保客户按照政策获得对应的退款，并在退款处理过程中为客户提供帮助，与客户建立信任。

二、开具发票

拓展阅读：定制旅行合同退款的法规

定制旅行服务不同于普通的有形商品，属于无形服务。游客的实际购买、消费定制旅行产品的过程，也是生产定制旅行产品的过程。定制旅行产品的生产、交换、消费在时间和空间上都是统一的，是同时产生、同时终止的，存在很多的不确定性。定制旅行产品一切从客户的需求出发，客户经常会在行程之中改变主意，临时增加某个景点的游览，可能由于突发情况需要提前结束行程或更改旅行目的地，这样就产生了关于住宿、交通、餐饮、旅游等项目新的消费或退订，因此订单金额也会发生变动。由于定制旅行的行程具有很大的灵活性，为了保证客户在定制旅行中的完美体验，发票的开具是在定制旅行的行程结束之后。当客户返回行程后，旅游定制师需要按照公司流程和有关规定要求，为客户结算旅行费用，提供开具发票的手续。

1. 开票法规

国家税收部门对于旅游业服务有以下规定：财税〔2016〕36号文件附件一中规定，生活服务、旅游服务，是指根据旅游者的要求，组织安排交通、游览、住宿、餐饮、购物、文娱、商务等服务的业务活动。财税〔2016〕36号文件附件二《营业税改征增值税试点有关事项的规定》中明确提到，试点纳税人提供旅游服务，可以选择以取得的全部价款和价外费用，扣除向旅游服务购买方收取并支付给其他单位或者个人的住宿费、餐饮费、交通费、签证费、门票费和支付给其他接团旅游企业的旅游费用后的余额为销售额。但这里需要注意的是，选择上述办法计算销售额的纳税人，向旅游服务购买方收取并支付的上述费用，不得开具增值税专用发票，可以开具普通发票。

定制旅行的发票不仅是游客的交款证明，还是定制旅行服务的提供企业缴纳税金的计税基础。因此，旅游定制师在客户行程结束后，应遵照国家相关法律和行业准则，帮助客户进行规范化的开票。如果定制旅行服务公司拒绝开具发票，则为偷税漏税行为，客户可以向有关部门进行举报。

2. 开票流程

（1）核对信息。旅游定制师在开具发票之前，需要与客户仔细核对票据信息。在智慧旅游时代，目前大多数企业都采用数字化的财务票务系统，票据信息与政府税务系统进行联网。如有错误，进行更改，会比较烦琐，因此需要旅游定制师与公司的财务部门做好沟通，为客户提供准确的开票模板信息，保证开票流程的顺利。

旅游定制师全程为客户进行服务，对于行程信息掌握十分全面、具体，在开票之前需要与客户做好信息确认。如果在定制旅行途中有变动，需要保留好当时支付的票款信息，以及与当时提供具体服务的供应商联系，提供相关信息，然后请财务部门进行总体的定制旅行服务款项的加减，并提供信息给客户，请客户确认，以免发生分歧。

（2）询问需求。旅游定制师需要做好客户与公司其他部门的沟通桥梁，询问客户的开票需求，以及提供开票信息。在开票之前，需要询问客户是开具纸质发票进行邮寄，还是开具电子发票发送邮箱。开票信息一般需要客户提供发票抬头，需要确认是个人还是公司，如果是以公司作为抬头，还需提供公司的具体全称、公司税号等。

（3）开具发票。客户有特殊开票时间或要求的，按照客户需求操作。客户没有明确说明开票时间，并且在返程之前提出开票需求的，旅游定制师应该在返程之后的三个工作日内为客户完成开票手续并邮寄或发送邮箱。旅游定制师不得向客户额外加收增值税发票税费。

（4）开票的参考用语。旅游定制师作为公司财务部门与客户之间的沟通纽带，需要及时反馈、沟通开票有关信息，以下用语可供参考：

"您好，如需开具本次定制旅行服务的发票，请您确定是否需要纸质发票。如开具电子发票，将以 PDF 文件的方式发送到您的邮箱。如需纸质发票，将在开具后快递给您，快递费用需您自理。谢谢！"

拓展阅读：旅行开票示例

"开具发票需要提供以下信息：个人姓名／公司名称全名、营业执照统一社会信用代码、邮寄地址（如需开具纸质发票）、电子邮箱（如需开具电子发票）、联系方式。谢谢！"

"请您谅解财务在款项到账后的 ×× 个工作日内开具发票，如遇节假日顺延。开具发票后，将立即发送邮箱或快递邮寄给您。届时我将及时与您联系，谢谢！"

 ## 知识点自测

1. 多选题：办理飞机退票时，需要核对的信息有（　　）。
   A. 舱位等级　　　　　　　　　　　B. 等级代码
   C. 起飞时间　　　　　　　　　　　D. 乘机人身份证

2. 单选题：办理火车退票，开车前（　　）天（含）以上退票的，不收取退票费。
   A. 10　　　　　　B. 8　　　　　　C. 7　　　　　　D.6

3. 单选题：办理火车退票，票面乘车站开车时间前（　　）小时以上的按票价的 5% 计。
   A. 72　　　　　　B. 48　　　　　　C. 24　　　　　　D. 12

4. 单选题：办理火车退票，不足（　　）小时的按票价的 20% 计。
   A. 72　　　　　　B. 48　　　　　　C. 24　　　　　　D. 12

5. 单选题：客户没有明确说明开票时间，并且在返程之前提出开票需求的，旅游定制师应该在返程之后的（　　）个工作日内为客户完成开票手续并邮寄或者发送邮箱。
   A. 十　　　　　　B. 七　　　　　　C. 五　　　　　　D. 三

任务实施

实施步骤一	面对程女士的退款要求，你作为旅游定制师，将如何处理 小组讨论，代表发言
实施步骤二	如何为程女士办理退款？有哪些流程
实施步骤三	如何为程女士开具发票？有哪些流程
实施步骤四	角色扮演，模拟旅游定制师和客户关于退款与开发票的场景及沟通 小组合作，学生互评，教师点评

任务评价与总结

项目	评价与总结
组内任务分工	
组内表现自评	☐ 积极参与，贡献大 ☐ 主动参与，贡献一般 ☐ 被动参与，贡献小
任务所需 知识总结	请回顾并列出任务所需知识信息
任务实施中 薄弱环节	
今后改进措施	

任务三　定制旅行顾客满意度

📊 任务导入

工作案例	小美在某网站预订了为期5日的三亚蜜月定制旅行，在返回家乡后，旅游定制师小李发来了二维码，请小美对于此次旅行中行程策划、旅行体验和人员服务等方面进行评价。 　　请你作为旅游定制师，选择合适的测量指标，设计一份调研问卷
任务目标	全面掌握定制旅行产品客户满意度的情况，进一步提升服务能力
任务要求	小组调研，设计一份定制旅行问卷

📺 知识导入

任务思考	相关知识点
定制旅行顾客满意度是什么	定制旅行顾客满意度的概念
什么影响定制旅行顾客满意度	定制旅行顾客满意度的影响因素
如何测量定制旅行顾客满意度	定制旅行顾客满意度的测量指标
如何处理顾客评价	顾客满意度的管理
如何提供顾客忠诚度	定制旅行顾客忠诚度

📺 知识准备

一、定制旅行顾客满意度的概念

　　定制旅行属于旅游的一种特殊类型。定制旅行顾客满意度指的是客户针对某企业提供的定制旅行产品和服务，在体验之后获得的体验，与旅行之前的心理预期进行对比，所产生的主观性心理评判。

拓展阅读：顾客
满意度的概念

二、定制旅行顾客满意度的影响因素

1. 客户自身因素

　　当下，旅游市场主要包括跟团游、自助游、定制游三种旅行方式。定制旅行作为放松身心的私人化旅行方式，可以满足客户的高品质、小众、精品化的独特旅行需求，享受全程的定制服务。定制旅行与传统跟团游相比，具有自由度高、私密性好、行程灵活、服务周到、专享服务、无隐形消费等特征。因此，在定制旅行中，客户会对休息、餐饮、交通、安全、体验、休憩、探索等方面提出个性化需求，旅游定制师的定制旅行也是多元化的。有的定制旅行公司刚起步，可能会以传统跟团游为基础，来为客户提供定制旅行。然而，旅游定制师在沟通过程中慢慢发现，原本的跟团游线路并不能满足客户的个性化需求，最终制定的行程与传统的跟团

游有很大的差异。即使是到同一旅游目的地，不同定制客户的计划游览时间、游览的景点项目、游览方式（如坐缆车登顶或步行爬山、乘坐电瓶车或手摇船游湖）等都存在差异。这也是定制旅行的魅力所在，真正从客户内心需求出发，设计独家行程，做到千人千面。在定制旅行中，如果客户需求得不到满足，将会影响客户对于整个行程的满意度，进而影响该旅行公司的口碑。

拓展阅读：定制旅行顾客满意度的影响因素：客户自身因素

2. 定制旅行服务公司因素

（1）旅行项目。定制旅行中客户获得的旅行产品和服务是直接影响旅行满意度的，这些属于公司提供的外部因素。饮食方面影响定制旅行顾客满意度的因素主要是食品卫生。如果客户在旅行途中，吃坏肚子或者因此突发肠胃炎，影响后续旅程的顺利开展，势必会对行程很不满意。关于酒店住宿，影响满意度的因素有房型是否按照要求提供、酒店星级和品牌、是否含早餐等。很多客户对于定制旅行中的酒店住宿，会担心噪声和卫生情况等，旅游定制师在行前需要与客户详细沟通具体要求，提供符合要求的住宿房间，提升住宿的舒适度。大交通方面影响定制旅行顾客满意度的因素有交通工具的准时度、票价的合理性、出行时间、是否换乘、航司偏好、休息室使用、接送车服务等。旅游定制师可以为客户提供出行提示，来提升交通方面的满意度。景点游览、购物、娱乐项目是客户体验旅行的最重要因素。旅游定制师在行前，就要对客户的出游目的和人员构成有充分了解，设计合适的旅行方案，保持在行程中提供与描述相符的项目，增加客户的信任感，提升客户的满意度。

（2）供应商的选择。定制旅行的交通、住宿、餐饮、景区服务的合作供应商对于客户的旅行满意度也有影响。旅行公司选择合作伙伴时，一般要与口碑良好的行业伙伴进行合作，因为他们可以保持提供服务的标准性和稳定性。在选择供应商时，主要遵循 QCS 原则，从质量、价格、服务方面进行综合考虑。供应商的选择上不要一味追求价格，要以品质为主，定制客户一般追求更高端的体验，要保证提供服务的质量，提升客户的出行体验。定制旅行是将供应商提供的服务打包在一起，为客户设计行程。如果供应商提供的项目品质忽高忽低，甚至有安全风险，这对于客户口碑而言是致命的打击。长久以往，这不利于旅行公司的良性品牌发展。

（3）服务质量。在定制客户获得的旅游产品和服务中，会接触旅游定制师、导游、司机、酒店服务员、餐厅服务员、交通服务员等人。这些服务的提供者与定制客户交流时的服务态度、沟通方式、服务效率、服务用语等，都会使客户对于定制旅行服务产生不同的评价。旅游定制师在沟通和安排行程时，要特别注重细节。例如，在客户为庆祝孩子生日而预订的亲子游定制旅行，旅游定制师为客户准备了生日礼包，但由于粗心，忘记询问了具体的生日是哪天，导致礼包没有在生日当天送出，客户体验有所下降。旅行定制师在与客户沟通时，要从客户的角度出发，多思考，客户需要的还有哪些，为客户提供贴心的定制服务，才能获得客户的称赞。

3. 旅行目的地环境因素

旅行是从自己原本居住的地方发生转移，到异地去探索体验。定制客户对于旅游目的地并不熟悉，旅行的满意度包括吃住行游购娱等因素，如当地的天气情况、景区的拥挤程度、社会治安状况、居民友好程度、旅游服务管理水平、区域经济发展水平、公共服务等。

在 2023 年五一假期，淄博烧烤的主题定制旅行迅速升温。很多游客不远万里到淄博旅行，不仅是为了品尝淄博的烧烤美食，更重要的是感受淄博良好的旅游环境和热情淳朴的文化氛围。外地游客一到淄博，就会感受到当地居民的热情好客，如热心景点的出租车司机、免费接送站到景点的大巴车、信息详尽的旅游服务中心等。淄博市政府也制定了很多管理条例保证游客的安全，公布投诉监督电话快速响应，使游客在淄博感受到了宾至如归的感觉，整体的旅游环境很好，游客的满意度也高。如果旅行目的地管理水平不高，在面对旅游旺季时，没有做好充分预案，很容易出现景区过于拥挤、用餐快速解决、交通瘫痪等现象，客户的旅行体验就会大打折扣。

拓展阅读：处理定制旅行投诉的原则

不同的旅行目的地影响顾客满意度的因素不尽相同，在同一地的不同类型定制旅行的顾客满意度也受到不同因素影响。例如，在三亚的海鲜美食定制旅行中影响顾客满意度最大的因素是餐厅服务态度和饮食安全，而三亚的蜜月定制旅行中对满意度产生最大影响的就变成了旅拍服务质量和景点环境。因此，影响定制旅行顾客满意度的主要旅行目的地环境因素包括项目价值和服务质量。

三、定制旅行顾客满意度的测量指标

1. 顾客满意度的测量模型

（1）PZB 顾客期望模型。美国服务管理小组 Parasuraman、Zeithaml 和 Berry 三位教授通过对银行、信用卡、证券经纪商和产品维修四个领域服务人员的访谈，提出了服务品质概念模式，被称为 PZB 模型。

PZB 研究认为，顾客的期望是一个区域，叫作容忍区域（Zone of Tolerance），并非一个单独变量。达到容忍区的不同界限将会有不同的顾客期望，PZB 模型将期望分成了合格期望和理想期望。合格期望和理想期望是容忍区域的下限和上限，在合格期望和理想期望之间被称为容忍区域。合格期望是低层次的期望，是顾客可以接受的服务水平；理想期望是高层次的期望，是顾客渴望或者幻想的服务水平。在这两者之间的容忍区域不会让顾客感到不能接受，也不会让顾客感到极大满意，可能会让顾客感到基本满意或比较满意，这也是大多数实际发生的情况。

（2）期望－实绩模型。顾客满意度在 20 世纪 50 年代左右开始提出，最早的文献可以追溯到卡多佐 1965 年发表的《顾客满意度、期望和满意度的实验研究》。关于顾客满意度广泛认可的理念是由美国营销学家奥利弗在 1980 年提出的期望—实绩模型（图 5-1），这是一种关于顾客是否满意所提供产品的最具有影响力的理论模型。奥利弗认为，顾客满意度的评价因素是顾客期望，顾客满意度与顾客对于产品服务的期望直接相关。后来，世界各地区也开始建立起自己的顾客满意度指数模型。

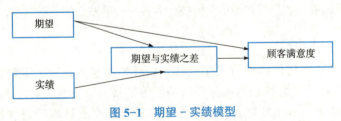

图 5-1　期望－实绩模型

来源：孙九霞，陈钢华《旅游消费者的满意度和忠诚度》2016 年

（3）瑞典顾客满意度模型。1989 年，瑞典的 Johnson 建立了瑞典顾客满意度模型（Sweden Customer Satisfaction Barometer），简称 SCSB，也称为满意度晴雨表，如图 5-2 所示。顾客满意度由消费者期望和感知绩效作为前因变量，消费者抱怨和忠诚是结果变量。在 SCSB 模型研究实践之中，学者发现，消费者的感知价值会影响消费者的满意度，但消费者对于企业提供的不同的产品和服务质量的感知并不相同，那么哪些因素影响感知绩效呢？Deming、Juran 和 Gryna 研究得出，影响感知绩效的因素主要有两个，包括公司提供的产品和服务能够满足消费者需求的程度，以及消费者需求得到满足的可靠程度。消费者长期累积的消费，对于产品和服务会形成满意度，从而进一步产生抱怨或忠诚。

图 5-2　SCSB 模型

来源：刘春明《电商平台中绿色农产品消费者行为研究》2019 年

（4）美国顾客满意度模型。1994 年，美国顾客满意度模型在瑞典顾客满意度模型基础上进行优化，由美国密歇根大学国家质量研究中心与美国质量协会，通过对美国近 200 家企业和政府机构进行顾客满意度调研，共同研究得出美国顾客满意度模型（American Customer Satisfaction Index），简称 ACSI，如图 5-3 所示。

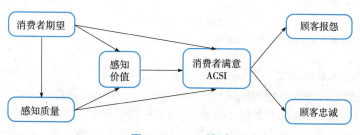

图 5-3　ACSI 模型

来源：刘春明《电商平台中绿色农产品消费者行为研究》2019 年

美国顾客满意度有四个层次，包括全国顾客满意度指数、领域顾客满意度指数、行业顾客满意度指数、企业顾客满意度指数。所有不同的企业、行业及领域之间的顾客满意度是有一致标准进行衡量，并且顾客满意度能在不同产品和行业之间比较，也可以在同一产品的不同顾客之间进行比较，体现出顾客的差异性。ACSI 模型相比于 SCSB 模型，最大的改进在于可以进行横向跨行业的比较，还可以进行纵向跨时间段的对比，因此可以将顾客以往消费的满意度和购买态度进行总结，预测企业长期的经营业绩。

ACSI 首次引入了感知质量在顾客满意度模型中，与消费者期望和感知价值一起作为消费者满意的解释变量。顾客抱怨与顾客忠诚是消费者满意的结局变量。ACSI 模型以产品和服务消费过程为基础，提出了感知质量和感知价值存在的区别，感知价值主要由价格因素决定。价格通过感知价值这个变量引入顾客满意度的模型，增加了跨企业、跨行业、跨部门的可比性。

（5）欧洲顾客满意度模型。1999年，经过对美国顾客满意度模型ACSI进行优化，欧洲质量组织EOQ与欧洲委员会DH III对12个欧盟成员国的顾客进行大量的访谈和调研，总结得出欧洲顾客满意度模型（European Customer Satisfaction Index），简称ECSI，如图5-4所示。欧洲学者通过研究发现，ACSI模型中消费者满意度并没有被消费者抱怨直接影响，两个变量之间缺乏必然的因果联系，并且公司形象直接影响消费者满意度，因此优化建立了ECSI模型，删除了消费者抱怨的变量，加入了企业形象作为影响消费者满意度的变量。此外，ECSI模型还对ACSI模型中的共同要素进行了测评和调整，比如将感知质量这一要素的测量指标分解成针对有形产品的质量测评和针对无形服务的质量测评，分别从产品和服务两个不同类别进行顾客满意度的测评，使得模型对有形和无形产品都具有适用性。另外，ECSI模型认为，对于消费者忠诚度的衡量可以在原来的指标"已消费客户是否存在着对其周边熟人进行推荐此次的消费的产品或者服务的意愿"之外，再补充两个衡量指标"对于消费者是否存在着再次的消费欲望""再次的消费增加量"，完善了顾客满意度模型的衡量指标。

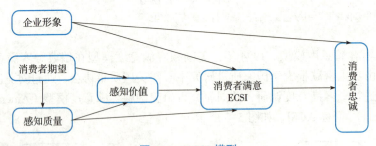

图5-4　ECSI模型

来源：刘春明《电商平台中绿色农产品消费者行为研究》2019年

（6）中国顾客满意度模型。2000年，中国标准化研究院与清华大学共同研究，开展两次全国调研，通过分析大多数省份和代表性行业，得到了中国顾客满意度模型（China Customer Satisfaction Index），简称CCSI，如图5-5所示。CCSI模型中将消费者期望的变量，改为预期质量。在顾客满意度中，影响预期质量的因素通常包含商品消费预期、商品可靠性预期及商品质量的综合预期。CCSI模型在测量预期质量的衡量指标仅保留了总体预期质量这一个方面。此外，CCSI模型特别强调了公司形象和服务质量会直接影响消费者对于公司的产品和服务的满意度水平，而且长久影响企业的经营。

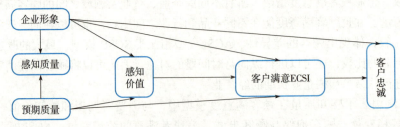

图5-5　CCSI模型

来源：刘春明《电商平台中绿色农产品消费者行为研究》2019年

（7）旅游顾客满意度指数 SERVQUAL 模型。SERVQUAL 是英文 Service Quality（服务质量）的缩写，最早出现于 Parasuraman、Zeithaml 和 Berry 三人于 1988 年发表的名为《SERVQUAL：一种多变量的顾客感知的服务质量度量方法》的文章中。SERVQUAL 理论是以全面质量管理理论为基础，在服务业中可以应用的服务质量评价体系。SERVQUAL 理论以服务质量差距为理论核心，强调用户期望和用户感知，将用户的实际感受和用户的期望作为模型打分的主要依据，即

视频：定制旅行顾客满意度

$$\text{SERVQUAL 分数} = \text{实际感受分数} - \text{期望分数}$$

SERVQUAL 模型将服务质量的打分划分成有形性、可靠性、响应性、保证性和移情性五个维度。每个维度都通过若干问题以调查问卷的形式让客户对期望值、实际感受值和最低可接受值进行评分，最终通过公式计算出服务质量的分数。

1）有形性指的是有形资产，如设施、设备、服务人员等，具体组成项目包括有现代化的服务设施；服务设施具有吸引力；员工有整洁的服装和外套；公司的设施与他们所提供的服务相匹配。

2）可靠性指的是有能力履行服务承诺，具体组成项目包括公司向顾客承诺的事情都能及时完成；顾客遇到困难时，能表现出关心并帮助；公司是可靠的；能准时提供所承诺的服务；正确记录相关的服务。

3）响应性指的是快速响应顾客对高服务水平的需求，具体组成项目包括告诉顾客提供服务的准时时间；提供及时的服务；员工总是愿意帮助顾客；员工不会因为其他事情而忽略顾客。

4）保证性指的是员工的知识、礼节和员工表现出的能力，具体组成项目包括员工是值得信赖的；在从事交易时，顾客会感到放心；员工是礼貌的；员工可以从公司得到适当的支持，以提供更好的服务。

5）移情性指的是可以关心顾客并根据个性化需求提供个性化服务，具体组成项目包括公司针对顾客提供个性化的服务；员工会给予顾客个别的关心；员工了解顾客的需求；公司优先考虑顾客的利益；公司提供的服务时间符合顾客的需求。

结合这五个维度 22 项指标和 SERVQUAL 分数计算方法即可计算感知服务质量（SQ），公式为

$$SQ = \sum_{i=1}^{22} P_i - E_i$$

式中，P_i 为在第 i 项指标是顾客的感受分数，E_i 为在第 i 项顾客的期望分数，$i = 1，2，3，\cdots，22$。然而，在实际运用中，顾客对每一维度的重要性感知是不同的，因此，需要先通过调查确定好每一维度的权重通过加权平均的方式计算 SERVQUAL 分数，公式为

$$SQ = \sum_{j=1}^{5} \sum_{w_{ji}=1}^{22} (P_i - E_i)$$

式中，j 为 1～5，i 为 1～22，w_j 为第 j 个维度的权重。

通过调查计算得出每位顾客的 SERQUAL 分数后求平均数即为该项服务的平均 SERQUAL 分数。

拓展阅读：基于 **SERVQUAL 模型** 的问卷实例

2. 中国旅游研究院的游客满意度指数

在 2023 中国旅游科学年会上，中国旅游研究院发布了《游客满意论》。该书编制历时 7 年，通过全国 60 个城市实践经验总结而来，也是以人民为

中心的国家战略的实践结果。该书高度重视游客满意度，指出游客是旅游现象的基础、旅游发展的核心，游客满意是旅游发展质量的体现。该书提出了要从平民视角、通过科学方法开展游客满意度的评价。

书中提出，游客满意度的调查在旅游工作中起到指挥性作用，需要构建多层次、多方式的游客满意度指数，游客满意度指数需要结合现场问卷、网络评论、投诉质监三个维度，借助博客研究法、传统满意度指数结构模型、访谈法等多种调查方法。

现场问卷维度包含城市旅游形象、游客预期、游客感知质量、游客感知价值、游客满意度、游客忠诚度等二级指标。网络评论维度包含目的地旅游形象、当地居民态度、交通、餐饮、住宿、景点、购物、休闲娱乐、旅行社、预订网络、旅游公共服务、整体性价比、综合评价、回头率等二级指标。投诉质监维度包含投诉程序、投诉制度、投诉结果公示、投诉数量等二级指标。三个维度的权重系数通过德尔菲专家评分和层次分析法综合确定。

拓展阅读：游客满意度测评指标体系

拓展阅读：处理客户好评

3. 旅游环境游客满意度（TSI）测评模型

旅游环境游客满意度（Tourist Satisfaction Index，TSI）指的是游客参与旅游活动过程中所感知的情境，与其之前预期的对比，从而产生心理上的差异。当前国内针对旅游目的地环境质量的评价体系已经有些研究，但标准多样，而且主要标准是针对旅游地的环境保护方面，更偏向技术性。旅游环境游客满意度测评模型不仅注重旅游地的环境保护，还特别关注游客在心理感受上的体验。

游客满意度测评指标体系分为四个层次，第一个层次是整体的游客满意度指数，第二个层次是具体的六个方面，分别是游客期望、游客对环境质量的感知、游客对游览价值的感知、游客满意度、游客抱怨、游客忠诚。游客期望是当游客的实际感知超过旅行前的预期时，就会感到满意，反之则表现为负向差距；游客对环境质量的感知来源于自然景观和社会服务两方面的质量感知；游客对游览价值的感知是将环境质量与价格感知做对比，形成的实际值与期望值会产生差异；游客期望、游客对环境质量的感知、游客对游览价值的感知，一起对游客满意度、游客抱怨、游客忠诚产生影响。第三个层次和第四个层次是对于六个方面的具体指标。

拓展阅读：游客满意度测评指标体系

4. 定制旅行顾客满意度

（1）评价维度。定制旅行作为一种精品、高端、小众的旅行方式，相比普通跟团游的客户具有更多的旅行经验和旅行消费，追求高品质的旅行体验，注重深度体验和个性化旅行，喜欢尝试新鲜的旅行项目，旅行之中有很高的自主性和新奇性，因此，在评价定制旅行时的评价维度与传统旅游也存在一定的不同。

拓展阅读：定制旅行 NPS 评价指标

目前，市场上提供定制旅行服务公司的客户满意度主要从定制旅行的行程设计和旅行相关服务的质量两大类进行评价，具体有所不同。评价指标基本涉及了吃、住、行、游、购、娱的旅行服务质量感知，以及对于行程方案的期望、质量和价值感知等满意度的衡量。定制旅行公司通过顾客满意度的调查，总结反馈的问题和得到称赞的地方，并用于改进后续的服务，形成良性循环。

（2）定制旅行质量反馈：净推荐值（NPS）。定制旅行策划行程的公司可以采用净推荐值NPS作为向他人推荐的评价指标，来判断用户对于定制旅行产品是否满意。净推荐值（Net Promoter Score，NPS），是2003年由美国贝恩咨询公司提出的，是一种计量客户将会向其他用户推荐某个产品或服务可能性的指数。通过了解客户是否愿意向其他潜在用户推荐，来评估定制旅行服务质量、用户体验和游客满意度。通过了解推荐的可能性，定制旅行策划服务的提供公司可以进行改进产品和优化行程，并可以进一步通过NPS产生客户裂变，使客户进行口碑宣传。NPS每个指标的满分是10分，0分代表完全不愿意推荐，10分表示非常愿意推荐，打0至6分的是批评者，7至8分的是中立者，9至10分是推荐者。NPS分数=（推荐者人数－批评者人数）/总人数。每位用户针对不同指标打出的分数不同。举例来说，针对你有多大可能向朋友或同事推荐本公司的定制旅行服务这一问题，有100人回答，其中20人评分9至10分为推荐者，50人评分在7至8分是中立者，30人评分在0至6分是批评者，那么针对这一问题的NPS分数=（20-30）/100=-10%。

拓展阅读：定制旅行NPS电话调研客户

定制旅行采用NPS评价体系，评价指标包括旅游定制师服务、定制行程方案报价、整体行程资源、行中服务、定制旅行特点、定制旅行产品的丰富程度、整体行程体验、预订行程操作、客服响应、用户习惯、旅行公司品牌、客户经理、支付体验、拼团体验、信息全面性、退改满意度、发票邮寄、订单积分、点评、建群、签证等。

拓展阅读：结束线上群服务

通过NPS来评价定制旅行的满意度，凸显了以客户为中心的服务业宗旨。由于计分方式以用户推荐行为为评判，相比主观态度的评价更加客观。一般顾客满意度的评分计算是取所有分数的平均值，这样极值很容易被平均，掩盖了真实情况。NPS用推荐者减去批评者，数据更加客观。相比顾客满意度的评价标准，NPS更具优势，可以与客户建立情感联结，得分反映客户对品牌的忠诚度，对于预测未来客户的再次消费行为有很大的说服力。

拓展阅读：客户回访

四、顾客满意度的管理

1. 结束线上群服务

在客户的定制行程结束后的两天之内，旅游定制师需要在微信群里发送结束语，最后一句话也应由旅游定制师发出。

2. 客户回访

客户回访指的是在行程结束后，旅游定制师对客户的行程体验进行调查，听取客户反馈，收集客户信息，在负面评价产生时对客户进行安抚并处理事件，总结产品问题，并进行产品优化升级的过程。旅游定制师需要注意客户回访的时间，一般要在行程后一周内进行。

3. 针对客户评价的处理

旅游定制师在结束行程后，根据客户需求及相应流程规定，及时、有效、准确地对客户的服务体验进行采集，并做量化处理。同时，旅游定制师要根据客户提供的评价反馈，整理客户的好评和不足，对于不同的评价采用恰当的沟通用语，做好后续服务。

对于客户给予的好评，旅游定制师可以表达感谢和信任。

对于客户差评，旅游定制师需针对具体内容分析并在4个自然工作日内回复差评。

拓展阅读：处理
客户好评

拓展阅读：处理
客户不满的评价

拓展阅读：客户
评价的其他来源

五、定制旅行顾客忠诚度

1. 顾客忠诚度的概念

顾客忠诚度也称为客户黏度，指的是顾客对某种产品或服务的依附性偏好并且进行多次购买的行为意向。品牌忠诚度和顾客忠诚度的研究起源于 20 世纪 20 年代，旅游顾客忠诚度的研究起步稍晚，直到 20 世纪 90 年代才得到大量关注，最早研究的对象包括旅游设施、休闲活动、酒店、机票等服务的购买行为。

拓展阅读：客户
忠诚度的定义

目前学术界对于顾客忠诚度的定义主要有三种类型的理论，即行为论、态度论和复合论。

行为论聚焦的是顾客重复购买的行为，提出该理论的代表人物有朱兰德、阿萨尔、塔克，该种类型的理论认为顾客多次重复购买的行为是客户忠诚度的表现。然而，随着其他学者的研究和实践，该理论暴露出缺陷和不足，因此，在行为论的基础上，很多学者又提出了应同时考虑态度的观点。

态度论在行为论的缺陷和不足的基础上引入了顾客的情感偏好，态度性忠诚包涵认知性忠诚、情感性忠诚和意向性忠诚，该理论认为多次重复购买的行为并非完全因为顾客的偏好，也有可能是因为转换障碍，低频率复购也并非没有高品牌偏好，因此，只有充分考虑顾客的情感偏好，才能区分真实的客户忠诚度和虚假的客户忠诚度。

复合论是将行为忠诚和态度忠诚相结合，该理论认为单纯考虑顾客的行为或者是顾客的态度都不能够证明客户忠诚，真正的客户忠诚应该包涵行为忠诚和态度忠诚两方面，顾客既要行为上多次重复购买，态度上也要表现出对产品或服务的认同。目前，大多数学者都认同复合论的观点。

基于行为态度的组合可以将顾客分为非忠诚、潜在忠诚、虚假忠诚、持续忠诚四类，基于满意忠诚的组合可以将顾客分为背叛者、唯利是图、人质顾客、忠诚传递四种类型。

游客忠诚度指的是游客对某旅游目的地或者是旅行产品表现出高度认同感和归属感，并且多次重复购买、向他人推荐和作为首要选择对象。定制旅游客户忠诚度属于游客忠诚度的一种，其定义应当是游客对某定制旅游目的地或定制旅行产品表现出高度认同感和归属感，并且多次重复购买、向他人推荐和作为首要选择对象。

2. 顾客忠诚度的测量指数

在测量忠诚度时也需要考虑顾客的行为忠诚度和态度忠诚度两个角度，因此，忠诚度的指数也会出现行为、态度、复合三种指数。目前，普遍观点认为，行为忠诚度包含重复购买、正面宣传服务或产品等指标，态度忠诚度包含对产品或服务的偏好程度、对企业竞争态度、价格容忍度等指标。

根据游客忠诚度的定义，旅游消费者的行为忠诚度指标应包含浏览次数、浏览次序、正面宣传的次数等指标；态度忠诚度的指标包括是否有意愿反复游玩、推荐给他人和首要游玩选择等指标。

3. 提升顾客忠诚度的方法

　　（1）提升产品质量。定制旅行品牌获得顾客忠诚度的主要途径是提升产品质量，提升用户体验。定制旅行公司可以定期进行客户满意度调查，以了解客户的反馈和建议，关注新的目的地和旅游趋势，根据客户的反馈和市场趋势对产品不断改进，保持产品的新鲜和吸引力，精心规划最新的旅行线路，丰富线路，提供多样化的选项，以便客户能够根据自己的兴趣进行选择。

　　定制旅行公司应与供应商建立良好关系，与酒店、航空公司、地接导游和其他旅游服务提供商建立紧密的合作关系，定期审核和更新供应商名单，保障提供服务的品质和可靠性。

　　（2）提升服务意识。定制旅行的多样性和信息的普及使游客的选择越来越丰富。定制旅行的个性化和私人化特点，使游客预订特定品牌的首要原因在于客户服务而不是忠诚度项目。相比忠诚度奖励计划，服务人员的质量更加重要。定制旅行公司可以将优质的客户服务融入和游客的每次互动中，在其构思、计划和体验等各个阶段增强忠诚度。

　　定制旅行是一种服务产品，旅游定制师的服务意识对于客户是否再次选择公司的旅行产品，以及再次选择旅游定制师，都是至关重要的。因此，定制旅行师在服务中，要具备良好的服务意识，深入了解客户需求。在旅行计划开始之前，与客户进行详细的需求分析和咨询，了解他们的兴趣、预算、时间表和特殊需求。与客户保持积极的沟通，以便及时了解他们的需求变化。

　　定制旅行公司应组建经验丰富、富有热情和专业的旅游定制师队伍，为客户提供专业知识和个性化的服务，并组织各种培训，确保了解客户的需求并能够应对各种情况，提升服务意识。

　　（3）加强品牌管理。定制旅行公司需要明确自身品牌在市场上的独特定位，创建具有吸引力的品牌标识，包括标志、口号和视觉元素等，在公司网站上提供清晰、详细的信息，以便客户了解服务和旅行目的地。在社交媒体平台上，定制旅行公司可以分享客户的旅行游记和定制案例，宣传自身的服务质量和个性化定制的能力。根据谷歌与战略咨询公司 Greenberg 共同完成的一项旅游调查表明，在线评论是游客在选择旅游品牌的时候会考虑的因素，仅次于客户服务及网站使用便利性。游客在选择定制旅行公司和旅游定制师时，会通过游客评价来进行筛选。定制旅行公司可以鼓励游客多提供评论和推荐，增强自身的口碑。

　　定制旅行公司需提供高质量的旅行体验，满足客户的期望。例如，为客户提供有关目的地、文化和旅行的教育与信息，以增加他们的旅行体验；提供增值服务，如签证办理、机场接送和定制旅行保险等；积极回应负面反馈，并采取措施改进服务，建立良好的声誉和信任。通过提供真实的旅游信息、良好的客户服务和高质量的旅行体验来树立游客对于品牌的认同感，建立品牌声誉。

　　定制旅行公司需建立长期的客户关系，保持与客户的联系，了解他们的旅行需求和兴趣，设计并实施客户忠诚度的计划，针对常客提供特别的优惠和折扣，奖励常客并激励他们继续选择服务。定制旅行公司增强品牌管理，可以吸引更多忠实的客户，并在竞争激烈的定制旅行市场中脱颖而出。

拓展阅读：客户满意度评价实例

🗨 知识点自测

1.**单选题**：客户回访是旅游定制师在行程结束后，对客户的行程体验进行采集、调查，听取客户反馈，在消极评价产生时对客户进行（　　）并处理事件的过程。

　　A.了解　　　　　　　B.劝说　　　　　　　C.审核　　　　　　　D.安抚

2.**单选题**：作为旅游定制师，当你连续多次收到不同客户的反馈称：某景点没有吸引力游玩价值不大的时候，你最应该采取的办法是（　　）。

　　A.反馈至景点供应商处进行整改　　　　　B.调整行程前后顺序

　　C.上报上级部门后续取消采购该景点　　　D.及时传达相关人员落实改进

3.**多选题**：根据客户需求及相应流程规定，应对客户的服务体验进行采集，并做量化处理的有（　　）。

　　A.及时　　　　　　　B.仔细　　　　　　　C.有效　　　　　　　D.准确

4.**判断题**：对于客户差评，旅游定制师需针对具体内容分析并在6个自然工作日内回复差评。（　　）

5.**判断题**：PZB顾客期望理论认为，顾客的期望是一个区域，并非一个单独变量。（　　）

5

任务实施

实施 步骤一	浏览旅行网站上三亚蜜月定制旅行，什么因素影响客户满意度？调研客户的评价主要围绕哪些方面 小组讨论，代表发言
实施 步骤二	请你作为旅游定制师，从 SERVQUAL 模型、中国旅游研究院的游客满意度指数、旅游环境游客满意度（TSI）测评模型中，选择其中一个模型设计问卷，该模型的主要评测指标是什么 小组讨论，代表发言
实施 步骤三	设计关于 5 日的三亚蜜月定制旅行问卷，写明具体问题，小组讨论修改完善问题 小组讨论，代表发言
实施 步骤四	将问卷上传至网站，发给小组同学试做，并改进问题 小组讨论，学生互评，教师点评
实施 步骤五	形成问卷，发给同学模拟游客进行评价。讨论如何处理好评和差评 小组讨论，学生互评，教师点评
实施 步骤六	你作为旅游定制师，如何提高顾客忠诚度 小组讨论，代表发言

任务评价与总结

项目	评价与总结
组内任务分工	
组内表现自评	□ 积极参与，贡献大 □ 主动参与，贡献一般 □ 被动参与，贡献小
任务所需 知识总结	请回顾并列出任务所需知识信息
任务实施中 薄弱环节	
今后改进措施	

任务四 定制旅行投诉与突发事故处理

任务导入

工作案例	小金夫妻二人预订了三亚蜜月定制旅行，在旅游定制师的推荐下，预订了一家海边餐厅。小金夫妻对于这顿海边浪漫晚餐充满了期待，然而在餐厅点餐时大失所望。小金来自沿海地区，对于海鲜类食品比较熟悉，在吃海胆蒸蛋时发现味道不对，菜品只是将蒸蛋放在了外形类似海胆的碗中，里面根本没有海胆，于是和服务员进行询问。服务员说海胆蒸蛋的味道就是这样的，吃不起就不要来三亚消费。小金很气愤，觉得受到了欺骗，于是投诉了餐厅和定制师
任务目标	能运用投诉处理的原则，结合实际，给出合理的投诉解决方案
任务要求	模拟旅游定制师，给出处理投诉的解决方案

知识导入

任务思考	相关知识点
定制旅行的投诉是什么	定制旅行中投诉的概念
出于什么心理客户会投诉	定制旅行客户投诉的心理
怎样处理投诉	处理定制旅行投诉的流程
如何处理不同的投诉问题	定制旅行客户投诉的原因
如何应对突发事故	定制旅行突发事故的预防和处理

知识准备

一、定制旅行中投诉的概念

旅行是为了放松身心和追求愉悦的，但旅途中有时会发生一些意外情况，影响客户的心情。定制旅行相对于传统旅行团而言，客户对于行程体验会有更高的要求，旅行期望较高。如果实际体验与预期不一致，定制客户会产生不满意的心理，也会出现很多投诉，有损旅行公司的长期品牌形象。

定制旅行中的投诉指的是客户对于定制旅行提供的产品和服务质量，由于低于原定合同的约定或者低于客户期望，所表示的不满而产生的诉求，可以采用口头形式或者书面形式进行投诉。有的投诉发生在定制旅行之中，有时在行程之后。在定制旅行之中的投诉，一般已经对行程造成阻碍了，情况比较紧急。如果处理不当，会引起更加严重的后果。因此，旅游定制师需要认真对待客户的意见和投诉，及时处理遗留问题，提供更全面、贴心的后续服务，尽量消除旅行中的不良印象。

二、定制旅行客户投诉的心理

1. 需要尊重

定制旅行作为相对高端和私人的旅行服务，客户对于旅行之中被尊重的需求会更多。旅游定制师在沟通中，要注意使用尊敬的语言，同时做到快速、及时的有效响应，让客户感受到被尊重。例如，客户在出行之前两次提出了确认房间和房型的要求，确定是大床房，旅游定制师说已和当地酒店确认过了，不用多次确认了。客户担心在旅游旺季，酒店可能会出现满员的情况，希望再次和酒店确认情况。但旅游定制师回绝了自己的要求，客户会认为自己没有被尊重，旅游定制师的态度不佳，就会对他产生投诉。

很多定制旅行投诉的不是行程中的安排活动问题，而是服务人员的态度。客户到达旅行目的地后，会由当地的地接导游和司机陪同游览。当地导游和司机的服务安排可能没有过错，但可能沟通方式或者用语让客户觉得丢了面子，客户就会投诉当地旅行的服务人员。比如，当地的地接导游在等待客户用午餐时，因路途较远，担心下午景点的游览时间不足，催促客户尽快吃饭时说："抓紧吃啊，别磨磨蹭蹭的，还得去下一个景点呢。"地接导游虽然是好意，怕吃饭过久耽误后面的游览时间，但语气过于生硬，客户感觉像是被驱赶，本身定制旅行是为了满足客户需求。导游的态度使午餐吃得很不舒心，客户认为导游的语气充满了嫌弃和不耐烦，在行程结束之后对他进行了投诉。

2. 需要发泄

客户在定制旅行中的体验不佳，或者对服务产生强烈不满，会出现气愤的情绪。发泄是客户通过投诉表达其内心愤懑情绪的一种方式，因为客户对服务人员态度和行为不满，觉得受到了委屈，希望通过投诉一吐心中的不快。客户在投诉时会反复强调事情的经过和内心感受，心情比较激动，可能会用激烈的语言指责定制旅行服务人员。

例如，客户在巴厘岛定制蜜月旅行中，地接导游因增加了购物店的停留时间，导致客户去恶魔眼泪景点时已经傍晚，海浪很大，无法近距离观赏。地接导游给出的解释理由是，目前处于旅游旺季，早去也是堵在路上等，再说了景点也去了，没有什么差别。客户对于没去当地知名景点看到最美的风景很遗憾，对于地接导游的态度也很气愤，在行程当晚与定制旅行服务公司联系，投诉了当地的导游人员，并要求立即更换后面行程的导游。

3. 需要补偿

定制客户认为自己在行程中的合法权益受损，会通过投诉期望得到定制旅行企业的补偿。这种要求补偿的心理可能是物质上的，如希望定制旅行公司向其退还部分服务费用。还有可能是精神上的补偿，如希望旅游定制师及供应商服务人员向其赔礼道歉。如果是由于定制旅行服务的失误给客户造成经济损失或精神损失的，可以适当给予一定的经济补偿或赔礼道歉。若是由于误会而向定制旅行公司投诉的，服务人员可以婉转解释，消除误会，以期得到客户的谅解。

例如，在前面提到的巴厘岛定制蜜月旅行中，客户虽然去了恶魔眼泪景点，但在傍晚没有很好地观赏海景，并且是由于当地旅行服务人员的原因造成的，向旅行企业要求赔偿。恶魔眼泪景点本身没有门票，客户要求退还当天的导游费。有时，客户对于旅游定制师的态度不满意，投诉会要求赔礼道歉，或者其他精神补偿等。

在定制旅行客户的投诉中，可能有一种心理，也可能有多种心理会在一个客户身上同时存在。无论客户投诉对象是针对旅行公司、旅游定制师还是旅行过程中的服务公司及其人员，在接待客户投诉的时候，都要耐心处理，分析客户心理和原因，找到有针对性的解决措施。

三、处理定制旅行投诉的原则

当定制旅行客户提出投诉时，最重要的是倾听他们的意见和反馈，要给予客户充分的时间和空间来表达他们的不满和需求。处理投诉时应注意把握以下原则：耐心倾听，表达尊重；认真诚恳，不盲目承诺；公正透明，迅速答复；尊重隐私，提供赔偿。

四、处理定制旅行投诉的流程

视频：定制旅行
投诉处理

1. 理性沟通

旅游定制师要重视客户的投诉，客户意见是提升服务品质的重要来源。面对客户投诉，定制旅行公司最好采用语音与客户沟通，语音相比文字更具有人情味，也便于沟通。一般会有客服部或专人负责接听电话，以便更好地处理。

定制旅行的客服在收到投诉时，首先要保持理智，耐心倾听定制客户的诉说，情绪不能随客户的波动而产生较大起伏。很多定制客户是在旅行中过于劳累，加之服务有些瑕疵，情绪比较暴躁。在处理投诉时，先让客户发泄内心的不满。如果客户当下沟通时语气不是很理智，情绪过于激动，旅游定制师应先用语言安抚，并请客户稍后进行沟通，避免直接产生冲突，以防止事态扩大化。

2. 感同身受

用同理心对待定制客户，语言上注意换位思考，使客户感受到理解和尊重，对他的遭遇和感受表示理解和歉意。客户体验定制旅行本身是想收获更好、更独特的旅行体验，表达歉意并不意味着做错了什么，而是因为没有让客户有良好的体验。解决客户投诉的重点，不是区分谁对谁错，而是看如何妥善解决问题，让客户满意。

客户在定制旅行中遇到不好的服务，预期与实际体验产生较大差异，定制旅行公司应积极参与整个投诉服务的补救过程，给予客户充分地理解，有效积极的沟通可以提升投诉服务的解决效率，适当挽回旅行中客户形成的负面印象。

3. 客观分析

认真倾听定制客户的投诉需求。一般客户投诉时，会在定制旅行中体会到不被尊重，旅行之中受了委屈，语言中情绪化比较严重，没有清晰的表达诉求。有时客户在表述时由于记忆偏差或认为信息无关紧要，会遗漏一些重要的信息。也经常出现，客户明知自己有错，而故意隐瞒对自己不利的关键信息。旅游定制师需要在沟通中及时提出问题，引导客户说出真正诉求，收集整理关键信息，了解当时的实际情况。一般客户的投诉有以下两种情况：

（1）符合事实。旅游定制师收到定制客户的建议后首先应对客户表示歉意，并立即着手开展调查，核实具体情况。经过与供应商及服务人员的调查，属于工作中的问题，应该立即整改。最后，及时向定制客户反馈结果，并表达谢意。

（2）主观意愿。对于客户提出的建议和投诉，旅游定制师首先要致歉，并开展调查。如果发现是定制客户的主观意愿投诉，实际供应商的服务并没有过失，需要将调查过程、真实情况、处理结果向定制客户说明，并表达歉意。沟通时，一定要注意语言技巧，把"对"让给客户，让定制客户体会到细心的服务。

4. 做好记录

服务人员在倾听投诉时，要填写投诉处理记录表，将姓名、投诉时间、投诉内容和需求详细准确记录。在与客户沟通的过程中，需征得客户同意进行通话录音及记录。记录投诉的过程，可以让客户感受到他的意见被重视，并且由于记录可使客户放慢说话语速，缓解愤怒不满意的情绪（表5-1）。

表 5-1　定制旅行服务投诉处理记录表

旅行日期	
旅行目的地	
旅行者姓名	
旅行人数	
投诉时间	
投诉问题	
客户期望或要求	
后续处理	
客户评价	
投诉记录人员	
填表日期	

5. 表达歉意

在接听客户投诉电话的最后，服务人员应该对客户提出投诉表示歉意，以及明确会妥善处理投诉事宜的积极态度，并给予答复时间，请客户耐心等待。及时向客户道歉，并承认自己的错误，展现企业解决问题的良好态度。即使是一次小小的失误，也应该向客户解释清楚。道歉可以缓解客户的情绪，同时，也能展示服务人员对客户的关心和诚信。同时，要注意电话礼仪，应该由客户先挂断电话，让客户感到自己的意见被重视，减弱客户糟糕旅行体验的心理。

6. 解决投诉

接听完投诉电话之后，旅游定制师需根据实际情况，先代表旅行公司做礼节性的致歉，并依照公司投诉的流程处理投诉。如果定制客户的需求超过自身的权限职责，需告知客户将进一步转告其他部门，并告知处理结果的反馈时限。然后，服务人员应立即联络有关部门和人员，并尽快给客户答复。

无论是实体旅行服务公司还是在线旅行供应商都应该积极面对投诉，倾听客户需求，梳理解决流程和涉及部门，提出有效的解决方案。面对客户的投诉，首先根据法规及企业管理条例，对投诉进行划分，判断是属于定制旅行服务行程的公司还是第三方服务企业的责任。两方不应来回推操，应根据游客的投诉内容明确责任，及时化解纠纷，维护客户的合法权益。

7. 及时反馈

定制旅行公司在明确游客损失的数额及其如何弥补后，要将解决方案及时告知客户，并询问客户是否接受这个解决方案。涉及财产赔偿的，一般根据客户的实际损失，或者根据事先的违约金约定，结合当事人责任的大小，可以采用以下两种方式：第一，根据定制旅行服务方的过错，逐项进行计算，需要补偿的，在此基础上再进行补偿。第二，在明确定制旅行服务方过错的前提下，提出一揽子赔偿和补偿方案，并给予客户之后旅行优惠等，取得客户的谅解。

8. 收集意见

旅游定制师在向客户反馈投诉的解决方案之后，应询问客户是否接受这个解决措施，是否还有其他需求。如果客户认可处理方案，那么请客户为旅行之中的问题提一些建议，并请客户对处理投诉的过程做出评价。如果客户不认可处理方案，旅行公司需要和客户及时沟通想法，在保证客户和公司双方利益的前提下，进一步给出合理的解决方案。

9. 改善服务

投诉是定制旅行企业得到客户负面反馈的途径。处理得当不仅可以挽回公司的声誉，还可以发现服务的不足，寻找解决方案。定制旅行公司应该将客户投诉的问题进行归纳整理，认真分析问题产生的原因，对服务流程进行仔细检查，发现并纠正可能导致问题的漏洞，并采取措施来防止类似的问题再次发生。通过改进服务质量，服务人员可以赢得客户的信任，并建立长期的合作关系，减少客户投诉。

五、定制旅行客户投诉的原因

（一）实际服务与描述不符

定制旅行前期，旅游定制师会与客户沟通安排酒店住宿、风味餐饮、游览景点等产品，并以合同形式或电子订单进行约定说明。在行程中，无论出于什么原因，定制客户原本的期望很高，但实际体验与预先预订的情况不相符，导致在旅行中的某些方面表示失望，甚至造成财产损失或人身伤害，进一步加剧客户与定制旅行公司之间的矛盾。

有时，定制客户认为定制旅行公司有意制造消费陷阱，在合同上有信息不对称及地位不对等的现象，引起客户的不满和投诉。在定制旅行行程单上的描述与实际情况存在较大出入，可能有助于吸引客户下单，但同时产生很大的风险被投诉。

在定制旅行中，由于实际服务与合同有出入，会出现客户因为额外开销投诉的情况。客户认为价格应该包含在订单之中，而与定制旅行公司产生分歧。例如，在之前签订的定制旅行合同中，说明包含景点门票和一些游览项目。但在实际旅行中，客户可能发现实际行程多了许多额外消费项目，比如索道只有上山的单程，而下山索道需要自费等。一些定制旅行公司为了促成客户下单，前期宣传中对客户产生误导。客户在旅行之中，就会因为额外花费而产生投诉。

拓展阅读：实际服务与描述不符案例

（二）餐饮服务

1. 食品安全

民以食为天，客户在定制旅行中遇到饮食不满意的情况会出现负面情绪，严重的可能还会危及人身安全。旅行是去到陌生的环境，对于当地食物客户可能出现水土不服的情况，食品的卫生安全非常重要。因为不同地区的水土不同，饮用水中的钙镁化合物含量不同，饮食结构发生了变化，游客的肠道菌群容易紊乱，消化道功能失调，容易引起腹泻。游客的肠胃本来在旅行之中就比较脆弱，在旅行之中的饮食安全和吃到安全卫生的食物就更重要了。游客在农家乐的定制旅行中对于餐饮环境的投诉比较多，如夏季蝇虫乱飞、游客多使餐具消毒不足、露天厨房的卫生不佳等，游客认为在这样的环境下用餐饮食安全堪忧，从而导致投诉。

拓展阅读：食品安全案例

2. 质价不符

客户希望在定制旅行中获得更加精致的餐饮和美味，为此花费更高的金钱，但在出行中经常遇到食物质量与预期相差较大，从而产生投诉。

海边的餐厅很容易在定制旅行中被投诉质价不符。海鲜产品原材料价格偏高，再加上加工过程烦琐，菜品定价较高，客户对于高价海鲜菜品的接受度较高，但同时对于餐食可口度和菜品的海鲜含量等都有更高的期待。如果

拓展阅读：质价不符案例

5

餐食达不到客户事先的设想，就会对餐饮产生较大不满，认为旅游定制师没有做好餐厅推荐，从而影响后续旅行的心情。

定制客户对于餐食的期待相比普通团餐更高，但实际的用餐体验远不如预期，就会产生投诉，损伤定制旅行公司的口碑。

3. 饮食禁忌

定制客户在出行时，对于饮食一般要求比较高。有的旅行中不包含饮食费用，客户自行安排用餐地点，这种情况产生的饮食投诉较少。但如果定制旅行中包含饮食费用，旅游定制师如果没有按照客户的要求，如民族风俗、饮食禁忌等，安排饮食，就会面临投诉。

（三）住宿服务

1. 到店无房

定制旅行客户对于住宿一般会有特殊房型或者特殊楼层的要求等，经常出现的投诉情况是客户到酒店后发现该预订房型没有的情况，于是会与旅游定制师进行远程投诉。例如，定制旅行客户可能出行人员为一个家庭，通过旅游定制师预订了包含一张大床房和一张单人床的亲子房型，然而到店后酒店表示没有这种房型了，提供了一个双床房和一个单人房以供替换，但客户并不乐意。于是客户向旅游定制师进行投诉。还有的定制客户是一家人三代两个大家庭进行出游，人数 7 人左右，出于照顾老人和孩子的考虑，预订时会提出把几个房间放在同层的要求，如到店发现没有满足需求，也会发生投诉。在旅游旺季，由于有较高的退房率，酒店一般会进行超售房间，多卖出一两间房间来弥补临时取消的订单损失，保证入住率，所以会出现到店无房的情况。客户的原有住房需求无法满足时，就会对住宿产生投诉。

拓展阅读：到店无房的投诉案例

2. 标准不符预期

客户会针对实际住宿与预订时的星级标准预期不相符的情况进行投诉。产生这种投诉，其主要原因是世界各地酒店评定星级的标准不同，不同酒店品牌又有自己的评价体系，一些旅行平台也出台了对于自己的评价标准。客户在预订时会根据以往入住酒店的环境，对于同星级酒店有自己的心理预期，当真实入住体验达不到预期时就会产生不满，并进行投诉。然而，由于酒店的评价标准不同，并不能把每个品牌的同等级酒店横向对比。例如，客户之前在某集团五星级酒店体验了夜床服务帮忙拉好窗帘并调暗室内灯光，

拓展阅读：旅游饭店星级的划分与评定

在地上铺好地毯摆好拖鞋，床头柜摆放免费的矿泉水、牛奶和点心等，对五星级酒店产生类似的心理预期。但是当客户在某次定制旅行中，更换了一个品牌集团的五星级酒店没有这些夜床服务时，客户就会认为是酒店不是五星级的，与自己的预期出入较大，受到了欺骗，于是进行投诉。另外，世界各地酒店的星级评定标准也不同，很多预订境外定制旅行的客户对于酒店的预期更高，如果实际入住体验远低于预期，也会投诉定制旅行服务公司。例如，在海边的酒店虽然风景优美，但更加潮湿。一些客户对海边酒店的预期特别高，被有些主打海边原生态木屋住宿的图片吸引，预期很高。但是实际入住时，客户可能接受不了木屋在海边潮湿环境下发潮变霉的墙壁，觉得住宿环境欠佳，达不到预期的星级标准，从而产生投诉。

根据《旅游饭店星级的划分与评定》（GB/T 14308—2023）将酒店按等级标准是以星级划分，分为一星级到五星级五个评分标准。这是推荐性国家标准，并不是强制性的，因此并不是每家酒店都需要参与这个标准的评定。一些国际品牌的酒店可能没有参与国家标准的评星体

系，而是采用自己集团内部的评级标准。大型酒店集团下有很多个酒店子品牌，集团内部对各个子品牌进行不同星级的定位，消费者可以通过品牌名称，确定某个酒店的等级。另外，一些综合性的旅游平台，如携程，对酒店也有自己的评价体系供游客参考。

（四）地接服务

定制客户可能会对定制行程安排的时间、地点和内容提出自己的意见。定制旅行策划人员没有跟随客户进行旅行，定制旅行客户一般会选择地接司机和向导服务。

1. 更改行程

在定制旅行的地接服务中常见被投诉的原因是更改了原定的旅行行程。有时是由于景点修缮或天气原因，原定的定制旅行行程被更换。客户在更换景点的旅行体验欠佳，与原定景点的预期相比落差较大，由此产生不满意，对定制旅行产生投诉。有时是地接导游没有征得客户同意，私自更换定制旅行中原定的景点或没有按照合同游览足够多的时间。对于这种情况，客户会感觉权益受到严重的损害，在旅途中就会投诉地接服务人员。

拓展阅读：地接服务案例

2. 服务态度

定制旅行中以放松身心、修养身体为主，客户付出更多的花费，期望得到更好的服务，例如，在去景点的路上期望听到地接导游的介绍，或者期望得到更多的个性化服务。然而在旅途中，地接导游和司机的语气和服务态度不佳，或者没有让客户体会到尊重，定制客户认为花费更高却没有体验到个性化服务，就会投诉。

六、定制旅行突发事故的预防和处理

定制旅行中会遇到一些突发情况，由于定制旅行公司人员不能参与客户的出行，当突发事故出现时一定要和客户建立良好的沟通渠道，仔细询问遇到的情况，倾听客户需求，第一时间保障客户的人身财产安全。

定制旅行是敏感度很高的行业，经营过程中会有许多不确定的风险因素，经常会遇到突发事故，包括安全事故和业务事故两类。安全事故有人身伤害、自然灾害、财产损失等，业务事故有行程变更等。定制旅行的突发事故具有突发性、紧迫性、威胁性的特征，如果没有及时处理好或者处理方式不妥帖，很容易引发投诉，或者使客户的权益受损。如何处理突发事故，是对定制旅行公司人员的应变能力、决策能力和综合素质的考验。

拓展阅读：定制旅行突发事故的原因

（一）人身伤害

旅行中突发伤病、食物中毒等都会对定制旅行客户的安全造成威胁。定制旅行服务人员要根据情况进行跟踪，并紧急处理。

1. 食物中毒

在定制旅行中，美食是游客重视的部分。不干净的餐具和不规律的进食时间很容易引起身体不适。一旦吃了不干净或不熟的食物、变质食品等，还可能会引起食物中毒，影响游玩的心情。

拓展阅读：定制旅行突发事故的防范

为避免食物中毒，旅游定制师和地接人员要提醒游客保证食物的卫生，少吃路边摊，应该选择有许可证的正规餐饮场所，不要吃不熟的食物，尤其是肉类和海鲜。不要出于好奇心理，品尝当地不认识的动物和植物，避免使用有毒的菌类。另外，在旅行途中，尽量喝白开水，注意饮水安全。

食物中毒一般以急性胃肠道症状为主，有上吐下泻、腹部疼痛等症状，严重的情况还会休克，有些身体较弱者还会引发生命危险。如果定制旅行客户发生食物中毒，定制旅行的地接服务人员要第一时间将游客送往医院。如果离医院较远，可以采用催吐、催泻的方法进行应急自救。一般来说，摄入中毒食物在 1～2 小时内，可以用催吐的方法应急自救。喝盐水促进呕吐，还可以用手指或筷子刺激咽喉引发呕吐。定制旅行服务人员要帮助游客回忆吃过的食物，判断分析引起中毒的原因和时间，并且提醒游客保留有关医院的诊断证明、药方等材料。定制旅行地接导游要在游客脱离危险后，马上汇报给地接公司和定制旅行公司，进行后续处理。如果定制旅行途中多人发生集体性食物中毒，还需要紧急上报当地卫生部门和旅游局。

在责任认定上，如果是因为游客自主选择的餐饮店就餐导致食物中毒，定制旅行公司一般不承担责任。但如果是因为旅行公司或地接公司组织的餐饮活动导致的食物中毒，定制旅行公司就需要承担赔偿责任。

2. 突发重大疾病

定制旅行游客可能本身有一些既往病史，如心、肺、肝、脾、肾等一些重要脏器有疾病，或者有癫痫史，一般情况下可以旅行，也不会发病，但如有特殊情况，可能会突然发作，严重的时候可能危及生命。

旅游定制师可以采取一些预防措施，减少游客突发重大疾病的风险。在游客报名参加时，可以要求他们填写健康问卷，询问他们的健康状况、药物过敏等。在旅行前，向游客提供一些健康建议，如穿着合适的服装、保证水分摄入充足、避免过度暴晒等，为游客教授一些基本的急救知识，例如，如何识别心脏病突发。旅游定制师应该设计合理的行程，避免过于紧张和劳累的活动安排，并且了解当地的医疗资源，知道最近的医疗机构位置和联系方式。定制旅行地接导游的车辆上，可以携带一些基本的急救设备，如急救包、冰袋、止痛药等，可以在紧急情况下提供一些帮助，直至专业医护人员到达。

如果游客突发重大疾病，定制旅行地接人员应立即拨打急救电话，并告知游客的位置和症状。如果是境外旅行，在出行之前，旅游定制师应告知游客当地的紧急救援电话，以防万一。在等待急救人员到达的过程中，定制旅行地接人员要保持冷静并安抚游客。尽量让游客保持舒适，避免过度激动或紧张。同时，定制旅行地接导游应尽快与旅游定制师联系，了解游客的药物过敏史、现有疾病或药物治疗，尽可能提供这些信息给急救人员，还可以联系游客的家人，告知他们发生的情况，并提供相关信息。在急救人员到达后，定制旅行地接人员应协助他们进行救援，并提供游客的健康记录和过往病史等。在急救过程中，保持与游客联系，等状况稳定后，提供情感和心理上的支持，帮助游客尽快痊愈。

定制旅行地接导游和旅游定制师应掌握一些急救知识，为游客在紧急情况下提供适当的救助。

3. 跌倒受伤

为预防游客在定制旅行途中跌倒受伤，旅游定制师应该根据游客的体能和健康状况，选择适合的行程，避免过于劳累的活动，尤其是对于年龄较大或健康状况较差的游客。另外，对于需要长时间步行的行程，建议游客穿着舒适、稳固的鞋子，以减少跌倒的风险。在行程开始前，向游客提供详细的行程说明，包括路线、地形、可能的危险点等。这样可以帮助他们有所准备，避免意外情况。

如果定制旅行客户在行程中跌倒受伤，定制旅行地接导游应立即前往受伤游客的地点，确保他们的安全。如果他们在危险的地方，尽量将他们移到安全区域。如果游客需要急救，根据急救知识采取基本的急救措施，如止血、敷药、冰敷等，立即拨打当地紧急医疗电话寻求帮助。在等待医疗救援到达的过程中，与受伤游客保持沟通，提供安抚，记录事故的时间、地点、受伤情况和应对措施，这些信息可能在后续的处理和报销医疗费用时有用，还需与定制旅行社和保险公司联系，通知他们发生的情况，并根据需要采取进一步的行动。

拓展阅读：老人下观光车时车启动致摔伤

4. 晕车、晕船、晕机

为预防游客对交通工具产生晕眩状态，在策划行程时，旅游定制师应询问游客是否有晕车、晕船或晕机的问题，尽量避免乘坐不适宜的交通方式。对于乘车，可以安排有晕车情况的游客坐在车辆的前排。晕船同理，游客可以选择坐在船头位置。机翼附近比较稳定，没有那么颠簸，晕机的游客可以选择机翼附近的座位。在旅行前，建议游客避免吃过于油腻或重口味的食物。易消化的食物有助于减轻晕眩症状。

在旅行中，如果游客发生晕车、晕船、晕机的情况，定制旅行地接人员可以提供舒适的耳塞和眼罩，帮助游客减轻外界刺激，还可通过听音乐、看书或交谈等，分散游客的注意力，可能有助于缓解症状。了解晕车、晕船、晕机药物的类型和效果，如果游客同意，可以提供一些适当的非处方药，如晕车贴、晕车药片等。在旅行过程中适时休息，避免长时间保持同一个姿势，有助于缓解不适感。

5. 交通事故

为预防旅途中游客发生交通事故，在计划旅行时，旅游定制师应选择可靠且安全的交通方式，如合格的地接旅游汽车公司和专业的司机等，确保地接导游和司机具备相关的资质和经验，遵守交通规则，注重安全。在旅行前，了解目的地的交通状况、驾驶规则及常见的交通问题，做好应急预案。在旅行开始前，向游客提供一些基本的交通安全知识，如安全乘坐交通工具、过马路注意事项等。

如果游客发生交通事故，旅游定制师需要迅速采取行动以保障游客的安全和协助应急情况的处理。首先，旅游定制师应联系定制旅行地接导游，立即前往事故现场，确保游客的安全。如果可能，将他们移至安全地点，远离可能的危险区域，避免进一步的伤害。如果有人受伤，根据急救知识，采取基本急救措施，如止血、敷药等。但如果伤势严重，最好等待专业医护人员的到来。旅游定制师应迅速、冷静地应对交通事故，确保游客的安全。

6. 高原反应

游客在高原地区可能会由于高海拔环境导致的身体适应不足引起的高原反应。为预防游客出现高原反应，如果前往海拔较高的地区游览，旅游定制师应给游客缓慢适应的时间，不要急于行动，可以安排逐步升高海拔的行程，以便游客的身体有更多时间适应变化。在高原地区提供充足的水分，建议游客多喝水以防止脱水，还可以提供适量的高能食物，如坚果和水果，以保持体力。

如果游客出现高原反应症状，建议他们立即停止活动，休息一段时间，避免过度劳累，不要强迫他们继续上升海拔。旅游定制师应为游客准备纯氧气，可有助于缓解高原反应症状。根据情况，可能需要调整行程或暂时停留在当前海拔。如果游客的症状严重或持续恶化，地接导游要带游客尽快就医，寻求医生的建议和治疗。

7. 溺水

在海滨度假的定制旅行中，客户容易发生溺水事故，指的是当人淹没于水中，由于水吸入肺内（湿淹溺90%）或喉痉挛（干淹溺10%）所窒息的状态，严重时会危及生命。旅游定制师应预防游客发生溺水事故。劝阻游客独自到河边、海边玩耍，不要前往非游泳区游泳，在游泳前要做适当的准备活动，以防止抽筋。劝阻不会游泳的游客不要游到深水区，即使带着救生圈也不安全。

在游泳之前，旅游定制师或地接导游要为游客讲解溺水时的自救方法。如果在水中突然抽筋，又无法靠岸时，立即求救。如果周围无人，可深吸一口气潜入水中，伸直抽筋的那条腿用手将脚趾向上扳，以缓解抽筋。如果呛水，不必慌张，放松全身，让身体漂浮在水面上，身体下沉时，可将手掌向下压，将头部浮出水面，用脚踢水，防止体力丧失，发现周围有人时立即呼救，等待救援。

在海滨旅行时，地接导游最好在岸边陪同游客，随时关注游客的游泳状态，以防游客发生溺水。一旦游客溺水，可将救生圈、竹竿、木板等物抛给游客，再将其拖至岸边，立即进行抢救，清除溺水者口鼻内的污物。垫高溺水者腹部，使其头朝下并压迫其背部，使吸入的水从口鼻流出。将溺水者仰卧，进行人工呼吸。迅速将溺水者送往医院，途中不要中断抢救。

拓展阅读：
溺水案例

8. 火灾

旅游定制师应帮助游客预防火灾，提醒游客在行程中不要随意使用明火，如蜡烛香薰，使用符合安全标准的电器和国际转化插头，及时关闭不需要的电器。在为游客策划酒店住宿时，要选择符合当地的消防安全标准的酒店，遵守酒店的禁止吸烟规定，并告知游客逃生通道和紧急出口的位置。如果有烹饪需求，定制旅行师提醒游客要在安全的地方使用厨房设备，避免在易燃区域进行烹饪。

掌握正确的逃生方法可以最大限度地保护游客人身安全，旅游定制师可以提前告诉游客一些逃生知识，并培养正确的火灾安全意识。旅游定制师可以提醒游客在住宿时，留意消防通知。如果听到火灾警报，要立即行动。在试图打开房门之前，用手背轻轻触摸门把手和门板，如果感觉热，这可能意味着火势已经蔓延，这时不要打开门。如果门把手和门板没有明显的热感，可以轻轻地用手背开启门，观察外部情况，在安全的情况下，尽快离开房间。避免使用电梯，选择楼梯进行逃生。在烟雾弥漫的情况下，用湿毛巾捂住口鼻，采取低姿势前进，按照逃生通道尽快离开酒店。

如果酒店无法继续入住，旅游定制师要帮助游客寻找其他安全的住宿地点，协助游客进行保险索赔和处理相关手续。

9. 走失

为预防游客在旅行中走失的情况，旅游定制师应向游客提供详细的行程安排，包括每天的活动、景点参观地点、时间表等，减少游客的混乱和不确定感。在每天的行程中，强调准确的集合地点和时间，确保游客知道在何时、何地与地接导游汇合，避免因误解而分散。旅游定制师应提供区域地图、酒店联系信息、紧急联系人号码等，还可以提醒游客打开智能手环或者手机App的GPS定位功能，以提供实时定位信息，使游客在紧急情况下能够得到帮助。

拓展阅读：旅行
住宿的火灾

旅行中会出现客户走失的情况，如定制旅行团是商务考察团，一行十人，在某旅游景点游玩后，有一人走失，没有在规定时间内到对接地点。地接导游需要确认游客确实走失了，而不只是在人群中找不到。可以和其他游客核对，看是否有人知道他们的位置。告知其他游客情况，并安排他们留在一个安全的地方等待，请其他游客一起回想走失者最后一次出现的地点，检查周围的景点、商店、餐馆等。有时游客可能只是走远了，可能在附近的某个地方。然后，向旅游景区和当地公安派出所报告，请求援助，并向接待旅行社和定制旅行公司报告，必要时向公安机关报案。若是未找到，地接导游询问其他几人的意见，是否先让司机送其他人回酒店进行等待，然后与走失人员的亲属一起继续寻找，待找到后可搭乘其他车辆返回宾馆。找到走失者后，地接导游须问清走失原因，应予以安慰，提醒以后注意。

10. 死亡

死亡是最严重的突发事故，旅游定制师必须做好预案，防止游客发生死亡事故。在制定行程时，旅游定制师要与客户进行沟通，了解健康状况、特殊需求、过敏反应等，选择经过审慎评估和认证的活动和景点，避免涉及高风险的活动，如极限运动、危险的探险等。如果行程需要涉及专业指导或教练，雇用经验丰富、资质合格的专业人员。例如，登山活动需要有经验的登山导游，指导游客走安全、便捷的山路，并照顾游客的身体情况。地接导游和旅游定制师要持续关注游客的身体状况，特别是在进行高风险活动后，如果有任何不适或问题，应及时采取行动。

一旦游客在行程中死亡，地接导游要立即通知当地警察，报告地接旅行社和定制旅行公司。旅游定制师联系游客亲属，提供及时的支持，说明情况、联系信息，进行安慰，尽快安排亲属到达旅行地，处理后续事宜，与保险公司沟通赔偿事宜。

（二）自然灾害

1. 山洪

夏季是正值汛期、暑期、出游高峰期三期叠加的阶段，强降雨、台风、持续高温炎热等灾害性天气频繁，户外山地的游玩风险很大。在降雨大、地形复杂的地区，容易遭遇山洪事故，对游客的人身安全造成威胁。

为避免游客遭遇山洪，旅游定制师在规划行程前，应详细了解目的地的气候和地形情况，了解降雨季节、频率及可能导致山洪的地形特征。尽量避免在降雨季节前往山区，特别是在降雨量较大的月份。在规划徒步、探险或户外活动时，选择安全的路线和区域，避免经过容易受洪水影响的河流、狭窄山谷等地区。提醒游客携带一些紧急装备，如防水衣物、户外应急工具等，以应对突发情况。

在旅行中，旅游定制师要随时关注天气变化，谨防突降暴雨，留意山洪预警，遇到预警时要及时采取行动。如果游客遭遇山洪，应尽量寻找高地，远离河流和低洼地带，等待救援人员的到来，不要冒险下山。山洪中水势极大，避免待在可能被淹没的地方。提醒游客不要试图穿越急流和洪水，不要在洪水中站立、行走，即使水势看起来不猛，也可能在短时间内变得非常危险，被水流卷走。

拓展阅读：
山洪案例

2. 地震

为避免遇到地震，旅游定制师在策划旅行目的地时，要了解当地地震的历史、潜在风险、地质情况，是否处于地震活跃区域。为游客预订符合抗震标准的住宿酒店，优选稳固的建筑，避免选择老旧建筑。提醒游客随身携带重要物品，如护照、钱包、手机等，在发生地震时快速撤离。

旅游定制师可以为游客提供一些地震逃生技巧。如果在室内，迅速找到一个相对安全的位置，如桌子下、床下或室内门框附近，避免靠近窗户和悬挂物品，远离外墙，用双手保护头部和颈部；如果在户外，远离电线杆、建筑物、大型广告牌等可能会倒塌的物体；如果在海滩附近或河流旁边，迅速朝高地移动，避免地震引发海啸的风险。在地震发生后，可能会有余震，尽快跑到空旷地带。旅游定制师要随时关注当地的地震消息，及时联系地接导游提供紧急支持，如基本生活必需品和医疗援助等，并报告给公司及时撤离游客。

（三）财产事故

1. 遗失财物

定制旅行客户的经济条件相对较高，随身可能会穿戴一些贵重饰品或购买价值较高的旅行纪念品。遗失财物一般是由于客户的粗心大意造成的，也有些是由于相关部门工作失误导致的。

为预防在旅行中遗失财务，旅游定制师应提醒客户不要集中携带所有贵重物品，尽量分散放置在不同的包里或身上的不同位置。如果游客购买了贵重的旅行纪念品，提醒保留购物凭证，以便在需要时进行索赔或证明购买价值。提醒游客在离开住宿地点之前，仔细检查财物，确保没有遗漏，与合作的住宿酒店保持联系，请酒店工作人员注意客户的贵重物品安全，避免工作失误。

如果游客在旅行中遗失财务，定制旅行地接导游应该协助游客一起仔细核对遗失的财务清单，了解确切遗失的物品和价值。如果财务遗失涉及偷盗或失窃，帮助游客报警，并与当地警方协助处理报案程序。同时联系定制旅行公司，通知他们财务遗失的情况，以便能够协助解决问题。

2. 暴力抢劫

为避免定制旅行游客遇到暴力抢劫的情况，旅游定制师应提醒游客不要在公共场合过分炫耀贵重物品，如珠宝、名牌包等，以减少不必要的风险。如果在盗窃频发的地区游览，建议使用具有防盗功能的钱包、背包或腰包。在人多拥挤的地方特别警惕周围环境，将重要财物如护照和手机等随身携带，注意防范抢劫行为。在陌生地方避免单独行动，减少晚上游览，不要去偏僻地区，如突然有人靠近或跟踪，保持警觉。在与陌生人交谈时，不要随便透露个人住址和行程信息，提高防范意识。

在游览过程中，如果有高抢劫风险的地区行程，旅游定制师可以鼓励游客学习一些常识，以提高其应对危险情况的能力。遇到暴力抢劫时，告知游客不要抵抗抢劫者，保护自己的人身安全最为重要。财物可以后续解决，但生命无法取回。如果抢劫者要求游客交出财物，鼓励游客保持合作，避免挑起冲突，观察抢劫者的特征，如外貌、衣着、声音等，以便后续警方调查。地接导游帮助游客报警，联系地接公司和定制旅行公司汇报情况，安抚游客情绪，协助有关部门做好后续工作。例如，如果银行卡丢失，旅游定制师和地接导游要协助游客联系银行，冻结账户。根据游客的需求，协助他们寻找替代的行李、银行卡等物品，以便他们可以继续旅行或返回出发地。

（四）定制旅行的业务事故

1. 地接导游漏接、错接

定制旅行公司与地接社之间要明确好责任，保证定制旅行的行程可以按计划进行。旅游定制师由于不跟随游客到外地旅行，需要做一些线上沟通工作，防止地接导游漏接或错接游客，造成不好的旅行体验，而引发投诉。在旅行开始前，选择可靠的地接服务供应商，旅游定制师应与地接导游进行详细的沟通，确保他们了解游客的抵达时间、航班/火车信息、入住酒店和行程安排等，使地接导游充分了解定制方案的具体行程和游客的特殊要求。旅游定制师要做好行程的监督和协调工作，将游客的备用联系方式给地接导游，同时联系游客，确保双方都明确安排。如果行程中涉及多个地点和服务人员，旅游定制师应该与每个地点专门的导游保持联络，避免漏接。在游客抵达后，通过实时通信工具与地接导游保持联系，确认游客已经抵达并成功接应。

如果地接导游接错或漏接了游客，旅游定制师要立即联系游客，确认游客的安全，了解位置和状态、是否被接错了地点等，向他们解释发生了什么情况，告知打算采取的措施。如果游客已经被接错了地点，提供合适的替代方案，如安排交通、改变行程等，协助游客与地接导游一起解决问题，确保他们能够安全到达目的地，顺利继续旅行。旅游定制师记录事件经过、处理过程，以及与各方沟通的情况，向地接社反馈情况，共同提升服务质量。在情况严重或给游客造成不便的情况下，考虑提供适当的补偿，以弥补游客的损失。

2. 行程受阻

定制旅行中有些情况可能是计划之外，为了及时保证游客的安全和行程的舒适性，游客的行程可能会受阻，如行程中遇到飓风、暴雨、大雪等极端天气，会影响交通和活动，导致景点关闭或行程被取消；路上交通堵塞，或遇到交通事故或航班取消等，也会影响行程安排；突发的地

拓展阅读：旅行社漏接游客后，游客拒绝继续行程

拓展阅读：定制旅行师和地接导游的分工

震、火山喷发、洪水或火灾等自然灾害可能会影响旅游地区的安全，导致游客撤离或停留。如果在旅行地遇到突发的健康危机，如疾病爆发或传染病爆发，可能会导致旅游地区实施隔离或旅行限制，游客之后的定制行程也会受阻。除这些意外情况外，在旅行时也可能会赶上景点维护、节假日或临时关闭，而影响原来计划的参观游览活动。在这些情况下，旅游定制师应积极协调，应对问题提供解决措施。

作为旅游定制师为游客策划一次令人期待的旅途，游客原本也有很高的期望，行程一旦受阻，旅游定制师要做到及时安抚游客的情绪，告诉游客公司在全力以赴解决问题，并理解他们的感受，妥当处理。首先，定制旅行师要立即与游客取得联系，告知他们发生的情况，然后与地接导游合作，制订备用计划，以确保游客在关闭的景点附近有其他替代的活动或体验，并且与地接导游一起讨论可能的补偿措施，如延长行程，提供额外的体验或退还部分费用。如果交通受阻，协助游客重新安排或寻找其他交通方式。旅行结束后，向游客收集反馈，保护游客的权益，尽力减少他们的不便，并与地接导游之间进行沟通，制定相关预案，以改进未来的定制旅行服务。

拓展阅读：巴黎圣母院突发大火，旅行社更改行程是否违约？

知识点自测

1. 单选题：北京本地客人在出行当天到达首都机场，发现忘记带旅行证件，无法办理登记手续，距离起飞还有 3 个小时，这个时候他焦急地联系了旅游定制师。你作为旅游定制师，以下工作无须第一时间去做的是（　　）。

    A. 帮助确认办理临时乘机证明   B. 帮助客人改签航班

    C. 安抚客人情绪   D. 联系航司了解最晚值机时间

2. 单选题：客人出行后一旦碰到问题，旅游定制师的做法正确的是（　　）。

    A. 由地接负责解决，旅游定制师无须介入

    B. 协调各方资源解决问题，并做到全程跟踪

    C. 旅游定制师了解情况后，转交地接负责解决

    D. 有行中管家，旅游定制师无须介入

3. 单选题：客户李先生在出游之后对于酒店表示不满，感觉酒店设置和星级达不到合同约定的预期，此时旅游定制师最应该采取的补偿方案是（　　）。

    A. 送其景点门票   B. 免费替换/升级酒店

    C. 为客户加餐   D. 安抚客人并道歉

4. 单选题：在投诉处理中要做到尽量使客户和旅游定制师达成一致，其主要是指针对（　　）和客户满意度能够达成统一，促成问题的合理解决。

    A. 补偿标准   B. 客户需求   C. 行程方案   D. 预算价格

5. 单选题：以下责任是由于不可抗力造成问题的是（　　）。

    A. 改签航班后续航班故障   B. 台风景点关门无法游览

    C. 暴雨造成酒店漏水无法入住   D. 客户滑冰骨折无法出游

5

**任务实施**

实施 步骤一	作为小金的旅游定制师，你如何处理餐饮质价不符的投诉 小组讨论，代表回答，学生互评、教师点评
实施 步骤二	小金听了你的推荐而预订了这家餐厅，对你的工作也产生了投诉。你如何处理这次的投诉？以后如何预防 小组讨论，代表回答，学生互评、教师点评
实施 步骤三	你运用了哪些原则解决投诉？解决投诉的流程是怎样的 小组讨论，代表回答，学生互评、教师点评
实施 步骤四	如果小金在这家餐饮店，吃出了肠胃问题。面对这类餐饮突发情况，你作为旅游定制师，将如何处理 小组讨论，代表回答，学生互评、教师点评
实施 步骤五	角色扮演旅游定制师和小金，进行情景模拟，注意沟通用语 小组展示，学生互评、教师点评

实施步骤六

小组总结解决投诉的措施，制作定制旅行投诉处理表

定制旅行投诉处理表

投诉事件类别	投诉事件	严重程度	相关主体	处理措施
实际服务与描述不符				
餐饮服务				
住宿服务				
地接服务				

任务评价与总结

项目	评价与总结
组内任务分工	
组内表现自评	□ 积极参与，贡献大 □ 主动参与，贡献一般 □ 被动参与，贡献小
任务所需 知识总结	请回顾并列出任务所需知识信息
任务实施中 薄弱环节	
今后改进措施	

参考文献

［1］ 罗春燕，陈启跃．旅游线路设计［M］．上海：上海交通大学出版社，2023.

［2］ 龙睿，董丽苹，徐璐．定制旅行产品设计［M］．北京：旅游教育出版社，2022

［3］ 黄宝辉．旅行策划 – 中级［M］．北京：高等教育出版社，2022.

［4］ 黄宝辉．旅行策划 – 初级［M］．北京：高等教育出版社，2021.

［5］ 马友惠．休闲旅游行程服务［M］．北京：旅游教育出版社，2021.

［6］ 山杉，伍欣，李娌．定制旅行管家实务［M］．北京：旅游教育出版社，2022.

［7］ 文博．定制消费［M］．北京：中国商业出版社，2020.

［8］ 张树有，裘乐森．定制产品设计技术及应用［M］．北京：机械工业出版社，2023.

［9］ 毛润泽，徐璐．定制旅行概论［M］．北京：旅游教育出版社，2022.

［10］ 韩德琼，杜晨．旅行管家实务［M］．北京：中国人民大学出版社，2021.

［11］ 徐郐耘，龙睿．定制旅行服务与技能［M］．上海：上海交通大学出版社，2020.

［12］ Philip Kotler, Dipak C. Ja, and Suvit Maesincee. Marketing moves：a new Approach to profits, growth, and renewal［M］.Harvard Business School Press，2002.

［13］ 刘庆涛．服务质量对客户满意度的影响研究［D］.济南：山东师范大学，2022.

［14］ 罗纳德·B.阿德勒，劳伦斯·B.罗森菲尔德，拉塞尔·F.普罗科特．沟通的本质［M］.黄素菲，黄成瑗，等译．郑州：河南文艺出版社，2023.

［15］ 居阅时，夏林根，姚昆遗，等．旅游定制［M］.上海：上海人民出版社，2022.

［16］ ［美］阿尔文·托夫勒．未来的冲击［M］.黄紧坚，译．北京：中信出版集团，2018.

［17］ 欧朝蓉．智慧旅游［M］.北京：中国林业出版社，2021.

［18］ 谭建荣，冯毅雄．大批量定制技术——产品设计、制造与供应链［M］.北京：清华大学出版社，2020.

［19］ 王先庆，李华，林至颖．C2B定制模式：新零售时代如何满足个性化需求［M］.北京：中国经济出版社，2018.

［20］ 王云峰．大众化定制与管理变革［M］.北京：电子工业出版社，2009.

［21］ 伍欣，王晓羽．旅游信息化应用［M］.2版．武汉：华中科技大学出版社.2023.

［22］ 谢彦君．基础旅游学［M］.3版．北京：中国旅游出版社，2011.

［23］ 杨栋．智慧旅游运营实务［M］.北京：旅游教育出版社，2022.

［24］ 杨晓安．旅游安全综合管理［M］.北京：中国人民大学出版社，2019.

［25］ 张静岩，贺小群．旅行社经营与管理实务［M］.北京：中国铁道出版社，2022.

［26］ 郑忠阳，张春华．旅游市场营销［M］.成都：西南财经大学出版社，2021.

［27］ 朱伟明．服装定制：工匠精神回归［M］.北京：中国纺织出版社，2019.

［28］ 邓宁，曲玉洁．我国旅游大数据的产业实践：现状、问题及未来［J］.旅游导刊，2021，5（4）：1-15.

［29］ 贺存定．博物馆研学旅行的定制化理念、模式及实现路径［J］．博物馆管理，2019（1）：43-49.

［30］ 刘海鸥，孙晶晶，苏妍嫄，等．基于用户画像的旅游情境化推荐服务研究［J］．情报理论与实践，2018，41（10）：87-92.

［31］ 柳玉清．旅游业大规模定制化服务——基于顾客满意度的服务创新策略［J］．燕山大学学报（哲学社会科学版），2006（3）：109-112.

［32］ Oliver R L. A cognitive model of the antecedents and consequences of satisfaction decisions ［J］. Journal of Marketing Research，1980，17（4）：460-469.

［33］ 宋海岩，吴晨光．新一轮科技革命与旅游需求分析和预测创新：理论探讨与实践前沿［J］．旅游学刊，2022，37（10）：1-3.

［34］ 王群，丁祖荣，章锦河，等．旅游环境游客满意度的指数测评模型——以黄山风景区为例［J］．地理研究，2006，25（1）：171-181.

［35］ 游客满意度指数课题组．游客满意度测评体系的构建及实证研究［J］．旅游学刊，2012，27（7）：74-80.

［36］ 张亚利，马秋玲．基于CiteSpace5.0的我国定制旅游研究知识图谱分析［J］．中国海洋大学学报（社会科学版），2018（3）：96-102.

［37］ 周晓东，邹国胜，谢洁飞，等．大规模定制研究综述［J］．计算机集成制造系统，2003（12）：1045-1053.

［38］ 周坤．基于ECSI修正模型的历史街区游客满意度研究［J］．重庆工商大学学报（社会科学版），2020，37（5）：67-74.

［39］ 朱敬和子．数字媒体时代对反转新闻现象的反思——以"1900元天价便饭"事件为例［J］．新闻研究导刊，2021，12（03）：82-83.